자율주의와 진보교육

: 심성보 :

　현재 부산교육대학교 교수로 재직 중이고, 고려대학교에서 교육학 학사, 석사, 박사 학위를 수여받고, 런던대학교 교육대학원에서 수학하였다. 부산교육연구소(공익법인) 소장(전), 교육개혁시민운동연대 공동대표(전), 인권교육포럼 상임대표(현), 흥사단교육운동본부 상임대표(현), 교육희망네트워크 상임운영위원장(현) 등의 활동을 하였다. 저서로는『한국교육의 새로운 모색』,『전환시대의 교육사상』,『도덕교육의 담론』,『도덕교육의 새로운 지평』,『민주화 이후의 공동체 교육』등이 있다. 공저로는『학교붕괴』,『인간주의 교육사상』,『도덕교육의 이론과 실제』,『교과교육과 구성주의』,『교육정치학론』,『위대한 교육사상가들』,『한국근현대교육사』,『위기의 공교육 어디로 가야 하는가』등이 있다. 역서로『현대교육의 위기』,『교육과 인간해방』,『한국근대교육의 사상과 운동』,『도덕교육사상사』,『세계교육사』,『문제의 교사』,『급진적 구성주의』,『열린교육의 철학』,『아동인격교육론』등이 있다.

자율주의와 진보교육

초판 1쇄 인쇄　2010년 8월 18일
초판 1쇄 발행　2010년 8월 25일

지은이　조엘 스프링
옮김·보론　심성보
펴낸이　김승희
펴낸곳　도서출판 살림터

기획　정광일
편집　조현주
디자인　썸앤준
필름출력　딕스
인쇄 제본　(주)현문
종이　월드페이퍼(주)

주소　서울시 마포구 서교동 395-27
전화　02-3141-6553
팩스　02-3141-6555
출판등록　2008년 3월 18일 제313-1990-12호
이메일　gwang80@hanmail.net

ISBN　978-89-94445-03-8 03370

자율주의와
진보교육

조엘 스프링 지음

옮김 · 보론: 심성보

살림터

'아나키즘 교육이론'은 사회에서의 어떤 성공적인 급진적 변화가 부분적으로는 사회구성원의 성격구조나 태도의 변화에 달려 있다는 신념에서 나왔다. 즉 한 사회에서 잘 기능할 수 있는 '새로운 사람'이 태어나지 않는다면 '새로운 사회'가 창출될 수 없다는 것이다. 새로운 사회의 창출을 위한 새로운 사람을 탄생시키는 '진보적 교육학'은 비권위적이고 혁명적인 성격구조를 창출하는 새로운 형태의 '사회화'에 관심이 있다. 이와 같이 진보적 교육학은 학교 내의 전통적인 학습 형태뿐 아니라 가정의 조직이나 아동의 교육방식에까지도 관심을 둔다.

교육의 진보적 형태를 고려할 때는 교육 발전의 기존 주류, 즉 사회를 근본적으로 '변화'시키기보다는 '개선'하려고 했던 입장과는 다른 방향에서 인식되어야 한다. 예를 들어 학교교육이 가난한 아이들을 교육시켜 빈곤을 타파함으로써 기존 사회구조 안에서 잘 '기능'하도록 하는 것이라면, 진보적 교육은 오히려 이러한 사회구조를 떠받치는 사회적 태도를 변혁시키려 한다. 진보적 교육이 제기하는 문제는 개선 지향적 교육과는 전혀 다르다. 이러한 차이는 급진적 심리학자와 보수적 심리학자의 중간에 위치한 라이히 Wilhelm Reich의 입장과 비슷하다. 즉 도둑질을 한 어떤 가난한 사람의 문제에 직면했을 때, 보수적 심리학자가 도벽盜癖을 어떻게 하면 근절시킬 수 있을까 하고 묻는다면, 급진적 심리학자는 왜 가난한 사람이 전부 도둑질을 하지 않는가를 묻는다. 첫 번째 접근이 기존 사회구조에 짜 맞추기 위한 행동의 변화를 강조한 데 반해, 후자는 대부분의 가난한 사람들을 묶어놓은 사회구조의 심리적 특징들을 밝혀내려 한다.

공공적 학교교육public schooling과 진보적 교육radical education은 매우 상반되는 개념이다. 공립학교는 사회의 지배적 구조와 그 구조를 떠받드는 활동에 의하여 유지된다. 공립학교는 사회를 개량하고 개선할 수는 있으나 근본적인 구조적 변혁을 시도하지는 않는다. 공교육에 대한 비판사상은 18세기의 고드윈William Godwin에서 20세기의 일리히Ivan Illich에 이르는 진보적 교육의 역사적 발전에 있어 중요한 주제의 하나로 대표되며, 학교가 지배 엘리트의 이익을 위해 국민의 도덕적·사회적 신념을 형성해내는 수단으로 등장했다는 생각에 근거하고 있다. 19~20 세기에 걸쳐서, 이러한 비판의 전통은 국민을 이데올로기적 통제에서 해방시키는 교육체제를 창조하려는 진보적 집단의 실천적 노력과 연관되어 있다.

이 책은 아나키즘, 마르크스주의, 프로이트 좌파 등의 계보를 지니는 주요한 진보적 교육이념에 초점을 맞추고 있다. 아나키즘anarchism은 모든 지배로부터 사람을 해방시키는 기술을 발전시키려고 시도한 중요한 진보적 전통의 하나이다. 19세기의 아나키스트인 슈티르너Max Stirner가 강조했던 중요한 문제는 국민으로 하여금 진정으로 자아를 소유할 수 있도록 끌어올리는 것이었다. 또 다른 진보적 전통은 의식수준을 높이고 사고와 학습을 사회변혁에까지 연결시킴으로써 이데올로기적 통제로부터 해방을 성취하려는 것이다. 이와 같은 사상의 흐름은 현대 산업사회의 '인간소외'를 극복하는 급진적 변화의 첫 시발이다. 이것은 마르크스주의 사상에 그 근원을 두고 있는데, 프레이리Paulo Freire의 저서에서 가장 잘 나타나 있다. 세 번째 전통은 닐A. S. Neill과 라이히를 포함한 프로이트 좌파의 입장으로서 '성격구조'의 변화를 강조하고 있다. 물론 19~20세기의 모든 진보적 교육자는 가족구조의 변화와 여성해방이 불가피하다고 주장한다. 라이히와 같은 몇몇 학자들의 경우에는 전통적 가족제도의 폐지와 자유로운 성관계의 발전이 진보적 교육의 첫걸음이라고 주장한다.

이와 같은 집단과 그들의 이념은 19~20세기에 걸친 진보적 교육의 전통을 형성하였다. 이 같은 흐름의 출현은 공동의 계약이나 공동의 제도적 결속을 통하여 이룩된 것은 아니다. 오히려 이 같은 통일성은 주로 사회구조에 의한 지배와 통치가 아동양육의 관습과 이데올로기적 통제에 의존하고, 국가권력이나 경제권력이 순치된 대중을 기반으로 유지되고 있다는 공통된 믿음에서 출현하였다. 이러한 전통 속에 진보적 사상가들은 공통의 비판과 비전을 가지고 여성해방, 성해방, 새로운 가족구조, 그리고 자율성의 중요성을 강조하고 있다.

1980년 초 처음 조엘 스프링Joel Spring의 책을 번역할 당시의 역자 심정은 이러했다.

"당시 교사 시절 권위와 통제로 가득 찬 교육환경과 그 속에서 날마다 이루어지는 교육현실이 암담하게만 보였었다. 일선 학교의 교사들은 중앙집권적 교육행정체제하에서 상부로부터 주어진 지시와 명령들을 아무런 문제의식 없이 학생들에게 전달해야만 하는 이데올로기 전수자 같았다. 역자 또한 예외가 아니었다. 교사의 자율성과 창의성을 발휘하기 위해서는 정말 큰 용기를 내야 했다. 그러나 교육현장의 권위주의적 풍토는 이러한 건설적 노력들을 잘 허용하지 않았다. 이 속에서 역자는 소외와 무력감만을 맛보았다. 이러한 고민에 빠져 있던 역자에게 아나키즘에 대한 글은 교사생활에 활력소가 되었다. 스프링이 제시하고 있는 학교교육에 대한 비판적 분석은 그동안 막연했던 나의 교육활동을 명료하게 하였다. 그리고 교육의 비인간화가 집단적이고 구조적인 양상을 띠고 있는 상황에서 그 극복을 위해서 어떻게 해야 하는지를 가르쳐주었다."

그런데 당시의 시대적 감회가 교사들에게 지금 동일하게 위협적으로 다가오는 듯하다. 교사를 국가의 하수인쯤으로 여기는 것도 그렇고, 공론화 과정 없이 교육과정 개편을 일방적으로 밀어붙이는 것도 그렇고, 획일적 평가를 위한 일제고사의 강행도 그렇고, 비판적 목소리를 내는 교사들을 국가에 대한 반체제적 도전으로 여겨 적대적 태도를 보이는 것도 그렇다. 한마디로 교사의 자유 또는 자율권의 위축이다. 이 모두가 1980년대의 시대 상황으로 돌아가고 있는 듯하다. 교육을 국가의 이데올로기 통제기구로 삼는 과거 권위주의 정권의 모습을 그대로 재현하고 있는 듯하다.

이런 문제의식을 강하게 갖는 저자는 국가의 감독 안에 들어간 학교교육 기제가 통제권을 쥔 사람들의 정치적 이익의 수단으로 전락했다고 비판한다. 학교교육이 기존 제도를 지지하고 유지하기 위해 국가가 시민의 성격과 의지를 방향 짓고 짜 맞추는 데 이용되는 무서운 무기로 변질되었다고 비판한다. 교육의 기회 평등을 통한 계층이동 등 근대적 해방을 가져왔던 공교육의 이상은 온데간데없이 사라지고 불평등을 더욱 심화시키는 기제로 변질되고 있다는 것이다. 인간의 이성을 마비시키고 국민을 통제하는 이데올로기적 기제로 변질되어 국민을 시민이 아닌 신민 상태로 되돌려놓으려는 권력자들의 유혹은 끊임없이 작동하고 있다. 학교교육은 또한 사회계급 구조를 엄격하게 만드는 경향이 있다. 혹자는 오늘날 사회계급의 차이가 상대적으로 작기 때문에 이 주장이 맞지 않는다고 생각할지도 모른다. 이와 같은 주장은 사회계급 간의 사회적 유동이 상대적으로 쉬웠던 19세기 상황에는 맞을 수 있다. 그러나 20세기 보편교육이 실시된 오늘날에는 사회계급 간의 유동 가능성이 점점 줄어들고 고착되어버렸다. 자신만만했던 기업가적인 능력이나 창의성 같은 것을 통해 비세습적인 사회적 도약을 할 가능성은 오히려 축소되고 있다. 출세란 학교교육 여하에 달려 있다는 생각을 떠받쳐줌으로써 계층 상승의 가능성을 완전히 축소시키고 소멸시켰다. 학교교육은 더욱 고착화된 계급구조에 입문하는 최종 인가 도장의 역할을 하는 계층 대물림을 조장하고 있는 듯하다. 이렇게 국가기구는 개인의 욕구와 포부, 그리고 목표를 직접 통제하여 개인의 자율성을 제한하고 있다. 이에 대해 아나키스트들은 국가주의적 국가와 결합된 교육을 권위의 근본 형태로 보고, 이에 대한 강력한 비판의 칼날을 들이댄다고 저자는 분석한다.

저자는 오늘날 학교교육이 사회적 지위 상승을 증진시키기보다 기존의 불평등한 계층구조를 영속화하고 기존 사회구조를 의심 없이 받아들이도록 하는 신념과 가치를 내면화하며, 이를 위한 도덕성을 개발하는 공민교육으로 되어가고 있다고 비판한다. 학교교육이 학생들에게 권위주의적이고 순응적인 의식과 성격을 내면화하여 사회화함으로써 참다운 자아실현을 이룩할 수 없다는 것이다. 가난한 사람들을 더욱 가난하게 하는 허위의식을 유포하는 이데올로기에 흡수된다는 것이다. 학교에서의 사회화 과정이란 사회 지배층의 욕구와 이해를 충족시키는 특정 성격 유형을 형성해서 산업사회의 충성스런 일꾼으로 기능하는 시민으로 입문시키고 그들의 사회적 위치를 그대로 받아들이도록 교화하는 비인간화의 교육과정이라는 것이다. 또 사회현실에 대한 비판적 의식을 고양하기보다 허위의식만을 조장하는 교육을 하고 있다고 비판한다.

가정, 학교, 교회에서 이루어지는 아동양육 과정은 도덕의 강요로 내면화된 의식의 권위를 축적하고 국가를 지탱하는 법은 인간의 자유와 이성을 억압할 것이다. 학교에서 가르치는 지식은 경제적으로 가난한 아이들을 소외시키고, 이 지식은 인간을 자유롭게 하고 해방시키기보다 오히려 노예화하는 도구가 된다. 수학 문제가 사회 정의와 분배의 문제를 해결하는 도구가 되기보다는 이자율 계산이나 기업회계용으로만 사용되고 또 일상생활과 결합되기도 한다. 역사의 경우에도 피지배계층의 역사보다 지배층의 역사만이 부각되는 것이 보통이다. 이러한 제도교육에 대한 비판적 시각은 새로운 교육을 건설하는 자양분이 될 것이다. 학생들 또한 자율성을 발휘하지 못하고 이미 주체 아닌 객체로 변해 있다. 제도화된 권위와 도덕만이 강요되고 빈곤의 원인이 무엇인지를 깨닫지 못하게 하는 등 교육 내용은 사회현실을 대변하기보다 사실을 왜곡하고 있다. 인간 이성의 완전한 개발이 학교 안에서 거부되는 사회에서는 독재와 불의가 존속할 수밖에 없을 것이다. 국가주의 교육은 정의와 불의를 구별하지 못하게 하고, 피교육자를 정치권력의 명령에 순응하도록 짜 맞추려고만 한다.

이런 조건에서 학교를 개혁한다는 것은 고속도로에 차선을 하나 더 내는 것과 같다고 저자는 냉혹하게 비판한다. 그러나 학교교육의 신화라는 함정에 빠져 있는 사람들은, 주요한 사회적·경제적 문제 해결로서의 '탈학교'를 신성한 성전을 더럽히는 것으로 생각한다. 이러한 지경에 이르자 '학교 없는 사회' 담론이 광범위하게 회자되고 있으며 그 연장선에서 '대안학교'가 우후죽순처럼 출현하고 있다고 본다.

그렇다면 이 같은 현실에서 우리는 어떻게 해야 하는가? 교육을 치안유지 차원에서 보려는 국가주의 교육의 위험성과 그것이 초래할 교육적 상실을 차단할 필요가 있다. 한마디로 국가교육의 전체주의화나 파시즘화 징후에 대한 경각심을 가지고 그것을 차단해야 한다. 그렇게 하지 않을 경우 지식기반사회를 준비하는 창의적 교육의 육성은 근본적으로 저해될 것이다. 여기에 문제의 심각성이 있다. 이러한 문제의식을 갖는 저자는 아나키즘 교육에서 대안을 찾는다. 이제 국민교육을 이데올로기적 통제에서 해방시키는 진보적 체제를 구축해야 한다. 교육의 진보적 형태를 구축하기 위해 교육과 사회의 주류 체제를 근본적으로 변화시켜야 한다. 저자는 학교교육을 부분적으로 '개선'하기보다 학교교육에 '근본적 변화'가 필요하다고 제안한다. 가난한 아이들을 교육해서 빈곤을 타파함으로써 기존 사회구조 안에서 잘 '기능'하도록 하는 개선이 아니라, 이러한 사회구조를 떠받쳐주는 사회적 태도와 가치를 근본적으로 변혁시키는 진보적 교육개혁이 절실하다고 본다. 사회구조에 의한 지배와 통치가 아동양육의 관습과 이데올로기적 통제에 의존하면서 국가권력이나 경제권력에 의해 순치된 대중에 기반하고 있는 국가주의 교육체제에 대해 근본적 의문을 제기하지 않을 수 없다. 이런 문제의식을 각성시키고 비판적 사고와 학습을 사회변혁에까지 나아가게 함으로써 아이들을 이데올로기적 통제로부터 해방시켜야 한다. 이를 위한 학교는 아동을 전인적으로 책임 있게 육성하는 진보적 교육을 추구해야 한다.

저자는 사회구조가 창출한 권위주의적 성격구조에서 해방되려면 사회개혁이 불가피한데, 이런 사회개혁을 구현하려면 이를 추진하는 인간의 의식해방이 전제되어야 한다고 본다. 의식해방은 사회현실에 대한 비판적 인식을 통해서 이루어지고 이 비판적 인식은 사회문제에 개입함으로써 구체화된다. 이러한 자각을 갖게 하는 '문제제기식' 교육이 대안이라는 것이다.

이러한 아나키즘적 교육사상을 지지하는 필자는 주로 국가주의 교육과 자본주의 교육, 그리고 권위주의 교육방법을 비판하고 있다. 이러한 문제의식을 가진 스프링은 사회 전체의 구조적 개혁을 수반하지 않을 때 기존 체제에 쉽게 동화될 우려가 있다며 다양한 아나키스트 방안을 제시한다. 상벌제도가 없는 '근대학교', 권위주의적 양육방식과 권위적인 사회의 관계를 연결시키는 '서머힐 학교', 성적 평등과 가정의 문제를 집단적 방식을 통해 해결하려고 한 '키부츠 운동' 등을 대안교육 기관으로 제시한다. 물론 이런 지향을 갖는 저자의 교육관은 가족구조의 해방과 그리고 여성 및 성의 해방을 동시에 요구한다. 저자는 가족구조가 변화되지 않는다면 어떤 형태의 교육도 의미가 없을 것이라고 확신한다. 근대의 권위주의적 가족구조를 극복해야 근대 사회에서의 여성의 종속적 역할을 종식시킬 수 있기 때문이다.

이 책의 저자인 스프링은 지금까지 절대적인 영향을 미쳤던 기존의 미국 교육사를 비판적으로 제조명하고 재해석하고자 하는 수정주의 교육사가

revisionist이다. 그는 이 책에서 교육현장에서의 인간소외의 심리적 요인과 구조적 요인이 동시에 얽혀 있음을 밝혀주고 있다. 국가이데올로기에 의해 통제되거나 세뇌되지 않는 자신의 자아를 스스로 통제하는 자아소유의식의 획득, 주체의식의 함양, 자율적 자아를 대안으로 제시한다. 자신을 소유하고 있는 것이 아니라 장차 되어야 할 어떤 것에 의해 구속당하고 있는 자아의 해방을 추구한다.

여기에서 저자는 인본주의 심리학자인 로저스Carl Rogers를 비판한다. 로저스가 말하는 자아실현과 인격완성은 사회구조적 모순을 파악하는 사회의식으로까지 발전되지 않고 문제의 근원을 개인의 탓으로만 돌린다는 것이다. 그래서 스프링은 메이Rollo May 등 실존심리학자의 입장과 노선을 같이하며, 동시에 비판적 의식 각성을 주창한 프레이리의 관점을 끌어들인다. 저자는 전통적 아나키스트인 고드윈, 페레, 슈티르너, 일리히, 프레이리, 라이히와 닐을 소개하고 있다. 고드윈은 독재가 절정에 이르렀을 때 국가주의 교육체제가 채택되었다고 하며, 교육이 진리의 소리를 말살시키는 목적을 위한 가장 끔찍하고 심오한 책략이라고 비판한다. 페레는 교사는 의식적이든 무의식적이든 이러한 권력의 도구가 되어버렸고 더욱이 권력자의 의도에 따라 짜 맞추어졌다고 비판한다. 그들은 젊을 때부터 내내 권력자의 권위적인 훈육에 복종해왔으며, 학교조직의 강력한 구속력에 복종하지 않을 수가 없다고 비판한다. 기존 제도를 유지하는 중심이 되면서 학교는 학생들을 유순하고 명령에 잘 따르도록 조건화시키는 체제에 종속되었다는 것이다. 톨스토이는 간섭과 강요를 하지 않음으로써 학생들이 배우고 싶은 것을 자유롭게 배울 수 있도록 해야 한다고 주장한다. 슈티르너는 개인에게 스스로의 모든 말과 행동에 책임을 지도록 함으로써 의식적으로 이를 실현하도록 도움을 주는, 각 개인으로 하여금 '스스로 자유롭게 되도록' 도와주는 교육을 이상으로 제시한다. 학생과 교사 사이의 관계에서 인간의 노예화를 조장하지 않으려면 자아소유는 단순히 개인에게 도덕적 명령이나 교리를 강요해서는 안 된다는 것이다.

교육을 아나키스트적 시각에서 파악하는 스프링의 견해는 한국교육에 시사하는 바가 많을 것이다. 권위와 통제가 만연한 작금의 한국의 교육풍토는 교사의 자율성을 극도로 위축시키고 있다. 그 극복을 위한 철학적·사상적 논의들을 아나키즘은 잘 보여준다. 그렇다면 교사의 자율성이 극도로 침해되는 중앙집권적 권위주의와 관료주의, 비민주화된 교육체제 속에서 인간의 자아실현을 어떻게 구현할 것인가? 해방된 상태의 인간은 어떤 성격구조를 가져야 하는가? 학생을 어떤 인간관과 사회관에 입각하여 인식해야 하는가? 또 제도교육의 한계 속에서 어떻게 교사가 자율성을 획득할 것인가? 제도교육의 근본모순은 과연 어디에 있는가? 왜 학생을 수업의 주체로 등장시켜야 하는가? 이러한 여러 질문에 어느 정도 해답을 줄 수 있을 것이다.

현재 정부는 교사에 대한 통제를 날로 강화하고 있고, 동의와 합의에 의한 교육정책의 협치(거버넌스) 구조가 사라지게 하여 정부정책의 정당성 위기를 초래하고 있는 상황이기에 더욱 그러하다. 하향식 통제 위주의 교육정책 시행은 교사의 자율성과 자발성을 극도로 위축시키는 것이다. 이러한 정책 수행 방향은 궁극적으로 창의적 교육의 핵심인 이성과 자율성을 극도로 축소시켜 교사를 타율적 존재로 만들고 있으며 탈전문화시키고 말 것이다. 그러한 결과로 교사의 소외와 무기력 나아가 의욕 소진 현상까지 초래할 가능성이 높아질 것이다. 이런 교육적 위기 상황에 대한 문제의식을 가진 사람이라면 아나키즘 교육사상을 꼼꼼하게 살펴보면서 우리나라 교육정책 전반을 다시 한 번 살펴볼 필요가 있다. 이런 문제의식에 대한 근본적 성찰을 갖게 하는 데는 아나키즘 교육사상이 큰 기여를 할 것이다. 아나키스트들은 국가주의 학교교육체제의 존재를 근원적으로 불신하기 때문이다. 이렇게 볼 때 분명 아나키즘 교육사상은 시장만능주의 신자유주의 교육정책의 경향과 효율성 위주의 중앙집중적 하향식 교육개혁 정책을 보이는 MB정부를 비판하는 철학적 준거로서 설득력이 있어 보인다.

역자는 아나키즘 교육사상이 우리나라에 별로 소개되지 않은 점을 감안하여 아나키즘 교육사상의 소개와 함께 한국 진보교육의 전망을 제시하는 보론적 성격의 글 「아나키즘과 진보교육의 전망」을 첨가하였다. 보론에서는 그리스어 '아나코anarchos'에 뿌리를 두고 있는 아나키anarchy는 '지배자가 없는', 또는 '권력이나 정부가 없는' '지배자가 없는'이라는 뜻으로, '권위의 부재'와 '통치의 부재' 또는 '권력의 부재'를 의미하기에, 아나키즘은 '무정부주의'라기보다도 굳이 번역하자면 '자율주의'라고 부르는 것이 더 정확하다는 입장을 취한다. 그것은 곧 '국가주의'와 대립된다. 아나키즘은 강압적인 권위와 통치를 부정하며 오히려 인간의 절대적 자유를 갈망하고, 기존 사회에 대한 비판을 제기하면서 자연적인 질서 회복과 사회의 조화를 재창출하여 바람직한 미래사회를 전망한다. 그 궁극적인 목표는 사회변혁을 통하여 자유를 실현하는 데 있다. 아나키스트들이 주창하는 자율·자주·자치·자연 교육은 멋대로 방치하는 '방목' 교육이 아니라, 현재의 학교제도교육의 근본 틀을 기본적으로 바꾸는 것을 뜻한다. 강압적인 국가주의 교육체제가 강화되는 현실 속에서는 아나키즘의 목소리가 더욱 힘을 얻을 것이다.

개인의 자유를 억압하는 권위에 대한 저항, 개인의 자율성을 존중하는 자주인, 상호부조와 협력의 자치 공동체, 근대의 극복과 인간과 자연의 조화에서 아나키즘의 속성을 찾아야 할 것이다. 그 속성 중 '권위에 대한 저항'은 아나키스트 교육운동가들로 하여금 개인의 자율성을 침해하고, 획일적으로 개개인을 어리석고 순종적인 인간으로 만들어가는 국가 주도의 공교육을 강력히 비판하고 거부하는 사상적 에너지였다. 이러한 사상은 기존 학교교육에 대한 반발로서 페레와 골드만이 설립했던 '근대학교Modern School'와 전통적인 교육체계를 무시해버린, 20세기 후반의 아나키스트들이 주도한 '자유학교Free School'를 통해 표출되었다. 뿐만 아니라 학교 자체를 폐지하자는 '탈학교' 운동이 발생하여 교육은 결코 학교에서만 가능한 것이 아니라는 급진적인 시각을 보여주었다. 아나키스트의 운동과는 별개로 나타났지만 근대사회의 해체라는 흐름 속에서 나타나는 '대안학교Alternative School'의 다양한 실험과 운동들은 아나키즘이 추구하는 것과 다르지 않다는 측면에서 이해될 수 있다. 산업화와 대량생산체제로 인하여 발생한 인간의 소외와 획일적 교육이 갖는 문제점을 비판하면서 기존의 공교육체제와 대규모 학교, 그리고 견고한 입시체제의 교육 분위기에서 탈피하여, 새로운 대안을 모색하고자 하는 탈학교로서의 '홈스쿨링' 역시 기존의 제도가 갖는 권위에 도전하고 있다. 대부분의 아나키스트들이 공통적으로 추구하는 것은 '자주인의 양성'이었다. 슈티르너, 톨스토이, 페레, 닐 등은 도덕적 교조와 명령으로부터 자유롭게 선택하고 결정할 것을 촉구하였고, 아동들이 자유롭게 배우고 싶은 문화를 통해서만 개인과 사회의 발전을 약속할 수 있다고 주장하였다. 즉 전체와 집단에 묻힌 개인의 소중함과 가치들이 존중되면서 모두가 자신의 삶을 결정하고 선택할 수 있는 자주인이 될 것을 촉구하였다. 이는 '자유학교'에서 자유놀이터 운동을 전개하는 중요한 바탕이 되었고, '대안학교'에서 강조하는 이념이 되었다. 교사와 부모의 의견과 뜻에 따라 피동적으로 살아온 학생들이 이제는 자신의 삶과 생활을 스스로 결정하고 책임질 수 있는 자주인으로 성장하도록 해주어야 한다는 것이다. '서머힐'에서 학습의 선택권을 개인의 자율에 맡긴 결과, 개인이 학습에 대한 필요성을 느낄 때 오히려 효율적인 학습활동이 이루어지고 성취도에서도 더 좋은 결과를 낳았다고 보고되었다.

아나키즘은 자율적인 개인들이 모여서 함께 어우러져 살아갈 수 있는 '공동체'를 지향한다. 크로포트킨이 강조하듯 인간은 사회를 형성하면서 서로 경쟁하기보다는 상호부조하는 과정에서 역사적인 발전이 이루어져왔음을 주목해야 한다. 기존의 학교가 경쟁만을 일삼고, 많은 아이들을 교사가 인식도 하지 못한 상태에서 교육이 이루어지는 것에 문제를 느낀 아나키스트들은 작은 학교 공동체에서 구성원 간의 친밀감과 인간적인 상호작용이 원활히 이루어져 인성형성에 긍정적인 영향을 미친다는 사실에 주목했다. '서머힐'이나 '프레네' 학교에서도 학생과 교사가 동등한 구성원이 되어 공동체의 문제들을 민주적·합리적으로 해결하는 모습을 보여주었다. 요즘처럼 인간 소외가 심각해지고 있는 사회에서, 공동체 형성은 학교에서 지역사회까지 확대되어 중요한 사회운동으로 부각되고 있다.

새로운 학교에서는 오늘날 새롭게 등장하고 있으면서도 가장 중요한 '자연주의적' 세계관을 살펴볼 수 있다. 근대 자본주의의 대량생산과 대량소비, 인간 중심적 개발을 빙자한 환경파괴의 문제는 생태계 유지에 심각한 문제로 등장하여, 이제는 자연과 인간의 조화 내지는 합일을 추구하게 되었다. 자유로운 개인이 분권적 지역자치 안에서 자연과 조화를 이루며 사는 삶을 지향한다. 거대주의에 대항해 소박주의를 주장하고 중앙집권주의에 대항해 지방분권주의를 옹호한다. 이와 같은 상황에서 아나키즘 교육사상은 노작교육을 실시하고, 공동체 내의 자급자족을 통하여 자원을 절약하고 보존하기 위한 친자연적 교육에 진력한다.

아나키스트들의 모든 문제의식은 권위주의 교육, 관료주의 교육, 국가 주도 공교육 등을 비판 대상으로 삼고 있다. 권위에 대한 저항, 자주적 개인의 출현, 상호부조의 자치공동체 건설, 인간과 자연의 친교 등의 가치를 중시하는 아나키즘은 우리의 미래 교육에 주는 의미가 매우 크다. 그것은 구체적으로 자발성을 통한 교육, 자아소유를 위한 교육, 교조적 가르침으로부터의 해방, 자유인의 양성, 학교 없는 사회의 건설, 친자연적 교육, 협력을 통한 교육, 비판의식의 함양으로 구현될 수 있을 것이다.

아나키즘 교육사상이 모든 교육문제를 해결할 수 있는 만병통치약이 아니기에 그 한계도 있다. 국가의 모든 교육정책에 대해 아나키즘적 잣대를 들이댈 경우 모든 정책이 사악하게 보일 수 있다. 이럴 때 주의할 점은 국가주의 교육을 비판할 때 권력을 쥔 정부가 권위주의 국가인지 아니면 민주적 국가인지, 군림하는 정부인지 소통하는 정부인지 등을 구분해야 하고, 외형적으로 민주정부라고 하더라도 구체적 정책 시행에 있어 얼마나 자율·자치·자주·자연의 아나키즘 교육사상에 부합하고 있는지를 세심하게 검토하는 것이다.

『자율주의와 진보교육』은 조엘 스프링의 아나키즘 교육사상을 보여주는 글을 모은 것이다. 역자가 오래전에 번역한 『교육과 인간해방』(사계절, 1985)과 『현대교육의 위기』(한길사, 1987)에서 아나키즘 교육과 관련된 스프링의 글만을 모았다. 아나키즘 교육론만을 따로 모아 재출판하는 것은 지금 우리나라 교육 현실이 그만큼 아나키스트들이 고발하는 문제의식과 가장 잘 부합하고 있기 때문이다.

| 차례

2부 성과 가족 및 아동기의 해방과 아나키스트 학교

[보론] 아나키즘과 진보교육의 전망

국가는 어떻게
교육을 통제하는가?

　교육에 대한 관심이 급진전하게 된 것은 19~20세기에 등장한 대중교육에 대한 반응을 통해서이다. 이 시기에는 국가가 지원하고 규제하는 학교에서 실시되는 보편적인 의무교육이 일반적인 추세였다. 대중화된 학교교육의 목적은 현대 산업사회의 구성원과 노동자를 훈련시키는 것이었다. 사회의 진보적 변혁을 추구하려는 사람들이 기존의 사회를 유지하기 위해 조직화한 학교교육체제에 대해 비판적 태도를 취하는 것은 당연하다.

　진보적 비판의 주제는 학교교육을 둘러싼 정치적·사회적·그리고 경제적 세력에 중점을 두고 있다. 정부의 통제하에 있는 제도교육은 불가피하게 교육체제를 통하여 이러한 정부의 명령에 맹목적으로 순종하는 공민, '옳건 그르건, 나의 조국'이라는 국가주의적 태도를 취하는 국민, 심지어는 정부의 조치가 개인의 관심이나 이성과 대립할 때도 정부의 권위에 따르는 국민을 양성하려고 한다. 또 다른 비판적 관점은 학교교육체제의 교육과정은 일이 단조롭고 권태로워 개인을 만족시켜주지 못하는 노동을 어쩔 수 없이 받아들이도록 훈련된 노동자를 양산하는 데 이용된다는 것이다. 이러한 노동자는 산업체제의 근본적인 변화를 추구하기보다는 그 권위를 받아들이게 된다. 또한 대중교육이 발달함에 따라 학교교육을 통해 '사회적 지위 상승'을 할 수 있다는 믿음에 비판을 가한다. 말하자면 앞의 믿음을 유도함으로써 학교 졸업장이 사회적 위신의 정당한 척도로, 그리고 사회적 보상을 위한 하나의 근거로 받아들여지도록 해왔다는 것이다. 지금까지 졸업장은 기존의 사회계층 분화에 따라 분배되어 왔다. 따라서 교육이 사회 유동을 증가시키기보다는 사회계층의 분화에 교량 역할을 해왔다.[1]

이 주제들은 고드윈William Godwin, 페레Francisco Ferrer 그리고 일리히 등의 교육비평가의 저작에 잘 나타나 있다. 고드윈은 국가가 정치권력을 통해 특정 이데올로기를 학교에서 주입하려 한다고 비판한 최초의 교육비평가이다. 페레는 공교육에 관심을 집중하였는데, 대중교육체제가 19세기의 새로운 산업경제를 위해 잘 훈련되고 잘 통제된 노동자를 배출하는 역할을 한다고 보았다. 가장 최근의 비평가인 일리히는 학교교육과 사회체제 간의 관계에 대하여 비판했다. 이런 모든 주제들은 이후의 장에서 부연설명하려고 한다. 왜냐하면 어떤 의미에서 진보적 교육이론은 그 이론들이 도전하는 바로 그것에 정반대되는 것을 건설하려는 시도이기 때문이다. 진보주의자들은 사회·정치 체제의 명령에 맹목적으로 복종하지 않고, 좀 더 많은 자율을 누리며 스스로의 힘으로 선택을 할 수 있는 비권위주의적 인간을 배출하는 학교체제와 아동 교육과정을 모색해왔다. 19세기 후반과 19세기 초반의 서구사회는 군주제에서 공화정으로 이행하는 긴장 상태에 놓여 있었다. 이 시기에는 정치적 과정과 대중 공교육체제 간에 상호 밀착된 관계가 발달되었다. 고드윈이 대중교육에 대해 신랄하게 비판했던 시기가 이때였다. 프랑스혁명과 미국혁명은 정부를 이끌어가는 개인의 이성과 능력에 대한 18세기적 신앙을 상징적으로 나타낸다. 그러나 이와 같은 정치적 변화에는 어떤 내적 모순이 있었다. 개인적 이성에 대한 신앙은 공화정보다는 아나키즘으로 빠져들 수도 있었다. 1756년에 태어난 고드윈은 새로운 지배 엘리트 권력이 군주권력의 축소에 이어 나타날 것으로 보았다. 정부형태가 변화한다고 하더라도 그것이 통치집단의 이익을 위해 이용되는 한, 아무런 의미가 없다는 것이다. 고드윈에게 인간 이성이 지닌 힘을 신뢰한다는 것은 지배계급을 주기적으로 교체하는 공화정보다 각 개인이 주권을 행사하는 사회를 의미했다.

고드윈은 영국의 비국교도 목사의 가정에서 태어났다. 그는 목사가 되는 훈련을 받았으나 목사직을 거부하고 1783년에 학교 설립에 노력하였다. 1793년에는 『정치적 정의에 관한 탐구』를 출판하여 국가개념에 대한 최초의 근대적 아나키즘으로 평가되는 주장을 제기하였다. 그 후 4년 뒤에는 최초의 근대 자유해방주의 교육론 교과서인 『탐구자』를 출판하였다. 1796년에는 울스턴크래프트Mary Wollstonecraft라는 여성과 결혼했다. 그녀는 아직까지도 여성해방과 그 교육적 방법에 관한 고전적 저작으로 평가되는 『여권의 옹호』를 쓴 장본인이었다.[2]

고드윈의 사상은 인간 이성의 개화가 가져올 진보에 대한 계몽주의적 신념의 테두리 안에서 이해되어야 한다. 그는 이 시대의 주요한 두 가지 현상인 근대 자본주의 국가의 등장과, 이러한 국가를 위한 시민을 양성하는 국가교육체제의 발전이 인간 이성을 교조적으로 통제하고 압살하는 결과를 낳았다고 말했다. 1783년 학교 창립식 때 발표한 팸플릿에서 그는 인간의 능력이 갖는 두 가지 대상은 정부와 교육이라고 주장했는데, 특히 교육을 훨씬 더 강력한 힘이라고 보았다. 그 이유는 "정부는 항상 피지배자의 여론에 의존해야 하기 때문이다. 이 땅의 가장 억압받는 대중의 사유방식을 변화시켜라. 그러면 그들은 자유롭게 된다"[3]고 그가 생각했기 때문이다.

어떤 정부형태라도 국민이 인정하고 수용해야 정통성을 획득한다. 교육을 통한 여론정치는 지지를 계속 받는 것을 의미한다. 그러므로 인간 이성의 완전한 계발이 학교 안에서 거부되는 사회에서는 독재와 불의가 존속할 수밖에 없다.

국가교육의 힘은, 고드윈이 정부에 관해 연구한 『정치적 정의에 관한 탐구』에서 여실히 드러난다. 여기서 그는 다음과 같이 경고했다.

"그처럼 강력한 도구(교육을 가리킨다-역자 주)를 그처럼 모호한 기관의 통제하에 두기 전에 우리는 자신이 하고 있는 일이 무엇인지 충분히 생각해 볼 필요가 있다. 정부는 권력을 확장하고 체제를 영구화하기 위해 교육을 이용할 것이다"라고. 고드윈은 국가교육의 내용이 피교육자를 정치권력의 명령에 순응하도록 짜 맞추는 것이라고 믿었다. 정치가로서 그들의 행위를 옹호하는 자료는 그들의 훈령에 기초해서 만든 것이라고 주장했다.[4] 국가교육에 대한 관심은 정부의 본질에 대한 우리 자신들의 의심을 반영한 것이다.

첫째로, 고드윈은 정치제도가 부유층의 권력 찬탈을 지지하고, 빈부차를 심화시키는 경향이 있다고 생각했다. 법률은 부당한 법과 조세제도에 의해 축적된 부자의 재산을 옹호하였다. 정부는 경제 권력을 쥔 사람들에게 유리하게 법률을 운영하고, 부를 사회적·정치적 권력으로 변형시킴으로써 부유층의 권력을 강화시켰다.

둘째로, 고드윈은 고도로 중앙집권화된 국가의 성장이 국가적 영광, 애국심, 개인에게 하등의 이익이 없는 국제 경제적·문화적 경쟁을 추구하는 가치를 결과적으로 조장하게 된다고 믿었다.

"좀 더 영토를 확장하고, 이웃국가를 정복하여 경외케 하고, 예술이나 군사력에서 그들을 위압하려는 야심은 편견과 오류에서 생긴 욕망이다. 반면에 안전과 평화는 한 국가를 전율케 하는 명성보다는 더욱 바람직한 것이다."[5]

국가주의 교육은 쇼비니즘적 애국심이나 국가의 정치·경제적 권력을 떠받드는 데 이용된다. 고드윈은 국가주의 교육에 대해 또 다른 반대 입장을 다음과 같이 표명한다.

"헌법이 아무리 훌륭하게 되어 있다 하더라도 우리 청년들에게 그것을 숭배하도록 가르치는 것은 올바르지 않다. 반대로 진리를 숭배하도록 이끌어야 한다. 헌법이 진리의 공정한 추론과 일치하는 경우에만 숭배하도록 해야 한다."[6]

고드윈은 정의사회란 단지 모든 국민이 이성을 자유롭게 행사한 결과라는 것을 확신하였다. 인간이 자기의 이성이나 본성의 이해를 계속 발전시켜왔기 때문에 행위의 자연적 법칙에 대한 이해는 계속 변화되고 있다. 법률을 영구화하려는 헌법이나 기타 정치제도는 어떻게 삶을 영위해야 하는지에 대한 이해를 계발하는 데 방해가 될 따름이라는 것이다.

이러한 이유로 고드윈은 법률을 가르치는 국가주의 교육을 반대했다. 국민들은 어떤 범죄가 대중에게 피해를 준다는 것쯤은 이해할 수 있다. 그러나 대체로 법률은 이성의 영역을 벗어나 있고, 이해시키기보다는 지도하려고만 했기에 항상 사회의 어떤 특정집단의 이익을 위한 것이었다. 예를 들면 "이성은 나의 이웃을 구타하지 말라고 가르쳐줄 수는 있지만, 영국에서 들어온 면직물을 수출하거나, 스페인에서 프랑스 헌법을 인쇄하는 것을 금지할 수는 없다." 그는 "법적 집행의 대상이 되기에 적합하다고 생각되는 모든 범죄는 법률을 가르치지 않고도 분별될 수 있다"고 주장했다. "나 자신의 이성이 면직물의 수출을 범죄라고 가르쳐주지는 못한다"는 사실을 그도 인정했다. 그러나 "어떤 법률이 그런 식으로 믿도록 한다고 해서 그것을 내가 범죄라고 믿지는 않는다"고 덧붙여 말했다.

이러한 진술에서 고드윈은 국민은 개인의 이성에 일치하지 않는 법률에 복종해서는 안 된다는 혁명적인 확신을 표명하였다. 고드윈은 경고한다.

"독재가 절정에 이르렀을 때, 국가주의 교육체제가 채택되었다 하더라도 그것이 진리의 목소리를 영원히 질식시킬 것이라고 믿어서는 안 된다. 그러나 그것은 상상력이 미칠 수 있는 가장 끔찍하고 심오한 술책이었을 것이다."[7]

자유가 잘 보급되어 있는 나라의 국민도 그릇된 생각을 영구화하려는 경향 때문에 국가주의 교육을 경계해야 한다. 고드윈은 근대 학교교육에 저항하는 힘 있는 표현으로 다음과 같은 선언을 한다. "우리를 파멸시키려면 마음대로 해보라. 그러나 국가교육을 통해 우리의 이성 안에 있는 정의와 불의의 분별을 파괴하려는 헛수고는 하지 않는 것이 좋을 것이다."[8]

그런데 고드윈의 독특함은 국가주의 교육이 사회적 원동력의 가장 발달된 형태의 하나라고 여겨지던 시대에 그처럼 강한 반대를 했다는 데 있다. 그의 아내인 울스턴크래프트조차도 여성에 대한 남성의 사회적 이익을 척결하는 수단으로 국가교육을 지지하였던 것이다. 고드윈의 비판은 다음과 같은 사실에서 출발했다. 즉, 교육에 대한 대부분의 정부계획은 법이나 도덕의 특정 개념을 주입해 정치·사회적 질서를 유지하려고 하는데, 이러한 계획의 대부분은 정부의 방파제 역할로 인식되었던 국가주의 이념과 애국심의 앙양에 중점을 두고 있다. 아직도 이 시대의 대부분의 개혁가와 혁명가들은 학교교육이 개인의 자유를 북돋아준다는 신념 때문에 국가교육안을 지지했다. 서구사회를 망라하여 근대 민족국가는 학교에서 공민교육을 지지하였다. 프러시아의 피히테Johann Fichte는 국가가 국방비만큼 교육에 투자를 해야 한다고 주장했다.

"우리가 제안했던 국가주의 교육을 보편적으로 보급한 국가는 새로운 청년세대가 그런 교육을 마친 그 순간부터 별다른 군대를 필요로 하지 않는다. 역사상 유례가 없는 강력한 군사력이 바로 그들 속에 있으므로."[9]

피히테는 학교가 국법을 주입하는 도구일 뿐 아니라 각 개인에게 공동체의 이익을 위해 헌신하도록 준비시키는 기관이라고 믿었다.

미국에서 보통학교 운동의 지도자들은 공교육이 정치적·사회적 가치의 합의를 창출할 수 있고, 정치적·사회적 불안을 효과적으로 감소시킬 수 있을 것이라고 주장했다. 그들은 학교가 정치적 통제와 무관하게 인간 진보와 자유를 위한 거대한 원동력이 될 수 있다는 신념을 표명했다. 예를 들면 19세기 유명한 미국의 공교육 개혁가의 한 사람인 바나드Henry Barnard도 국가통제가 학교에 미치는 문제를 자각하기는 했지만, 결국 교육은 항상 자유의 방향으로 나아간다고 주장하면서 이 문제를 간단히 넘겨버렸다. 그는 교육이 사회에서 해방되기만 하면 19세기 교사는 학습 능력을 발휘할 수 있다는 신념을 시적으로 표현했다. 정부가 훌륭하게 학교교육을 받은 개인을 방해하는 것과 관련하여 "차라리 떨어지는 빗방울이 언덕과 계곡을 적시고, 샘물로도 퐁퐁 솟아나고, 쑥쑥 크는 산천초목의 뿌리에 닿기도 전에, 원래 있던 구름의 품 안으로 되돌아가도록 하는 것이 더 쉬울 것이다"[10]라고 했다.

19세기 교사의 신념은 확실히 나치 독일이 등장한 20세기에 부서져버렸다. 이 시기 독일의 학교교육은 18세기에 고드윈이 예견했던 모든 악을 보여주었다. 학교는 영토 확장이나 국가지도자의 영광과 관련된 오명을 남긴 국가주의와 특정 이데올로기를 전파하는 데 이용되었다. 나치는 종족생태학에 대한 강제 교육과 독일 역사와 문학을 더욱더 강조하는 한편, 학교 교과과정의 개편을 실시하였다. 하루에 5시간의 신체교육이 성격과 규율 형성을 위해, 그리고 군사훈련을 위한 준비로서 요구되었고, 고도의 선전을 위한 교과서도 도입하였다. 1935년 문교부 명령에는 6살 때 종족교육을 시작, 독일국민의 미래를 위한 종족과 혈통의 중요성을 강조하고, 북유럽 가치의 전수자로서 독일민족의 일원이라는 자부심을 학생들에게 일깨우는 세부적인 지침이 들어 있다. 이 지침에는 "세계사는 종족적으로 결정된 국민의 역사로 묘사되어야 한다"[11]고 쓰여 있었다.

나치 독일은 고드윈이 경고한 극단의 예였지만, 그의 비판은 미국의 경우에도 톨스토이Leo Tolstoy가 그렇게 나쁘지는 않다고 지적했던 학교교육체제에 대해서 적용될 수 있어 보였다. 미국학교의 애국적 행사는 1920년대 '미국 재향군인회 총연맹'과 '미국 애국부인회' 같은 집단의 압력 때문에 최고의 절정을 이루었다. 진보적 노동조합은 학교에 노동조합의 정보를 줄 수도 없고, 노동조합 결성을 반대하는 경제철학을 학교가 강조하는 데 대해 비난하였다. 싱클레어Upton Sinclair는 1920년대에 공교육을 시찰한 후, 학교는 인간의 복지를 촉진시키기보다 단순히 자본가들의 권력을 유지하기 위해 고안되었다고 비판을 했다. 1925년 뉴저지의 진보적 교육 프로그램 지도자 한 사람은 다음과 같이 주장한다.

"공교육체제는 모든 불의와 불평등한 현존 사회질서를 영속화하는 강력한 도구이다…… 학교교육을 통제하는 사람들은 아주 당연한 듯이 현존질서를 혼란시키는 것은 무엇이든지 못마땅하게 여긴다."[12]

진보파들은 각 지역사회에서 선출된 교육위원회가 기업 및 직업 엘리트에 의해 독점되었다고 주장한다. 금세기의 연구들은 이와 같은 결론을 뒷받침하는 경향이 있다. 분명히 나치 독일이나 미국에서는 학교가 본래 정치적 통제를 위한 제도가 되었다. 학교가 국민을 변화시키고 틀에 맞추어내기 위해 의식적으로 고안된 제도가 된 이래 서로 다른 정치적 파당을 위한 무기로 계속 이용되었다. 20세기에 이르러 모든 정치적 집단은 그들의 특정 이데올로기를 전파하고 근대적인 이념을 형성해내기 위해 학교를 이용하고자 했다. 진보파에게 문제가 되는 것은 그들에게는 보통학교의 주도권 쟁탈을 위한 힘이 결여되어 있다는 것이다. 이리하여 학교가 보수주의의 요새가 되는 경향이 있었다.

19세기 말 무렵에 학교는 또한 새로운 산업경제의 부속물로 기능하기 시작했다. 학교는 국가와 기업에 순종하는 노예를 양산한다고 비난을 받았다. 이러한 입장을 대표하는 비평가는 1901년 바르셀로나에서 근대학교를 설립했던 스페인의 아나키스트이자 교육자인 페레이다. 페레의 활동은 그가 바르셀로나 폭동을 주도했다는 스페인 정부의 고발에 따라 처형된 해인 1909년에 국제적인 인정을 받았다. 그의 처형에 자극되어 유럽과 미국에 있는 많은 단체들이 불의에 대하여 항거했고 그의 경력과 이념에 대한 관심이 더욱 촉발되었다. 미국에서는 '페레위원회'가 조직되고 뉴저지 스텔톤에 '근대학교'가 설립되었다. 유럽에서는 페레가 설립했던 '아동의 합리적 교육을 위한 국제연맹'이 그의 사후 아나톨 프랑스Anatole France를 명예총재로 해서 재조직되었다. 이 국제연맹은 페레의 평론지인『새로운 학교』의 출판에 계속 노력했고, '근대학교'에 대한 정보와 편람을 전파하였다. 미국에서도 페레위원회는 진보적 학교비판의 매체가 된『근대학교』라는 잡지를 발간했다.

페레는 학교교육에 대한 정부 지원과 관련하여 정부권력은 "거의 학교에 기반을 두고 있다는 것을 그들이 누구보다도 더 잘 안다"[13]고 쓰고 있다. 과거에 정부는 대중을 무지의 상태로 두는 방법으로 그들을 통제해왔다. 19세기에 산업주의의 등장과 더불어 정부는 훈련된 산업노동자를 필요로 하는 국제경제적 경쟁에 가담해야 된다는 것을 알게 되었다. 학교는 19세기에 사회를 개혁하려는 일반적 요구보다는 경제적 필요 때문에 기치를 올렸다. "정부가 교육을 통한 사회혁신을 위해서가 아니라, 사용된 자본에서 이윤이 많이 나도록 하기 위해서 완성된 노동의 도구, 개인, 노동자들을 필요로 했기 때문에 학교를 필요로 했다"[14]고 그는 쓰고 있다. 페레는 자본주의의 상하 위계구조가 노동자에게 일정한 성격 유형을 요구한다는 사실을 자각했다. 노동자들은 공장일이 요구하는 단조로움과 권태로움을 잘 받아들여 공장조직에 유순하게 순응하도록 훈련되어야만 했다. 노동자는 시간을 엄수하고 복종적이고 수동적이며, 그들의 일과 위치를 받아들이도록 해야만 했다.

　페레가 생각하기에 학교는 고드윈이 이전 세기에 경고했던 바로 그대로 변화했던 것이다. 학교는 기존 제도를 유지하는 중심지로서 학생들을 유순하고 명령에 잘 따르도록 조건화시키는 체제와 방법에 의존하게 하였다. 물론 이것은 여러 비평가들이 학교를 겨냥해서 가했던 비판이다. 그러나 페레가 말한 대로 이것은 국가가 학교를 통제하여 초래된 필연적인 결과였다. 페레는 "아이들은 자신들을 지배하는 사회적 도그마에 따라 생각하고 믿고 복종하는 데 익숙해 있다. 이렇게 되면 교육은 오늘 현재 상태와 달라질 수가 없다"[15]고 쓰고 있다. 그의 중심 주제 가운데 하나는 교육에 대한 정부 통제를 타파하는 일이다. 체제 내에서만 활동하려는 개혁운동은 '인간해방 human emancipation'의 목표를 위해 아무것도 달성할 수가 없다. 페레는 "공립학교를 조직한 사람들이 개인의 지위를 향상시키기보다는 개인을 노예화시키기를 원했다. 또한 오늘날의 학교에서 무엇을 기대한다는 것을 거의 쓸데없는 일"[16]이라고 주장했다.

　페레는 정부가 사회를 어떤 급진적 변혁으로 이끄는 교육체제를 창출할수 있다는 것은 생각할 수조차 없었다. 그러므로 국가주의 학교교육 체제가 하층계급의 환경을 의미 있게 변혁시키는 수단이 된다고 믿는 것은 현실성이 없다. 가난한 사람들을 배출했던 것이 바로 학교체제이기에 교육이 사회구조를 진보적 방향으로 변혁시켜 국민들을 해방시키지 않고서는 빈곤을 척결할 수가 없다. 『근대학교』 회보에서 부유한 사람과 가난한 사람을 혼성하는 벨기에 학교제도에 대해 페레는 "학교에서 가르치는 것은 부와 가난이 분할되는 것이 영원히 불가피한 것으로 생각하게 하고, 사회적 조화란 법을 집행함으로써 이룩된다는 원리에 기반을 두고 있다"[17]고 주장했다. 가난한 자에게 가르치는 것은 기존 사회구조를 받아들여야 하며, 그 구조 속에서 경제적 향상을 기하는 것은 개인의 노력 여하에 달려 있다는 주장이라는 것이다.

페레의 비판은 바로 국가주의 학교체제에 대한 것이다. 그는 고드윈처럼 학교가 정치적 통제의 수단으로 불가피하게 이용되고 있는 것을 목격했다. 학교는 자기 당파의 목적을 위해 이용하려는 거대한 전쟁터가 되고 있다. "모든 당파는 게임의 중요성을 알고 있기에 아무런 희생을 치르지 않으면서 승리를 확보하려고 머뭇거린다. 모든 사람이 '학교를 위한, 학교에 의한'[18]을 외친다." 이 전쟁터의 두 지배집단은 정부와 산업체이다. 정부는 학교가 충성스런 시민을 배출하기를 바라며, 기업은 말 잘 듣고 훈련된 노동자를 원한다. 페레의 관점에서 볼 때 이 요구들은 서로 갈등을 일으키지 않는다. 고드윈과 마찬가지로 그는 국가란 부자의 이익을 보호하기 위해 존재하며, 산업의 요구는 국가를 통하여 표현된다고 믿었다. 고드윈과 페레의 차이점은 18세기와 19세기의 사회적 차이를 반영한다. 18세기 후반 민족국가의 승리는 충성스런 시민을 요구했다. 19세기 후반 산업혁명의 승리는 훈련된 노동자뿐만 아니라, 공장의 일관 작업 앞에서 지루하고 단조롭고 고된 노동을 몇 시간이고 해내는 노동자를 요구했다. 이와 같은 역사적 맥락에서 학교교육의 목표는 교육되는 교재의 '내용'과 그 제시 '방법'을 통하여 달성되어야 했다.

'방법'의 문제는 이들 교육자의 중심적 관심사가 되었다. 그들은 교수방법·학교조직 그리고 학교가 형성해내는 성격구조 사이에 직접적 연계가 있다고 주장한다. 예를 들면 고드윈은 다름 아닌 이런 훈육방법과 교수기술이 이성을 손상시키며 인간의 자유를 억압한다고 주장했다. 그는 교사가 사용하는 동기의 형태와 정부의 권력을 직접적으로 관련시켰다. 교사는 자료를 학생들에게 제시할 때 "독단적으로 명령이나 위협을 주어, 그것을 따라갈 때는 칭찬을 하고 무시할 때는 불쾌감을 주는" '외적 동기'를 사용한다. 외적 동기란 등급과 징벌의 위협과 같은 것이다. 또한 고드윈은 정부가 어떤 태도로 국민들이 행동한다는 사실을 확인하기 위해서 외적 보상에 의존하게 된다고 믿었다. 법과 경찰은 국민이 국가의 이익을 위하여 행동하도록 정부가 확인시키는 독재적 수단이다. 외적 동기라는 독재적 방법에 의존하는 교육은 개인을 전제적인 법으로 유지되는 정부를 위해 단련시키는 것 외에 아무것도 아니다.[19]

20세기 초 미국에서 시작된 대논쟁은 교실환경 내에서 발생되는 사회적·경제적 특징에 초점을 두고 있다. 자유주의 교육자들liberal educators은 자유방임적 개인주의를 조장하는 경쟁이나 개인 활동을 거부했다. 그들은 집단 활동이나 프로그램을 크게 강조하였다. 이와 같은 교수방법은 새로운 자본주의 국가가 요구하는 성격 유형을 형성한다. 반면 미국의 진보파radicals들은 전통적 교실뿐만 아니라 자유주의적 경향 또한 거부했다. 이들에 따르면 국가와 기업의 권위와 요구에 따라 학교가 학생들을 만들어내기 때문이다. 1920년에 뉴저지의 근대학교 지도자 중 한 사람은 다음과 같이 쓰고 있다.

"공립학교에 입학하는 순간부터 아이들은 권위에 복종하고 타인의 의지에 따라 행동하도록 훈련된다. 그 결과 지배층에 유리한 심리상태가 형성되어간다."[20]

교실에서 사용하는 방법 유형에 관한 문제에는 권위의 본질과 정도에 관한 것이 포함된다. 20세기 학교는 관료적이고 선동적인 사회가 학생을 조종하도록 준비시키는 일종의 익명적 권위를 발전시켰다. 교사가 직접 학생들을 자기의 권력 앞에 대면시켰던 전통적인 교실에서는, 드러난 권위를 나타냄으로써 학생들이 언제나 권력의 근원을 알아차릴 수 있었다. 학생들이 이같은 상황에서 자기들의 자유를 요구하고 저항하려면 권력의 근원을 확인하고 대항할 수 있어야 했다. 20세기 익명의 권위 형태는 통제를 위한 보다 교묘한 심리학적 기법을 통하여 교실에 도입되었다. 이와 같은 통제 형태는 통제의 근원이 무엇인지를 확인하고 어떻게 조종되는지 알기 어렵게 만든다.

근대적 교육방법과 권위와 통제와의 관계는 일리히의 저서에 잘 설명되어 있다. 그는 19~20세기의 교실에서 사용하는 방법은 기존 권위 제도에 의하여 조종되는 성격을 주조해낸 것과 관계가 있다는 진보적 주장을 받아들인다. 교실에서의 교육방법의 변화는 이와 같은 제도의 변화와 직접 관련이 있다. 현대의 소비 지향적 사회는 어떤 행동을 하든지 전문가의 조언에 따라야 하는 성격 유형을 필요로 한다. 현대사회는 전문적으로 계획된 상품을 소비하는 데 의존하고 있다. 학교는 '전인적인 아동'을 키울 책임을 떠맡음으로써 개인을 기존 사회에 적합하도록 준비시킨다. 자동차 운전, 성교육, 양장, 성격 적응 문제, 그 밖의 관련된 많은 주제를 가르치기 위해서 학교는 또한 이러한 일을 하는 데 전문적이고 바른 길이 있으며, 타인의 전문적 지식에 의존해야 함을 가르친다. 학생은 자유를 요구하는데, 그들은 자유가 단지 권위에 의해 주어지고, '전문적으로' 사용되어야 한다는 학습을 받을 뿐이다. 이와 같은 복속은 사람들의 행동하는 힘을 파괴하는 일종의 '소외'이다. 학생의 활동은 이제 개인에게 속해 있지 않고, 전문가나 제도에 얽매여 있다.[21]

급진적 비판가들은 또한 교육과정 내에서 발전되는 성격구조에 관심이 있다. 이와 같은 관심은 교실에 머물지 않고, 아동양육이나 현대가정의 성격에 이르기까지 전 영역에 확대된다. 예를 들면 정신분석학자인 라이히는 성격 형성의 기본 문제는 중류층 가정의 구조에 있다고 믿었다. 독일 파시즘의 등장을 논의할 때, 그는 권위주의적 성격구조를 독일 중류계급 가정 내의 아동교육 과정과 관련시켰다. 중요한 사회 변화는 가족구조의 변화를 통해서만 가능하다고 그는 주장한다. 이후에 살펴보겠지만 이 같은 논지는 19~20세기에 널리 파급된 것으로, 많은 진보적 교육계획의 중요한 구성요소였다.[22]

학교가 기존 사회구조를 강화하는 경향이 있는 한, 비판은 학교로 집중될 것이다. 이 같은 문제는 19~20세기에 거의 모든 교육학파에서 논의되었다. 미국에서 교육자는 계속 사회계층 간의 분열을 감소시키는 교육체제를 조직하는 문제와 씨름하고 있었다. 19세기의 교육자는 서로 다른 계급을 위해 다른 학교를 제공하는 유럽형 체제를 비판하는 데 항상 민감했다. 19세기 공교육 개혁가의 한 사람인 만Horace mann은 각 계층의 모든 아동이 다니는 보통학교를 설립함으로써 이 문제를 극복하려고 했다. 그는 부유한 사람과 가난한 사람이 공립학교에서 어깨를 서로 맞비비게 되면 계층적 차이는 상쇄될 것이라고 생각했다. 그러나 공립학교를 통한 해결책은 모든 아이들이 같은 문화적 배경과 지적 도구를 가지고 학교에 들어가는 것도 아니고, 같은 목적을 가지고 교육을 이용하려고 하지도 않는다는 데 문제가 있다. 바꾸어 말하면 공립학교는 학생들에게 '너무 똑같은' 교육을 제공한다는 것이다. 19세기 말 미국 교육자들은 이 문제를 '교수의 개별화'나 '개인의 욕구충족'으로 극복하려고 하였다.

사회계급의 문제를 해결하려는 미국 교육자의 시도는 일리히가 행한 비판, 즉 '사회화'의 중심기관으로서의 공립학교는 그 주변의 사회조직을 '강화하는' 경향이 있다는 사실을 확연하게 보여준다. 이러한 경우에 학교는 '사회의 계층화'를 강화하는 경향이 있다. 미국교육에서 '개인적 욕구'를 충족시키려는 시도인 능력반 편성, 직업반 편성 등 특별 프로그램은 학교 안에 내재하는 문제와 모순을 표면화시켰다. 능력반 편성과 직업반 편성은 지능검사, 흥미검사, 성취검사, 그리고 상담을 토대로 한 것이었다. 그 결과 미국교육이 사회계급과 인종에 따라 학생을 차별한다는 큰 우려가 20세기 중반까지 있어왔다.

1940년대 미국의 한 소도시를 연구한 사회학자들은 고등학교에서 사회계층과 직업진로 사이에 직접적인 상관관계가 있다는 것을 발견하였다. 도시의 상류계층 학생이 대학 준비 프로그램의 대부분을 차지하였고, 하류계층의 학생은 취업반을 채웠다.[23] 이런 현상은 미국 전역에서 나타났다. 그리고 아이들이 표준화 검사에 의해 규정된 능력에 따라 분리될 때, 결국 그들은 사회계층과 종족에 따라 나뉜다. 미국에서 아동은 마치 각자의 사회계층에 맞는 별도의 학교가 있는 것처럼 자신의 사회적 위치로 입문하는 교육을 받았다.

일리히는 이와 같이 학교교육 속에 내재해 있는 계층화의 과정이 가장 파괴적인 요소의 하나라고 보았다. 1960년대 푸에리토리코의 가톨릭 대학 고문으로 있을 당시, 그는 라틴아메리카의 저개발 국가들이 교육에 쓰고 있는 엄청난 금액에도 불구하고 가난한 사람들은 충분한 혜택을 받지 못하고 있음을 깨달았다. 교육비를 되돌려 받으려는 사람은 초등학교에서 대학까지의 전 과정을 마쳐야만 했다.

가난한 사람들은 학교가 사회적 지위 향상의 기회를 제공하고 있고, 학교교육 과정 내에서의 향상은 개인의 점수 결과라는 것을 믿도록 설득당했다. 가난한 사람들은 이러한 신념에 따라 학교교육을 지지하게 된다. 그러나 부유한 사람이 항상 가난한 사람보다 더 많은 교육 연한을 갖기 때문에 학교교육은 기성의 사회적 격차를 측정하는 새로운 방법이 되었다. 가난한 사람들 자신이 학교의 기준들이 정당하다고 믿기 때문에 학교는 사회분화의 더욱 강력한 수단이 된다. 가난한 사람들은 학교가 요구하는 기준들을 잘 소화해내지 못했기 때문에 가난하게 되었다고 믿도록 배운다. 자신들에게 발전할 수 있는 기회가 주어졌다는 말을 들으면서 그렇게 믿는다. 학교를 통해 사회적 지위를 성취하든지 낙오자가 되든지가 결정된다. 가난한 사람들의 사회적·경제적 불리함에는 낙오자라는 이름으로 딱지가 붙여진다. 그런데 학교가 없다면 낙제생도 없을 것이다.

페레와 같이 일리히는 학교를 권력의 시녀라고 간주한다. 궁극적인 힘은 개인의 '자아 개념'에 대한 학교의 영향이다. 즉, 교육은 개인에게 개별적인 능력이나 성격 특성을 가르친다. 사람들은 자기 자신에 대해서 어리석다든가 현명하다든가, 또는 존경받을 만하거나 실패한 것으로 생각하도록 학습된다. 올바른 '자아 개념'이 사회적 맥락 속에서 기능하는 능력과 인정에 달려 있다고 생각할 때, 학교의 심리적 힘은 명백하다. 학교 중퇴자는 가장 도움이 되는 민주적인 제도인 학교가 모든 기회를 다 주었는데도 왜 실패했느냐는 말을 꼭 듣게 된다. 그런데 낙제생은 이와 같은 실패를 인정하고 성공을 위해 당장 할 수 있는 것은 아무것도 없다는 결론을 내릴 수밖에 없다. 학교에 의해 거부당한 학생들은 복종과 무감동에, 그리고 결국에는 무기력과 사회적 침체에 빠지고 만다.

한 사회계층의 다른 계층에 대한 권위는 이러한 과정을 통해 강화된다. 학교는 더 많은 학교교육을 받은 사람이 더 훌륭한 사람이라고 가르친다. 가난한 사람들은 더 많은 학교교육을 받은 상류계층의 지도에 복종해야 한다는 것을 학교에서 배운다고 일리히는 주장한다.

일리히는 학교를 '새로운 교회'라고 묘사한다. 사회가 종교적 신앙으로 학교교육을 지지하는 것은 급진적 비판가들의 중요한 관심거리이다. 학교가 현대 산업사회의 중요한 아동교육 기관이라는 사실에서 그 위력을 나타낼 수 있다. 가정이나 교회 같은 아동교육 기관의 역할이 점차 쇠퇴해가는 반면, 조기교육과 탁아소는 이런 제도의 힘을 점차 증대시키고 있다.

결론적으로 학교가 존재한다는 사실은 바로 특정의 정치적·경제적 이데올로기에 의해 학교가 이용되는 것을 허용한다는 말과 같다. 가르칠 내용은 누가 사회를 통제하느냐에 따라 달라지며, 나아가 학교의 힘은 선전적인 역할에 머물지 아니한다. 학교에서의 사회화 과정은 사회 지배층의 욕구를 충족시키는 특정의 성격 유형을 형성하기조차 한다. 왜냐하면 고드윈과 페레 같은 비평가에 의하면 학교에서의 사회화 과정은 국가의 권위에 복종하거나 새로운 산업사회의 충성스런 일꾼으로 기능하는 시민을 길러내며, 그리고 이런 사회화 과정은 국민으로 하여금 그들의 사회적 위치를 받아들이도록 교화하고 비합리적으로 조직된 소비사회에 종속되게 하기 때문이다.

***

1) Samuel Bowles, "Understanding Unequal Economic Opportunity," *American Economic Review*, Vol. LXⅢ, No. 2, May 1973, pp. 346-356 ; Samuel Bowles and Herbert Gintis, "I.Q. in the U.S. Class Structure," *Social Policy*, Vol. 3, Nos. 4 and 5, Nov./Dec. 1972 and Jan./Feb. 1973 ; Samuel Bowles, "Schooling and Inequality from Generation to Generation," *Journal of Political Economy*, May/June 1972.

2) 고드윈의 훌륭한 자서전과 사상의 요약은 George Woodcock, *William Godwin* (London : The Porcupine Press, 1946)에 근거하고 있다.

3) William Godwin, "An Account of the Seminary… At Epsom in Surrey." in *Four Early Pamphlets* (Gainesville, Florida Scholars' Facsimiles and Reprints, 1966), p. 150.

4) William Godwin, Enquiry Concerning Political Justice and its Influence on Morals and Happiness (Toronto : The University of Toronto, 1946), Vol. Ⅱ, p. 302.

5) Woodcock, *op. cit.*, pp. 63-73 참조.

6) Godwin, *Enquiry Concerning…,* Vol. Ⅱ, pp. 302-303.

7) 같은 책, p. 304.

8) 같은 책.

9) Johann Gottlieb Fichte, "The Nature of the New Education," in *Addresses to the German Nation*, trans. by R. F. Jones and G. H. Turnbull (Chicago : Open Court Publishing Co., 1922)를 보라.

10) *Henry Barnard on Education* edited by John S. Brubacher (New York : McGraw-Hill, 1931), p. 74를 보라.

11) 이것은 George Mosse, *Nazi Culture* (New York : Grosset & Dunlap, 1966)에서 따온 것이다.

12) 미국에서의 학교교육에 대한 급진적 대응에 대해서는 나의 책, *Education and the Rise of the Corporate State* (Boston : Beacon Press, 1972)를 보라.

13) Francisco Ferrer, "L'Ecole Renovee," *Mother Earth* (Nov., 1909), Vol. Ⅳ, No. 9, p. 269.

14) 같은 책, p. 268.

15) 같은 책, p. 272.

16) 같은 책.

17) Francisco Ferrer, *The Origin and Ideals of the Modern School*, trans. by Joseph McCabe (New York : G. P. Putnam's Sons, 1913), p. 48.

18) Ferrer, "L'Ecole Renovee," p. 269.

19) William Godwin, *The Enquirer* (London : C. G & J. Robinson, 1797), pp. 66-67.

20) Harry Kelly, "The Modern School in Retrospect," in *The Modern School of Stelton* (Stelton, New Jersey : The Modern School Association of North America, 1925), p. 115.

21) 소외개념을 일리히가 어떻게 확장시켰는가는 그의 논문 *The Breakdown of Schools* (Cuernavaca, Mexico : CIDOC, Apr., 1971), pp. 11-19를 보라.

22) Wilhelm Reich, *The Mass Psychology of Fascism* (New York : Farrar, Straus and Giroux, 1970).

23) A. B. Hollinshead, *Elmtown', Youth* (New York : John Wiley & Sons, 1949) 참조.

2_
사회통제 기제로서의
교육

　20세기 초의 산업화와 도시화로 인하여 가족·교회·공동체가 개인의 행동에 미치는 영향력은 크게 약화되었다. 이러한 제도들의 힘이 약화되면서 학교는 점차 사회통제의 중요한 도구가 되었다. 학교는 사회질서와 통합을 유지하며, 개인들에게 현존의 사회관계를 안정적으로 존속시키는 데 필요한 행위 양식과 사회 가치를 주입하는 책임을 맡은 기구가 되었다. 학교는 질서 유지 기관의 하나이면서도, 법·정부·경찰과는 달리 외적 통제 유형이 아닌 내적 통제 유형으로 간주되었기 때문에 보다 '민주적인' 전통 속에 있었다.

　사회통제의 이데올로기를 명백하게 진술한 첫 인물은 1896년에서 1898년 사이에 『미국사회학지』에 일련의 논문을 발표한 미국의 사회학자인 로스E. A. Ross였다. 그의 논문들은 후에 『사회통제』라는 한 권의 책으로 엮였고, 이 책은 사회학자와 교육자들 사이에 많은 독자를 얻었다. 사회통제의 기제에 관한 연구에서 그는 교육을 비용이 적게 드는 '치안유지'의 한 형태라고 하였다. 그는 사회통제의 유형을 내적 통제와 외적 통제로 구분하였는데, 이것은 후에 이 개념을 규정하는 방식의 전통이 되었다. 그는 미래사회는 아마도 사회조종을 위해 외적 통제 유형보다는 내적 또는 심적 통제 유형에 더욱 의존하게 될 것이라고 역설하였다. 그는 내적 통제 유형은 가족, 교회, 그리고 공동체에 집중되어 있었다고 주장하였다. 가족과 교회는 사회의 안정과 통합을 유지하기 위해 아동에게 도덕적 가치와 사회적 책임감을 가르쳐왔다. 소규모 공동체는 각 개인의 이익이 다른 사람들의 이익과 분리될 수 없다는 것을 사람들에게 확인시켜주는 사회적 바탕이 되었다. 개인은 소규모 공동체 안에서 그 공동체의 다른 구성원들과 공유하는 사회적 자아를 발달시킨다고, 로스는 사회심리학자의 입장에서 믿었다.

1) 사회통제

로스는 미국의 산업화와 도시화가 급속하게 이루어지던 1890년대의 시각에서 논문을 썼는데 가족·교회·공동체와 같은 제도는 근대화의 과정에서 붕괴되어가고 있다고 결론지었다. 쇠퇴되어가는 이러한 기관들의 역할을 대신하기 위해 로스는 대중매체·선전·교육과 같은 새로운 통제 유형을 제안하였다. 그는 새로운 통제수단으로서의 교육에 대한 신뢰는 분명 미국사회의 특징이 되었다고 주장하였다. 학교는 점점 교회와 가족을 대신해가고 있었다. 로스는, "종교의 쇠퇴는 단지 사실의 한 면에 불과하다. 다른 한 면은 교육의 득세이다. 성직자가 물러나는 반면에, 교사가 그 자리를 대신하고 있다. 국가가 교회의 영향력을 벗어나면서 학교로 그 세력을 뻗친다"[1]고 썼다. 로스는 아주 통찰력 있게 교회의 몰락과 학교의 부상 관계를 분명하게 대비하면서 "기독교 국교제의 폐지와 더불어 학교의 설립이 한 걸음 한 걸음 진척되고 있다. 그래서 오늘날 학교와 대학을 위해서 따로 준비하는 공적·사적 자금은 중세의 대수도원과 주교의 재산을 훨씬 능가하고 있다"[2]

고 말했다.

로스는 청소년의 순응성을 믿기 때문에 그것이 학교를 통제의 중심기관으로 이용하는 데 장점이 된다고 보았다. 로스는 놀랍게도 현대인은 교육이 사회통제를 위한 효율적 장치라는 것을 이해하기에 이르렀다고 노골적으로 주장하였다. 그는 다음과 같이 말했다.

"각 가정으로부터 인간이라는 물렁물렁한 작은 덩어리를 모아서 사회의 반죽판 위에서 그 모양을 빚어내는 데에서 여태까지 어느 누구도 생각하지 못한 학교교육의 강력한 힘을 보여준다."[3]

로스는 사회생활을 위해 개인을 준비시키는 열쇠로서 교육과정의 내용보다 학교교육의 과정을 중시하였다. 통제의 수단으로서 가정보다 학교가 유리한 이유는 공무원이 부모를 대신한다는 사실에 있다. "어린이는 흉내 내기를 원한다. 그런데 아버지 대신에 선생님을 흉내 내도록 하는 것이 유리한 것은, 후자는 선택된 사람이지만 전자는 그렇지 않기 때문이다." 학교에서 어린이는 "학교의 훌륭한 훈육에 의해 주어지는 외적 규칙에 복종하는 습관"을 학습하게 된다. 로스의 말을 빌리면, 교사는 사회통제의 도구인 학교의 효율성을 높여주는 정교한 형태의 권위를 대표한다. "교사의 지위는 교사에게 권위를 부여하고, 학생들은 교사로부터 어른들은 오로지 훌륭한 인물들에게만 순응한다는 암시를 받게 된다"[4]고 로스는 믿었다.

사회통제의 이데올로기는 또한 대학에 설치된 초기의 도시사회학과에서도 많이 다루어졌다. 파크Robert Park에 의해서 설립된 시카고 대학의 도시사회학과는 이러한 문제를 다룬 최초의 학과이며, 시카고 대학은 이 분야에서 중요한 역할을 수행한 대학 가운데 하나일 것이다. 이 대학에서부터 미국의 도시연구의 전 과정에 영향을 미친 연구계획들이 홍수처럼 쏟아져 나왔다. 파크는 이웃과 가족의 와해를 현대 도시생활의 가장 중요한 문제로 보았다. 이러한 사회통제의 쇠락은 사회 해체를 야기했는데, 이 쇠락을 중지시킬 수 있는 것은 새로운 유형의 제도적 통제를 정립하는 길뿐이었다. 이를테면 파크는 불안정한 도시민을 진정시키는 수단으로 박물관과 스포츠를 제시하였다. "스포츠·놀이·예술의 기능은 이 점에 있다. 스포츠와 같은 것들은 개인에게 거칠고 억눌린 충동을 상징적으로 표출케 함으로써 자신의 감정을 풀게 만든다"[5]는 것이다. 파크에게 있어서 학교는 이웃과 가족의 역할을 대신함에 있어 중심적이어야 했다. 1920년대에 쓴 글에서 파크는 사실상 학교는 이미 가족과 이웃이 행하던 통제를 대신하고 있다고 결론지었다. 그는 다음과 같이 썼다.

"학교는…… 가정의 기능을 일부 인수하였다. 이웃에 대한 새로운 정의, 즉 공동체 정신과 같은 것은 아동의 도덕적·신체적 안녕을 주된 목적으로 하는 공립학교를 중심으로 저절로 형성되었다."[6]

20세기 초 학교에는 사실 효과적인 통제의 도구 역할을 해야 하는 책임이 확대되고 있었다. 학교가 모든 학생에 대해 책임을 진다고 말하는 것이 예삿일이 되었는데, 이것은 곧 학교가 학생의 모든 활동에 대해 책임진다는 것을 의미하였다. 이것은 당연히 다음과 같은 생각으로 이어졌다. 즉, 학교는 보호 기능을 교실 밖으로 확장하여 학생의 사회생활 전부를 포함해야 한다는 것이다. 놀이, 춤, 취미 등은 학교교육의 소관 사항이 되었다. 19세기 후반과 20세기 초기의 놀이터 운동은 도시의 청소년 범죄를 종식시키기 위한 목적을 지녔었다. 1890년대의 뉴욕 소공원위원회 보고서는 다음과 같이 주장했다.

"대도시 병리는 대부분의 경우 운동경기를 통해 단순히 해결할 수 있는 문제이다."[7]

소공원을 설립할 장소가 학교 옆에 있고, 교사가 놀이 활동을 감독할 수 있다는 것은 운동장을 만드는 사람들에게는 합당한 것처럼 보였다.

학교의 역할은 활동의 측면뿐 아니라, 어린이가 학교에서 보내는 시간에까지 확산되었다. 이것은 학교의 수업시간과 수업일수의 연장 및 여름학기 제도의 도입을 의미한다. 방학 중에 개설되는 여름학기에 대한 주장은 학교 교육이 사회통제의 수단으로 더 한층 강조되고 있음을 보여준다. 매사추세츠 주에 있는 케임브리지 대학 학사위원회가 1872년 처음으로 여름학교를 개교할 것을 요구하였다. 그 해 학사위원회 보고서는 여름은 "경찰을 제외하고는 어린이를 보호할 친절한 손이 없는 철이어서 거리를 배회하는 많은 어린이로 인해 나태한 범죄의 계절"이라고 보고하였다. 15년 후, 케임브리지 교육장은 다음과 같이 썼다.

"이러한 (여름)학교의 가치는 그들이 하는 짧은 주일 동안의 학습에 있기 보다는 오히려 소년 소녀가 하릴없이 방치상태에 놓이지 않게 된다는 데 있다. 게으름은 악을 행할 기회를 제공한다. ……이러한 학교를 운영하기 위해서는 자금이 필요할 것이다. 그러나 문제 청소년을 순화하는 학교를 운영하는 데에도 역시 돈이 든다."[8]

2) 학생 선별 과정

사회질서를 유지하는 것은 단지 사회통제 이데올로기의 한 측면에 지나지 않는다. 사회통제 기구로서의 학교의 또 하나의 역할은 학생들을 분류하여, 특정한 사회적 지위를 위해 준비하도록 어린이를 교육적으로 훈련하는 것이다. 이러한 맥락에서 사회적 효율성은 사회의 산업적 필요를 위해 인간 자원을 효율적으로 할당하는 데에서 비롯된다. 분화된 교육과정과 직업 지도가 이런 목적을 달성하기 위한 중요한 수단이긴 했지만, 보다 중요한 개발 풍조는 역사적으로 학생의 '과학적인' 분류를 위해 집단 지능검사를 만든 것이다. 집단 지능검사의 개발에 대해 살펴봄으로써 우리는 분류과정의 이러한 측면이 통제와 학교교육에 관하여 어떠한 기능을 하는가에 대한 통찰력을 얻을 수 있다.

심리학을 잘 아는 사람은 누구나 지능에 대한 적절한 정의가 없다는 사실을 알고 있다. 사실, 지능이 무엇인지에 관해서는 20세기 이래 광범위하게 논의되었다. 정의를 못 내렸기 때문에, 지능검사는 그 검사 결과를 사회적 성공과 상관 지음으로써 또는 다른 종류의 검사 요소와 상관 지음으로써 그 타당성을 인정받아왔다. 지능검사의 타당성을 인정하기 위한 외적 준거를 선택하는 데는 가치판단이 필요하다. 처음으로 실시된 성인집단 지능검사의 결과를 판단하기 위해 사용된 준거는 훌륭한 군인이 되는 능력이었다. 그러니 이러한 검사가 학교에서 사용될 때에는 분류과정의 성격은 심각한 문제를 제기하게 된다.

최초의 성인집단 지능검사는 제1차 세계대전 중에 개발되어 실시된 군인 알파 검사와 베타 검사였다. 이 검사는 미래의 검사 프로그램 구성 모델이 되었다. 1918년 휴전 후에 정부는 사용하지 않는 알파 지능검사지와 베타 지능검사지를 시장에 내보냈고, 교육자들은 즉시 이를 사용하였다. 당시의 선도적 심리학자였던 휘플G.M. Whipple에 따르면 1922년에 군인 알파 검사는 대학에서 가장 널리 사용되었다고 한다. 그 이유가 알파 검사는 군대에서 수많은 군인들을 통해 시험되었고, 저명한 심리학자 집단에 의해 작성된 첫 번째 집단 검사였으며, "그 검사지는 종전 후 수개월 동안 다른 검사를 만드는 것보다 훨씬 낮은 가격으로 구입할 수 있었기"[9] 때문이었다고 그는 보고하였다.

군인 검사를 개발해낸 심리학자들로 이루어진 위원회는 1917년 5월 28일 뉴저지에 있는 바인랜드 연구소Henry Herbert Goddard's Vineland Institute에서 첫 회합을 가졌다. 이 위원회는 놀랄 만한 속도로 작업을 진행하여 6월 10일까지 작업을 완료하고, 군대에서 실험을 거친 후에 7월 7일 인쇄업자에게 검사자 지침서 복사본을 보냈다. 바인랜드 연구소는 아직까지도 학교조직에 커다란 영향을 미치는 역사적 사건의 본거지였다고 말할 수 있다. 바인랜드 연구소 소장인 고다드Goddard는 프랑스의 심리학자인 비네Alfred Binet의 저술과 검사들을 번역하여 미국에 소개하는 데 주역을 맡았다. 비네는 아동을 특수학교에 보내기 위한 기준을 마련하기 위해 프랑스의 공교육 장관이 조직한 위원회의 명령을 받아 정상 아동과 정신박약아를 구분하기 위한 도구를 만들었다. 이것이 바로 지능검사였다.

미국인들은 이러한 지능검사들로부터 검사의 구성에 대한 많은 아이디어를 도출하였다. 비네 검사의 기초가 되는 지능에 대한 정의는 막연하였고 상대적이었다. 비네는 한편으로는 지능이 "판단력이나 훌륭한 이해력, 실제적 감각, 창의력, 개인의 자아를 환경에 적응시키는 능력"[10]이라고 생각하면서도, 다른 한편으로는 지능이 개인의 사회적 환경과 관련된다고 보았다. 그래서 "농촌의 일상적인 일에서는 정상인 농부가 도시에서는 저능으로 여겨질 수 있듯이, 계리사의 아들은 지능검사 점수에 의해 미천한 머슴의 일에만 적합한 저능아로 간주될 수 있다."[11] 타고난 지능이 사회계층에 따라 다양하게 나타난다는 사실을 알게 된 비네는 지능검사의 가치를 재고하였다. 계급 간에 존재하는 언어 능력에 관한 중요한 차이가 검사 결과에 영향을 준다는 것을 인정하면서, 비네는 사회계급의 차이가 자신의 검사의 타당성을 높여준다고 하였다. 그는 다음과 같이 서술하였다.

"우리의 조사뿐 아니라 다른 사람들의 조사에서도 가난한 계급의 어린이는 상층계급의 어린이보다 키, 몸무게, 머리 크기, 근력 등이 훨씬 뒤떨어지고, 고등학교 입학자도 훨씬 적으며, 학업이 더 부진하다는 사실이 증명되었기 때문에, 계급 간에 이러한 지능의 차이도 존재하는 것이 아닌가 하는 추측을 할 수가 있다."[12]

군인 알파 검사와 베타 검사도 지능의 모호한 정의 위에서 개발되었고, 검사의 타당성은 군대생활에서의 여러 요인들과의 상관관계에 좌우되었다. 군인 검사관 팀은 전쟁 중에 백만 명 이상을 검사했고, 훌륭한 군인들을 선별하는 데 지능검사가 얼마나 효과 있는가 하는 견지에서 그 결과를 평가하였다. 이를테면 어떤 부대의 장교들은 '군인으로서 지녀야 할 실제적 가치'에 따라 사병을 등급 매기라는 명령을 받았다. 이 장교들이 등급을 매긴 것과 군인들의 지능검사 결과를 비교하여 검사관들은 장교가 매긴 평점과 알파 및 베타 검사의 점수 사이에는 높은 상관관계가 있음을 발견하였다. 다른 부대의 장교들이 매긴 평점과 검사들을 타당화하면서 검사관들은 상관계수가 0.50과 0.70 사이에 있음을 밝혔다. 군인 심리검사 팀의 장長은 다음과 같이 결론지었다.

"이 결과로 미루어 보건대, 지능이 한 장정의 군복무에 대한 가치를 결정하는 데 있어 가장 중요한 단일 요인임이 증명된 것 같다."[13]

3) 군대와 학교

군대생활에서 '군인으로서 지녀야 할 실제적 가치'가 의미하는 바는 엄격한 군기와 매우 조직화된 제도적 구조 속에서 기능과 질서에 따르는 능력이다. 알파 집단 지능검사를 위한 검사요강에는 이러한 능력이 그 지능검사가 측정하려고 하는 지능의 의미였다고 하는 많은 증거가 나타나 있다. 이 요강들은 그 이후의 검사요강에도 그 문구 그대로 사용되었다. 제1차 세계대전 이후 지능검사를 받은 학생들은 전쟁 중에 군인들에게 실시될 때와 똑같은 형식의 지시를 받았다. 지시는 이렇게 시작된다.

"모든 준비가 갖추어지면 검사관은 다음과 같이 진행한다. 주목! 이 검사의 목적은 여러분들이 얼마나 잘 기억하며 생각하고, 시키는 대로 하는가 하는 것을 측정하는 것이다. ……이 검사의 목적은 여러분이 어느 정도 군대에 대한 적성을 갖추고 있는가를 알아내려는 것이다. ……군대에서는 자주 명령을 들어야 하고, 정확하게 명령을 수행해야 한다. 나는 여러분이 명령을 얼마나 잘 수행하는가를 알아내기 위해 몇 가지 명령을 할 것이다."

학교에서는 이런 말들이 다음과 같이 바뀔 것이다.

"지시에 따르는 능력은 좋은 학생이 되는 조건의 일부이다."

그러한 검사를 받은 사람이라면 누구나 다음과 같은 지시사항을 알 것이다.

"내가 '그만' 하면 하던 것을 즉시 중지하고 연필을 놓으시오. 그리고, 내가 '시작' 할 때까지 종이에 연필을 대지 마시오. 내가 하는 말을 주의해서 들으시오. 그리고 들은 그대로 행하시오. 다 끝내면 즉시 연필을 놓으시오. '시작'이라는 말을 할 때까지 기다려야 한다는 점을 잘 기억하시오."

군대와 학교는 물론 유사한 조직이다. 학교조직에서는 교육감이 군대의 사령관처럼 앉아 있다. 교장은 야전사령관처럼 행동하며, 교사는 하급장교처럼 행동하고 이런 지휘자 밑에는 수많은 학생들이 있다. 명령은 위에서 하달되고, 학생들은 군인과 같은 특별취급을 받지만 권리는 거의 없다. 두 조직 모두 수많은 신참을 다룬다. 신참에게는 훈련과 지시에 대한 복종이 요구된다. 군인은 명령에 충성스럽게 복종해야 하며, 학생들은 자기가 받은 지시가 자신에게 최선의 이익이 된다는 신념을 가져야만 한다. 군대의 지능검사와 교사의 평점과의 상관계수는 군대의 지능검사와 '군인으로서 지녀야 할 실제적 가치'와의 상관계수와 매우 비슷했다. 보고된 상관계수는 0.67에서 0.82 사이였다. 재미있는 점은 지능검사와 장교의 평점 간의 상관관계나 지능검사와 교사의 평점 간의 상관관계는 모두 상관계수가 0.5에서 0.6으로 나타나는 지능검사와 학업성적 간의 상관관계보다 높다는 것이다. 장교와 교사의 평점이 성정보다는 품행평가에 더 의존한다고 한다면, 집단 지능검사는 타고난 지능검사라고 불리기보다는 차라리 사회적 품행의 검사라고 결론지을 수 있을 것이다.

사회통제 이데올로기의 맥락에서 보면, 집단 지능검사는 학교 내에서의 선발기제를 제공해주었다. 제1차 세계대전 후 군인 심리검사 팀의 대표자는 다음과 같이 기술하였다.

"전쟁 전에는 정신공학이란 하나의 꿈에 불과하였다. 오늘날 정신공학은 실재하며 정신공학의 효율적인 발전이 널리 실현되었다."

전쟁이 끝난 후에 대부분의 사회심리학자들의 꿈은 지능검사라는 선발적 절차를 사회의 모든 영역에 적용시키는 것이었다. 전쟁 후 고다드는, "우리는 지능이 무엇인지 모른다. 그리고 지능에 대한 지식이 무엇인가를 아는지조차도 의심스럽다"는 사실을 기꺼이 수긍하였다. 그럼에도 불구하고, 고다드는 여전히 다음과 같이 주장한다.

"인간 집단의 효율성은 지능이 높은 사람과 지능이 낮은 사람의 절대수가 얼마인가의 문제가 아니다. 그것은 전 조직 속에서 각 지능 등급을 그 능력에 맞는 부분에 배당하는가 하는 문제이다."

학교 내에서의 선별은 학생들에게 사회 내에서 선별된 사회적 역할을 준비시키는 것이다. 군대 모형은 학교에 적용될 뿐 아니라, 고도로 조직화되고 계층화된 관료제에 의존하는 현대 기업의 구조에도 꼭 들어맞는 것이다.

지능검사는 "군인이 지녀야 할 실제적 가치"와 높은 상관관계를 나타내기 때문에, 타고난 지능이라고 불리는 것에 따라 개인을 분류하는 것 이상의 역할을 하는 것이 분명하다. 검사 운동의 전반에는 개인의 품행에 대한 판단이 포함되어 있었다. 높은 지능검사 성적은 인간의 가치를 재는 데 사용되었던 전통적 척도보다도 훨씬 더 높은 사회적 가치를 지닌 것으로 생각되었다. 서구 역사에서는 겸손, 명예심, 정의감, 자비심 같은 특성이 개인의 사회적 가치를 재는 기준으로 간주되었다. 지능검사 제작자에게는 검사를 잘해낼 수 있는 능력이 새로운 기준이 되었다. 검사 제작자 가운데 손다이크 같은 사람은 심지어 검사를 잘 받을 수 있는 능력은 정의감과 자비심에 대한 증거라고까지 주장하였다. 이런 관점에서라면 '지적인' 사람은 선하기까지 하다. 손다이크는 어렵고 긴 지능검사를 만들어 그 검사가 개인의 지능뿐만 아니라, 길고 재미없는 과제를 끈질기게 할 수 있는 인내력까지 보여줄 수 있도록 제작하였다. 손다이크 검사를 사용한 어느 고등교육기관에서 나온 보고서는, "두세 명의 학생이 세 시간 동안의 긴장 때문에 기절했으며, 교수들은 이러한 고역의 강요에 분개했다"고 쓰고 있다.

다른 한편, 지능검사는 특정 인성 유형을 선별해낸다. 군대생활과 관련된 알파 및 베타 검사, 학교에서의 능력과 관련된 다른 검사들은 고도로 조직화된 제도적인 구조 속에서 제 기능을 잘 발휘하지 않거나 발휘하지 못하는 사람들을 선별해낸다. 이러한 지능검사는 그런 제도 속에서 개인의 성공에 의해 타당화되기 때문에, 지능검사는 이른바 타고난 지능을 검사하는 것이 아니라, 조직화된 제도 속에서 얼마나 잘 임무를 수행할 수 있는가 하는 능력을 검사하는 것이 된다. 기사가 의사보다 더욱 조직지향적인 성격 유형을 나타낸다고 가정한다면—이런 가정은 증명도, 반증도 되지 않았다—알파 검사의 결과는 이런 가정을 입증해준다. 제1차 세계대전 중 군인심리학자들은 공병장교가 군의관보다 검사점수가 한 등급 높은 사실을 설명하기 어려웠다. 군인 심리검사 팀의 대표자는 "공병의 군대 업무가 군의관보다 더 높은 지능이나 정신적 민첩성을 요구한다고 생각할 분명한 이유가 없다"는 것을 인정하였다. 군인심리학자들은 군대의 다양한 직무 분야에 지능이 불균등하게 배분되어 있다고 주장함으로써, 이 결과를 해석하려 하였다. 그들은 집단 지능검사가 궁극적으로 측정하고자 하는 것인 '군인이 지녀야 할 실제적 가치'를 군의관들이 공병장교들보다 덜 지니고 있을 수도 있다는 점을 간과했을 것이다.

사회통제에 대한 요구 때문에, 학교는 사회질서를 유지하기 위해 고안된 일종의 보호제도가 되었다. 또한 학교는 제도적 조작의 성공에 의해 주로 타당성을 가지게 된 검사에 따라 사회적 역할을 수행하도록 학생들을 선별 선발한다. 이 모든 것이 표면상으로는 힘껏 개인을 돕는 듯한 자비로운 이미지를 주는 제도에 강력한 힘을 부여하는 것이다. 그것이 자신의 복리를 위한 것이라고 들은 학생들은 개인적인 욕구에 의해서가 아니라, 규정된 사회적 요구와 역할에 의해 형성된다. 학교는 실로 경비가 덜 드는 치안유지의 수단이 되었다. 그리고, 학교의 권위는 학교가 개인을 도와주는 장소이며, 개인의 이익은 사회적 요구와 분리될 수 없다는 논지에 의해 지탱되고 있다.

사회통제 기제의 가장 중요한 부분인 각종 검사는 개인 특성의 특정부분만을 강조함으로써 개인의 인성을 분열시킨다. 지능검사를 타고난 지능이라고 불리는 모종의 양量을 결정하는 것으로 보든, 아니면 제도 내에서 적응하여 살아가는 능력으로 보든, 그 결과는 마찬가지이다. 이런 선발기제가 학교에 적용되었을 때 명예심, 정의감, 자비심, 겸손, 선량함 이 모든 것은 부수적인 것이 되어버린다. 학생들도 일반적으로 산업과 기업인의 요구, 사회의 요구를 가장 잘 충족시키는 지능의 특성을 제일 중요한 위치에 두게 된다. 결국 여타의 특성들을 상실함은 불완전한 개인을 만들 뿐 아니라, 고도로 지적으로 조직되었으나 비인간적으로 지향된 사회를 만드는 것이다.

***

1) Edward A. Ross, *Social Control* (New York : Macmillan, 1906), p. 175.
2) 같은 책, p. 175.
3) 같은 책, p. 168.
4) 같은 책, p. 164-65.
5) Robert E. Park, Ernest W. Burgess, and Roderick D. McKenzie, *The City* (Chicago : University of Chicago Press, 1967), p.43.
6) 같은 책, p. 24.
7) Sadie American, "The Movement for Small Playgrounds," *American Journal of Sociology*, 4(1898), p. 176.
8) 같은 책, pp. 291-96.
9) Guy M. Whipple, "Intelligence Tests in College and Universities," *National Society for the Study of Education Year Book*, 21(1922), p. 254.
10) Alfred Binet and T. Simon, *The Development of Intelligence in Children* (Baltimore : Williams & Wilkins, 1916), pp. 42-43.
11) 같은 책, pp. 266-67.
12) 같은 책, p. 318.
13) Clarence S. Yoakum and Robert M. Yerkes, eds., *Army Mental Tests* (New York : Henry Holt, 1920), pp. 20-32.

3_
사회혁명의
한 형태로서의 탈학교

멕시코의 쿠에르나바카Cuernavaca에 있는 국제문화회관CIDOC은 전 세계
에서 모인 학생들이 다양한 주제에 관하여 연구 및 강의를 하는 어학연수
원이다. 국제문화회관은 누구나 가르치는 자이면서 배우는 자로 참여하는
순환제 강의를 개설하고 있다. 이 학교는 10명 이상의 학생이 강좌에 등록
할 경우에만 강사에게 강의료를 지불하는 수요-공급의 원칙에 따라 운영된
다. '학교교육의 대안'이라는 주제를 가지고 열린 1970년 봄 강좌는 굿맨P.
Goodman과 홀트J. Holt 같은 유명인사와 이 밖에 각자가 소속해 있는 기관에
서 오늘날 교육개혁에 관심 있는 농부, 정신분석학자, 교사, 사회주의자, 그
리고 흑인 민족주의자들이 한자리에 모였다.

사회혁명의 한 형태로서의 '탈학교화deschooling'는 국제문화회관에서 개
최된 교육에 관한 대화 중 가장 독특하고 중요한 논제의 하나일 것이다. 이
렇게 말하는 것은 쿠에르나바카에서 있었던 '모임'에 대한 저자 나름의 해석
을 붙여본 것임을 지적해둔다. 이 모임에 참여한 어떤 사람들은 학습 연결
망, 교육기능의 상호교환을 위한 증표의 활용, 컴퓨터를 이용한 상호 연결

방법 등에 대한 관심을 더 강조했던 것 같다. 나는 이것들이 학교의 사회적 역할에 대한 논의로서는 독창적인 것도 중요한 것도 아니라고 본다. 왜냐하면 탈학교는 학교의 '개혁'이 아니라 학교의 '폐지'를 의미하기 때문이다.

나는 사회혁명이란 제너럴 모터스사 같은 것을 즉각적으로 파기하는 것을 말하는 것이 아님을 먼저 분명히 해두고 싶다. 이것은 오히려 사회개혁을 성취할 가난한 사람들의 창조적 잠재력을 해방시키는 것을 말한다. 사회혁명의 한 형태로서의 탈학교는 가난한 사람들의 학교교육에 대한 맹신을 파기하는 것을 의미한다. 학교가 사회적으로 가장 비참한 노예들을 길러내는 이유는 학교에서 수용하는 노예들은 자신들을 저주하는 제도를 도리어 좋은 곳이라고 믿기 때문이다. '학교 없는 사회'는 가난한 사람들이 노예상태를 받아들이는 악순환의 고리를 끊는 것이다.

1) 탈학교의 기원

탈학교 이념은 라틴아메리카의 교육 발전에 관심을 가지고 국제문화회관의 교육 세미나를 이끌었던 두 지도자 일리히I. Illich와 라이머E. Reimer로부터 시작되었다. 일리히와 라이머는 1956년 푸에르토리코에서 처음 만났다. 당시 라이머는 미연방정부 인력자원위원회 사무관으로 일하면서 푸에르토리코의 인력수요에 대처하는 교육 프로그램을 구상하고 있었다. 일리히는 당시 가톨릭 대학 부총장이었으며 고등교육연방위원회의 일원이었다. 라이머의 인력 보고서는 각급 학교에서 중도 탈락자를 줄일 것을 권고했으며, 그 성과는 학년별 유급기준을 없애야 달성될 수 있었다. 더 많은 아동이 학교에 머물러 있게는 되었으나, 그들이 더 많은 것을 배우는 것은 아니라는 사실이 새로이 밝혀졌다. 라이머는 1962년 진보를 위한 동맹에 가담하여 사회개발 부문의 고문으로 일했으며 여기에서 다른 라틴아메리카 국가들도 푸에르토리코와 같은 교육문제에 직면하고 있음을 알게 되었다. 라틴아메리카에서 학교교육을 더 많이 받는 데 드는 비용을 추산하고 나서 라이머는 한 가지 중요한 사실을 깨닫게 되었다. 즉, 학교교육을 더 많이 받게 하는 것이 라틴아메리카의 현행 경제 수준으로는 불가능하다는 것이었다.

한편 일리히는 라틴아메리카에 도착한 선교사나 자원봉사자들을 교육하기 위해 1961년 멕시코로 건너갔다. 그는 라티아메리카의 민중이 학교교육을 받기 어렵게 되었다는 사실을 금방 알아차릴 수 있었다. 사실상 그는 소수특권층이 민중의 접근을 불가능하게 하는 학교체제를 운영함으로써 그들의 권력을 실제로 강화하고 있음을 알게 되었다. 라틴아메리카에서의 효과적인 지도력을 개발하려는 일리히의 관심으로 인해 결국 라틴아메리카에 대한 연구·조사·출판을 위한 독립된 중심적 연구기관인 국제문화회관이 설립되었다. 그리고 1967년과 1968년 여름 라이머와 일리히는 여기에서 학교교육과 학교제도를 체계적으로 연구하기 시작했다.

그들의 분석은 자신들의 라틴아메리카 연구에서 밝혀진 두 가지 중요한 교훈에 근거하고 있다. 첫째로, 저개발 국가는 보편적인 학교교육을 경제적으로 감당할 수 없고, 둘째로 학교교육은 상류층의 지위를 강화하고 지지해주는 경향이 있다는 것이다. 일리히와 라이머는 그들의 분석이 서구세계 전체에 중요한 의미를 던져주고 있음을 곧 알게 되었다. 개발국가에서 저개발국가로 학교교육을 수출하려는 기도가 결국 교육체제의 배후에 숨겨져 있는 의도를 부각시킨 결과가 되었다. 일리히는 과거를 봉건시대 또는 기독교시대로, 현대를 학교교육의 시대로 규정하였다. 그래서 학교교육의 시대가 의미하는 바는 라틴아메리카에서 더욱 뚜렷하게 드러났다.

2) 환상과 신화

라이머·일리히 분석에서는 학교교육을, 학년별로 짜인 교육과정의 틀 안에서 가르칠 목적으로 강제적인 감호통제를 행사하는 제도적 구조로 보고 있다. 학년별로 짜인 교육과정에서는 한 학년씩 올라감에 따라 교육적 진전이 일어나고 있다고 생각하는 환상을 갖게 한다. 이와 마찬가지로 중요한 의미를 지니는 것은 모든 교육은 학교교육에서 비롯된다는 신화이다. 학교교육은 젊은이들에게 사회의 기본적 신념체계를 주입하고 의례에 따라 자격증을 주는 중요한 기능을 한다. 교육의 성취는 학교수업 연한으로 가늠되고, 각 개인이 어느 정도의 평점을 이수함으로써 졸업장이 수여된다. 자격증을 주는 과정에 내포된 중요한 시사점은 다음과 같다. 사람들이 학교교육을 믿을 경우 학교가 제공하는 자격증을 인정할 것이다. 그렇게 되면 모든 교육은 학교교육이 되며, 이것만이 사회적 지위를 결정짓는 수단이라는 신화를 창조하고, 또 그것을 영속화할 것이라는 점이다.

학교교육의 문제를 푸는 열쇠는 중세교회가 모든 인간을 위하는 길이라고 믿었던 종교와 같은 성격을 학교교육이 띤다는 데서 찾아야 한다. 교회는 지상에서 가장 계층화되어 경제적으로 착취당하는 생활을 하는 농노들에게 하늘나라에서는 평등이 이루어질 것이라고 기약했다. 학교도 사회에서 하층계급에 대한 경제적 착취가 나타나고 온갖 불평등이 존속함에도 불구하고 그들에게 교육의 평등이 이루어질 것이라고 기약하고 있다. 학교교육은 단지 극소수에게만 이익을 주고 있으나, 어느 누구나 학교교육에 대한 신뢰를 지니고 있다.

예를 들면, 가난한 사람들은 주정부가 지출하는 교육비의 혜택을 충분히 누리지 못하고 있다. 교육비의 완전한 수혜를 받으려면 초등에서 대학에 이르는 학교교육의 전 과정을 모두 이수해야 한다. 라틴아메리카는 이와 같은 현상의 대표적 본보기다. 각국 정부는 학교교육에 대한 지출을 예산의 18퍼센트 이하로 내려본 적이 없고, 어떤 나라의 경우에는 30퍼센트 이상이나 지출하였다. 그러나 이렇게 대규모의 국고를 지출함에도 불구하고, 단지 일부의 계층에게만 혜택이 주어진다. 라틴아메리카 어느 곳도 6학년 이상의 진학률이 27퍼센트를 넘어본 적이 없고, 1퍼센트 이상이 대학을 졸업한 적이 없다. 대부분의 대학 졸업생의 경우 이들은 국가 지원 없이도 교육을 받을 수 있는 중·상류층 가정 출신이었다. 일리히는 이 점을 푸에르토리코 대학의 졸업식 연설에서 다음과 같이 강조했다.

"우리가 오늘 국가보조를 가장 많이 받는 공립학교에서 엄숙하게 거행하는 이 졸업식은 푸에르토리코 사회가 상위 특권층의 자녀들에게 주어지는 영예를 부여하는 자리임을 알아야 할 것입니다."

그는 이들이 푸에르토리코에서 대학 공부를 마칠 수 있는 세대 중 10퍼센트의 특권층을 대표한다고 강조했다. 일리히는 이들에게 "여러분 각자에게 들어간 공공투자는 5학년을 채 마치지도 못하고, 학교를 그만둔 10퍼센트의 가난한 사람들에게 지출한 교육투자보다 50배나 됩니다"[1]라고 강조했다.

3) 평등의 허구

미국사회의 경제적 불평등과 같은 형태는 교육기회의 평등이라는 허구를 일반적으로 신봉하는 데서 출발한다. 캘리포니아, 위스콘신, 그리고 플로리다의 고등교육연구에서 핸슨W. L. Hansen과 와이스브로드B. A. Weisbrod는 수입이 적은 가정과 수입이 많은 가정 사이에 고등교육 지원금이 불공정하게 배분되었음을 밝히고 있다. 예를 들면, 캘리포니아의 경우 대학 진학 연령의 자녀가 있는데도 40퍼센트의 가정이 고등교육을 받기 위한 공공보조금 혜택을 전혀 받지 못했음을 밝히고 있다. 여기서 공공보조금이란 주립대학에서 대학생을 교육시키는 데 드는 주의 예산을 말한다. 40퍼센트의 가정이란 일반적으로 가난한 사람들인데 그들은 대학에 다니지 못했기 때문에 공공보조금을 받지 못했다. 주의 고등교육기관에 다니는 사람들에게도 공공보조금은 불공정하게 배분되었다. 캘리포니아 주립대학에 다니는 학생에게는 1인당 연간 3,000달러의 공공보조금이 지원되었고, 단기 초급대학에 다니는 학생은 1,000달러가 지원된 반면, 캘리포니아 대학에 다니는 학생에게는 5,000달러로 가장 많은 공공보조금이 지급되었다. 주의 각종 대학에 다니는 학생들 가정의 평균수입은 학자보조금의 양에 따라 달랐다. 즉, 가정의 수입이 가장 많은 학생이 가장 많은 학자보조금 혜택을 입었다. 캘리포니아 대학에 다니는 학생 가정의 평균수입은 1만 2,000달러, 주립대학 학생의 가정은 1만 달러, 초급대학 학생의 가정은 8,000달러였다. 더 부유한 가정이 더 많은 양의 공공보조금을 받는다는 사실이 세금 부담에 올바르게 반영되어 있는 것도 아니다. 결국 빈곤한 가정이 부유층보다 더 높은 비율의 세금을 낸 셈이다. 핸슨과 와이스브로드는 "결국 수입이 적은 가정은 고등교육을 받을 수 있는 공공보조금을 충분히 받지 못할 뿐만 아니라, 실제로 고등교육을 지원하는 세금을 오히려 부유한 가정보다 더 많이 내고 있다"[2]는 결론을 내리고 있다. 결국 국가는 부유한 사람을 학교에 보내기 위해서 가난한 사람들로부터 세금을 거두는 셈이 된다.

일리히와 라이머는 교육의 평등을 신봉한다는 것은 착취적 세금제도를 받아들이는 것일 뿐 아니라, 가난한 사람들에게 순종과 낮은 사회적 지위를 그대로 받아들이도록 유도하는 것이라고 보았다. 가난한 사람들이 학교가 사회적 출세를 할 기회를 제공해준다고 신봉하게 되면, 그들은 교육을 경제적으로 지원하려고 할 것이다. 이렇게 되면 학교교육은 신화화되어 그들을 경제적 착취로 이끌게 한다. 가난한 사람들이 학교가 사회적 출세를 가져다 준다고 신봉할 때, 그 출세는 학교에 다닌 교육연한에 따라 측정된다. 부유한 사람이 항상 가난한 사람보다 더 많은 햇수의 학교교육을 받기 때문에 결국 학교교육은 기존의 사회적 격차를 측정해주는 또 다른 방편에 불과하게 된다.

가난한 사람들이 일단 학교교육의 신화를 받아들이게 되면 그들 스스로 자기들은 학교를 잘 다니지 못해 가난하게 되었다고 믿는다. 출세할 기회가 자신들에게 주어졌다고 생각하고 또 그렇게 믿기 때문에 이 믿음은 더욱 강화된다. 사회적 지위는 학교교육의 정도에 따라 성공한 자 또는 실패한 자로 나타난다. 학교 내에서 부유한 사람들이 사회·경제적으로 유리하기 때문에 교육의 성공도 더욱 쉽게 차지할 수 있다. 반면 가난한 사람들은 사회·경제적으로 불리하기 때문에 쉽사리 실패하게 되고, 결국 학교는 낙오자를 만들게 된다. 그런데 이 낙오자들은 실제로 학교가 존재하지 않았다면 생겨나지도 않았을 것이다. 그러므로 모든 사람이 학교라는 제도를 신봉함으로써 학교는 사회적 배제와 수용을 결정하는 가장 강력한 도구의 구실을 한다. 올바른 자아 개념이 사회적 맥락 속에서 수행하는 능력이나 수용태도에 달려 있다고 생각하는 사람들은 학교의 심리학적인 힘을 이해할 것이다. 가장 도움이 되는 민주적 제도로 여겨지는 학교가 빈민가에 살고 있는 낙오자들에게도 본래 모든 기회를 똑같이 부여하는 데 실패했다고 말할 수 있다. 낙오자들은 이 실패와 낙오를 통해 겪는 좌절감으로 인해 앞으로 더 이상 아무것도 할 수 없다는 결론을 내릴 수밖에 없다. 이렇게 학교에서 쫓겨남으로써 그들은 순종과 무감각으로, 결국에는 완전히 무력감과 사회적 침체상태로 빠지고 만다.

4) 학교와 계급구조

학교는 한 계급이 다른 계급을 지배하는 권위를 강화한다. '학교교육schooling'과 '교육education'이 반드시 같은 것이 아님에도 학교는 학교교육을 더 많이 받는 사람이 더 낫다고 가르친다. 가난한 사람들은 학교교육을 더 많이 받은 사람, 말하자면 상류층의 통치에 순종해야 한다고 학교에서 배운다. 가난한 사람들이 학교의 신화를 믿게 되면 이와 같은 순종도 올바르고 정당하다고 믿게끔 이끌리게 된다.

학교교육은 또한 사회계급 구조를 엄격하게 만드는 경향이 있다. 혹자는 미국의 경우를 예로 들어 다른 나라와 비교해보면 오늘날 사회계급의 차이가 상대적으로 적기 때문에 이 주장은 맞지 않는다고 생각할지도 모른다. 이와 같은 입장은 사회계급 간의 사회적 유동이 상대적으로 쉬웠던 19세기 상황에는 맞을 수 있다. 그러나 20세기 보편교육이 실시된 미국의 경우에는 사회계급 간의 유동 가능성이 점점 줄어들고 고착되어버렸다. 자신만만했던 기업가적인 능력이나 창의성 같은 것을 통해 비세습적인 사회적 도약을 할 가능성은 오히려 축소되었다. 학교교육이 출세란 학교교육 여하에 달려 있다는 생각을 떠받쳐줌으로써 앞에서 말한 가능성을 완전히 축소·소멸시켰다. 물론 라틴아메리카의 경우 학교교육은 더욱 고착화된 계급구조에 입문하는 최종 인가 도장의 역할을 하였다.

학교 지향적으로 길들여진 사회에서 사람들은 매일 반복되는 학교교육을 받고 그들의 사회적 위치로 돌아간다. 어떤 사람이 그의 사회적 위치에서 좌절감을 느꼈다면, 그가 야간학교나 실업계학교와 같은 형태의 학교교육을 받았기 때문일 것이다. 만약 그 사람이 이런 학교마저 다니지 못했더라면 더 높은 사회적 지위로 올라가는 것에서 계속 배제되었을 것이고, 결국 자신에게 결점이 있다고 생각하게 되었을 것이다. 만약 그런 학교라도 잘 다니면 어느 정도 경제적 이득을 얻기는 한다. 그러나 그는 젊었을 때 학교를 오래 다니지 않았기 때문에 더 이상 출세할 수 없다는 사실을 곧 깨닫게 될 것이다. 그러한 경우 그들은 자신의 현재 위치를 자신의 실패로 빚어진 결과라고 받아들일 수밖에 없다.

혹자는 이와 같은 학교교육의 결과에 대한 분석이 중간계급이 많은 선진국가보다는 저개발국가에 더욱 잘 들어맞는다고 생각할지도 모른다. 확실히 미국과 같은 나라의 중간계급은 이러한 사실을 두고 학교교육을 제대로 평가했다고 생각하지 않을 것이다. 학교가 중간계급의 사회적 위치를 지지해주고 있으므로 그렇게 생각하는 것이 이상할 것은 없다. 이 분석은 산업화된 선진국가에 여전히 남아 있는 다수의 가난한 사람들에게 훨씬 잘 들어맞는다. 학교체제를 지원하는 데 드는 세금을 불평등하게 내야 하는 가난한 사람들은 빈곤으로 인해 낙오자로 전락해간다. 학교교육의 신화를 받아들이는 가난한 사람들은 사회·경제적 조건과 관련된 문제를 해결하기 위해 더 좋은 학교를 요구한다. 이와 같이 학교의 신화화는 가난한 사람들에게 그나마 남아 있는 적은 자본을 소진시켜 결국 그들에게서 제도에 대한 저주와 좌절을 불러일으킨다.

물론 중간계급이 학교교육의 신화에 의해 피해를 받지 않는다는 말은 아니다. 교육과 학교교육을 같은 것으로 믿고 있는 오늘날 중간계급의 청년들은 대학교육이 지식은 전달하지만 반드시 지혜를 전달하는 것은 아니라고 생각하여 불만을 느낀다. 그래서 교수와 학생은 다 같이 교수방법을 개혁함으로써 학교교육 제도가 지닌 근본적인 문제를 없애버린다. 확실히 많은 교과과정의 내용과 불합리한 절차는 의미 있고 적절한 지식을 더욱 잘 전달할 수 있도록 변경될 수도 있을 것이다. 그러나 대학 교실에서는 자신의 삶과 자아 그리고 자아와 타자의 관계를 충분히 파악하고 이해할 수 없다. 자기 인식은 대부분 훨씬 덜 구조화된 삶의 경험에서 나온다. 자기 인식은 교실의 꽉 짜인 분위기에서보다는 대학에 다니면서 경험하는 사회적 삶의 장場 속에서 훨씬 더 가능할 것이다. 실제로 그 장은 자아 인식을 훨씬 자주 경험케 한다.

학교를 개혁한다는 것은 고속도로에 차선을 하나 더 내는 것과 같다. 교통을 잠시 원활하게 할 뿐 얼마 지나지 않아 또 다른 혼잡이 불가피할 것이다. 그러나 학교교육의 신화라는 함정에 빠져 있는 사람들은, 주요한 사회적·경제적 문제 해결책으로서의 탈학교를 신성한 성전을 더럽히는 것으로 생각한다. 일리히는 이것을 다음과 같이 생동감 있게 표현한다.

"일단 그 아이가 자신은 학교라는 자궁 속에서 사회적으로 잉태된 몸이라고 뼛속 깊이 자각하게 되면, 그는 엄마인 학교의 젖가슴을 영원히 빨겠다고 매달리게 된다. 그는 인류의 전일성全一性을 같은 학교를 나온 동창생처럼 모교에서 똑같은 수태기간을 겪고 나온 산물로 파악한다. 그는 하나의 기관器官, 곧 교육이라 불리는 사회적 재생산을 독점하는 제도 없이는 이 사회를 상상할 수 없다고 생각하게 된다."

학교교육에 불만을 가진 사람들도 기껏해야 과거 100년 동안 별 효과 없이 거듭 교육에 대한 해결책으로서 시도되어온 교사 양성과 훈련의 개선을 제안하는 데 그치기 일쑤였다. 그리고 학교교육에 불만을 표시하던 학생들도 더욱더 많은 학교교육을 받아야겠다는 쪽으로 변질되어버렸다. 나는 일리히가 이것을 아주 적절히 표현했다고 생각한다.

"대학과 고등학교의 반항 학생들은 모교의 어머니 같은 보호를 거부한다. 그런데 오로지 교사가 되겠다고 꿈을 꾼 급진 학생들도 막상 교사가 되면 어느새 자기의 어머니와 같이 되기 시작한다."[3]

5) 탈학교의 이점

탈학교는 교육을 독점 지배하는 강제적이고 보호소적인 제도를 제거하는 것을 의미한다. 또 교육기회가 평등하다는 신화를 제거하는 것을 의미한다. 빈부의 차가 존재하는 한 학습자의 사회적 조건 때문에 교육기회는 불평등하게 남아 있을 것이 뻔하다. 학교제도의 폐지는 교육이 사회적 지위를 결정하는 정당하고 올바른 방법이라는 신화를 파기하는 것이다. 학교를 통한 사회적 선발은 단지 학생들에게 일정한 사회적 계급의 표지를 낙인하는 구실을 하고 있을 뿐이다. 학교는 가난한 사람들을 낙오자로 전락시키는 곳이다.

엄청난 돈을 계속 학교에 쏟아붓는 사회에서 탈학교는 중요한 사회혁명임을 보여준다. 존슨 대통령은 빈곤에 대한 위대한 투쟁을 학교를 통해서 이루려 하였으며, 그래서 학교를 우리 사회의 어떤 다른 제도보다 돈을 덜 들여 빈곤을 퇴치하는 수단으로 여기기도 하였다. 그런데 학교는 우리 사회의 어느 제도보다도 돈을 많이 쓰면서도 그 성과는 훨씬 적은 제도임이 입증되었다. 보상교육의 실패로 교육학자들은 가난한 사람들이 왜 학교교육에 실패하는가 하는 이유를 밝히려는 연구를 수행하게 되었다. 이 연구는 가난한 사람들은 지능지수가 낮기 때문에 가난하며 그러므로 자기 처지를 개선하는 일도 할 수 없다는 젠슨Jensen의 논리로 귀착되었다. 역설적이게도 빈곤을 퇴치하려는 투쟁은 가난한 사람은 가난하기 때문에 별도리가 없다는 가난한 사람에 대한 저주로 끝나버렸다. 혹자는 만약 교육행정가, 교사, 교육기자재, 시험 등에 드는 돈을 모두 가난한 사람들에게 주었더라면 무슨 일이 있어났을까 하고 궁금해하였다. 물론 이런 일은 결코 일어나지 않았다. 결국 사람들은 돈을 적절히 쓰는 방법을 배우는 도리밖에 없었다.

학교의 신화에 대한 일반인들의 수용 자세가 사회에 대한 불만을 의미 있게 표출하지 못하도록 끊임없이 방해해왔다. 학교의 신화를 받아들인 가난한 사람들은 그들의 빈곤이 학교교육을 덜 받고, 학교를 통해 빈곤에서 탈피하려고 노력하지 않은 결과라고 생각하게 된다. 더욱이 학교를 통해 더 높은 사회적 지위를 얻어 성공해보려는 일부의 가난한 사람들이나 소수 집단은 대체로 사회계급적 뿌리를 스스로 포기하고 만다. 학교는 가난한 사람들 중에서 지도자를 키워내는 것이 아니라 도피자를 만들어낸다. 학교의 신화에서 깨어난 가난한 사람들은 자신들의 사회적 위치를 특정의 경제적·사회적 조건에서 비롯된 결과라고 보게 된다. 이렇게 한번 자각하면 그들은 학교를 통한 헛된 노력을 포기하고 그들의 조건을 변화시키는 방향으로 힘을 쓸 것이다. 따라서 가난한 사람들은 빈곤에 대처할 수 있는 최선의 일이 무엇인가를 생각하게 된다. 학교는 가난한 사람들에게 그들에게도 기회는 주어졌으나 그것을 활용하지 못했다고 가르친다. 그러나 역사는 이들에게 사회·경제적 조건의 희생물이었다고 말할 것이다. 오히려 자신들의 운명을 숙명적으로 받아들이기보다 그들은 역사의 방향을 바꾸는 데 무엇인가를 해야 할 것이다.

중세교회와 같이 학교는 사회적 안정의 도구였다. 19세기에 보편교육체제가 출현했을 때 제1의 목표는 국가를 위한 시민훈련을 행함으로써 사회질서를 유지하자는 것이었다. 미국의 경우 시민의 성격이 일정한 방향으로 주형되지 않으면 자유가 사회적 혼란을 초래할 것이라는 기본적인 두려움에서 나타난 것이 학교였다. 그러나 학교를 통해 사회적 안정을 찾는 것은 사회적 침체와, 사람들로 하여금 학교의 자궁 속에 계속 덜미가 잡혀 있다는 느낌을 초래하였다. 작년에 나는 18년째 계속 학교에 다녔던 러시아정교회의 젊은 신부를 만났다. 그는 어느 날 아침 컬럼비아 대학 기숙사의 기상시간에 "나의 신이여! 나는 학교제도를 벗어나서는 결코 살 수가 없었습니다"라고 순식간에 깨닫자, 그 후 학교를 그만두고 말았다는 체험을 들려주었다.

학교교육은 요람에서 학교를 거쳐 직업전선에, 그리고 무덤에까지 질서 있는 변화를 제공해준다. 그러나 삶의 즐거움은 질서 있는 변화에 있는 것이 아니라 기대하지도 계획하지도 않은 곳에 있다. 계획한 것이라도 혼자서 스스로 한 것일 경우에 즐거움이 있다. 따라서 학교교육은 개성적인 생활양식의 개발을 참작하는 사회의 융통성을 감소시켰다고 하겠다. 만약 고등학교를 졸업하고 대학에 가지 못해 곧바로 따분한 밑바닥 직업으로 흘러갈 가망이라면 자기가 원하는 것을 어떻게 할 수 있을까? 이전 시대의 18세에서 19세까지의 청소년은 그 나이에 배를 출항시키는 선장 역할을 했다. 그런데 오늘날 그들은 유아기적 종속상태에 묶여 있다. 그러므로 탈학교화는 가난한 사람과 젊은 사람의 창조적 에너지를 해방시키고 그렇게 하여 사회의 유연성을 증진시키는 수단을 마련해준다.

탈학교화된 사회는 인간이란 무엇인가를 배우고 싶을 때 그것을 배울 수 있는 방법을 모색한다는 기본적인 신념에 기초하고 있다. 또한 모든 일이 모든 사람에게 똑같은 가치를 지니는 것은 아니라는 인식도 깔려 있다. 어떤 사람은 기계의 활동 속에서, 또 다른 사람은 상상력을 통해 지나간 역사를 재구성해보는 데서 아름다움을 찾을 수도 있다. 그런데 어떤 사람은 학교가 광범위한 교섭과 조직화된 학습을 제공함으로써 이와 같은 가능성을 촉진할 수 있으리라고 주장할지도 모른다. 하지만 결국 학교에서 이루어지는 광범위한 교섭은 어떤 개인에게 중요하다고 생각되는 것에 모든 학교 교과과정상에서 전심전력을 기울이기는 어려울 것이다. 교실에 억지로 앉아 있다고 해서 무엇을 배우는 것도 아니다. 게다가 만약 개인이 혼자 할 수 있는 것보다 더 높은 가능성을 학교가 개인에게 열어줄 수 있다고 가정한다면, 의식을 길러주는 현대사회의 잠재력을 과소평가하는 것이 된다. 우리는 더 이상 19세기의 고립되고 자폐적인 세계 속에서 살지 않는다. 매스미디어, 운송

기관, 유동성이 심한 인구이동으로 인해 개인은 무제한의 자기계발 가능성을 자각하게 되었다. 고등학교는 실제 지금의 10대들에게는 시간낭비이다. 굿맨이 주장한 대로 우리는 고등학교 교육에 소요되는 경비를 10대들에게 제공하고 그들에게 세계를 보는 눈을 열어주어야 한다.

어떤 일이 자기의 목표와 관련되면 인간은 그것을 더욱 빠르고 쉽게 배울 수 있을 것이다. 대부분의 경우 인간은 스스로를 가르칠 수 있을 것이고 배우는 방법까지 가르침을 받을 필요는 없을 것이다. 학습은 학교 안에서만 심각한 문제가 되고 있다. 학교는 학습에서 어려움만 초래한다. 사실 어떤 일들은 조직화된 학습을 요구한다. 만약 죽지 않고 비행기 타는 방법을 배우고 싶다면 나는 조직화된 교수방법을 가진 자격 있는 강사를 찾을 것이다. 그러나 이와 같은 학습과 학교에서 발견되는 것과의 차이는 너무나 크다. 비행사는 나를 사회화하지 않고도, 훌륭한 시민으로 개조시키지 않고도, 어떤 사회적 역할을 모색하지 않고도 비행술을 가르칠 것이다. 복잡한 시설을 요하는 학습은 직업훈련기관과 연구기관에서의 활동을 통해 이루어질 것이다.

탈학교사회는 쉽게 이루어지지 않을 것이다. 일리히는 학교와 학교 교사를 없애는 것은 세상에서 가장 오래된 직업에 종사하는 사람들을 없애는 것만큼 어렵다고 시사한다. 그러나 일리히가 언급해왔듯이 "일단 학교의 붉은 담벼락이 사창가의 붉은 불빛처럼 나쁜 곳으로 인식되면, 전문 교사나 전문 매춘부들이 어린 학생들과 심약한 어른들을 억지로 끌어가지 않는 한, 성인·시민들의 인간적 약점을 보호하거나 적어도 너그럽게 허용하기 위한 법률이 통과될 것이다."

✳✳✳

1) Ivan Illich, "The Futility of Schooling in Latin America," *Saturday Review* (April 20, 1968), pp. 57-59.
2) W. Lee Hansen & Burton A. Weisbrod, "The Equality Fiction," *New Republic* (September 13, 1969), pp. 23-24.
3) 1970년 2월 18, 19일 이틀간에 걸쳐 예일대학에서 이반 일리히가 행한 미발행 강연에서 인용함.

4_
아나키즘과
진보적 교육학

역사가들이 과거 사실을 기술하는 것을 유심히 관찰하면, 기존의 사회체제에 도전하는 원천이 될 수 있었던 사회운동이나 이념을 종종 간과하거나 과소평가해버리는 경우를 찾아볼 수 있다. 사람들은 자신의 현재에 의미를 부여하고 이를 설명하기 위하여 역사를 이용하면서도, 자신의 입장을 만족시켜주는 관점에서 현재를 수용하고 있을 뿐이라는 역사의 일면을 망각하기도 한다. 미국의 백인들이 커다란 비중을 지닌 흑인사를 망각하고 무시하였던 만큼 그들은 인종차별 사회에서 편안하게 살았던 셈이다. 흑인사에 대한 최근의 관심은 흑인들에게 자기 삶의 정체감과 방향을 일깨워주고, 흑인문화의 발전상과 이 문화가 미국의 사회발전 과정과도 관련되어 있음을 전 사회에 보여줌으로써, 미국의 인종차별적인 사회구조의 핵심을 동요시키고 있다. 백인은 흑인들을 과거를 공유했던 완전한 인격체로 보지 않을 수 없기 때문에, 이제는 그들을 내팽개쳐버릴 수도 없다. 백인은 과거에 대한 죄책감을 짊어져야 하고, 더욱 중요한 것은 미국인으로서의 자기정체성을 흑인들의 정체성과 통합시켜야 한다는 점이다. 흑인의 역사는 모든 미국인의 의식과 인식으로 확산되어야 한다.

흑인사를 연구한다는 것은 이제 과거의 진보적 전통을 다루는 것과 맥을 함께해야 한다. 한 국가의 기록에서 진보주의를 없애버리는 것은 현재에 대한 심각한 도전들을 제거하려는 시도이며, 근대제도의 성장을 손쉽게 이룩한 과정의 산물로서 현존 체제를 지지하려는 의도가 숨어 있다. 과거에 있었던 진보적 비판들을 제거한 역사는 단순히 현상유지를 지지하는 선전에 지나지 않는다. 예를 들면, 대다수의 미국 역사가들은 아나키스트들을 오로지 파괴와 혼란을 목적으로 하는 폭탄을 걸머진 결점투성이의 광신자 집단이라고 묘사한다. 근대제도의 발달에 심각하게 도전했던 사람들이나 일부 집단도 정신병자 또는 단순히 개인의 영광과 권력만을 추구한 것으로 몰아붙였다. 과거 사실을 이와 같이 기술한다는 것은 이와 똑같은 근거에서 현세대들로 하여금 진보적 요구들을 일축시킬 것을 설득하려는 의도에서 나온 것이다.

1) 아나키스트와 자율

지금까지의 교육사는 당대의 기존 질서를 선전하는 기능을 해왔다. 진보적 전통들이 제대로 의식되지 못한 탓으로 공교육체제 성립이 지닌 은밀한 의도는 모호해지고 왜곡되어왔다. 물론 역사가들이 공교육의 목표·방법·유형에 대해 상세히 다룰 때에는 자체 비판을 충분히 해온 것이 사실이다. 그러나 국가 지원의 학교 존재 자체를 의문시하고 새로운 교육의 대안·방향을 모색하는 진보적 전통의 탐구는 외면되었다. 18세기 이래 사회 권위의 본질과 역할에 관심을 가진 사회·정치 철학인 아나키즘은 국가교육체제의 존재 자체와 비권위주의 교육체제의 가능성에 대해서 의미 있고 중요한 문제를 제기하였다. 18세기 고드윈에서 20세기 굿맨에 이르기까지 아나키스트들의 저작은 교육의 비판적 전통을 대표하는 교육 논의로 가득 차 있다.

전통적 아나키스트들의 주요 관심은 개개인의 자율성을 증진시키는 사회·경제 체제의 개발에 있다. 간단히 정의하면 자율성은 자신의 행동 선택에 책임을 지는 것을 의미한다. 언뜻 보기에는 자율성이라는 목표가 급진적으로 보이지는 않지만, 이것이 내포하고 있는 의미를 생각해보면 자율성은 근대사회에 이미 확립되어 받아들인 대부분의 제도들에 대해 의문을 제기한다.

첫째, 아나키스트들은 어떤 형태이든 국가의 존재 자체를 부정한다. 그 이유는 국가가 개인의 행동을 규정하는 법률의 제정을 통해서 개인의 자율성을 파괴하기 때문이다. 19~20세기의 아나키스트들은 국가와 법이 정치적·경제적 엘리트를 비호하기 위해 존재한다고 주장했다. 이와 같이 국가를 거부하는 것에는 개인의 자율성을 다수에게 또는 그 대표자에게 떠맡기는 민주사회도 포함된다. 이들은 국가를 한 인간에 의한 다른 인간의 착취를 허용하는 경제체제를 보호하는 기제로 간주하였다. 이와 같은 관점에 서 있는 아나키스트들은 미국과 소련의 정치·경제 체제를 똑같이 반대하는 입장에 서 있다.

둘째, 아나키스트들은 개인의 자율성이란 모든 강요된 도그마로부터 자유로운 선택을 할 수 있는 개인을 의미한다고 믿어왔다. 이것은 인간이 자신의 행동을 자유롭게 결정하기 위해 자신의 가치와 목표를 정립하는 것을 의미한다. 또 이것은 개인을 일정한 방향으로 만들려고 시도하는 모든 제도를 거부하는 것을 뜻한다. 여기서 특히 주목할 것은 학교와 교회는 성격을 주형하여 자율성을 제한하려는 제도라 하여 거부해온 점이다.

아나키스트들이 국가주의 학교교육체제의 존재를 반대하는 더욱 중요한 이유는 다음과 같다. 국가의 감독 안에 들어간 교육은 통제권을 쥔 사람들의 정치적 이익의 수단에 불과하다는 것이다. 이와 같은 맥락에서 볼 때 학교교육은 기존 제도를 지지하고 유지하기 위해 국가가 시민의 성격과 의지를 원하는 대로 방향 잡고 짜 맞추는 데 이용되는 무서운 무기로 간주된다. 국가는 개인의 욕구와 포부, 그리고 목표를 직접 통제하여 개인의 자율성을 제한하기 때문에 아나키스트들은 국가주의적 국가와 결합된 교육을 권위의 근본 형태로 보았다.

2) 고드윈

고드윈은 국가주의 교육의 비판에 닻을 올린 초기 아나키스트들 중의 한 사람이다. 그는 1793년 영국에서 발간된『정치적 정의와 이것이 도덕과 행복에 미치는 영향에 관한 연구』에서 교육자의 역할을 정부에 떠맡기기 이전에 "우리는 먼저 자신이 하고 있는 일이 무엇인가를 충분히 생각해볼 필요가 있다"[1]고 경고하였으며, 교육을 정부 당국자의 통제 아래 두는 것은 그들로 하여금 교육을 이용하여 그들의 정치적 권력의 지위를 더욱 강화하도록 내버려두는 것과 다름없다고 주장했다. 그는 "교육체제를 제도화하는 정부 당국자들의 견해는 그들의 정치적 능력에 대한 견해와 별로 다를 바가 없다. 정부 당국자들의 교육은 그들의 정치관에 근거한다"[2]고 하였다. 20세기 이전에는 국가주의 학교교육이 전체주의적 목적을 위해 이용될 수 있다는 점이 서구사회에서 명백하지는 않았었다. 그러나 고드윈은 18~19세기의 많은 사람들이 공교육이 개인의 자율성을 이끌어낼 수 있다고 믿는 가정들을 거부하였으며, "독재가 절정에 이르렀을 때, 국가주의 교육체제가 채택되었다고 해도 그것이 진리의 목소리를 영원히 질식시킬 수는 없었으리라고 생각한다. 그러나 국가주의 교육은 진리의 소리를 말살시키는 목적을 위한, 가장 끔찍하고 심오한 책략이었을 것이다"라고 경고하였다. 또한 "우리는 심지어 자유가 보장된 국가에서조차도 국가주의 교육이 영속시키려고 하는 심각한 사회적 결함이 존재한다고 가정할 수 있다"[3]고 주장하였다.

3) 페레

고드윈의 비판은 공교육이 대두되던 초창기에 나왔다. 그는 국가주의 교육의 결과가 무슨 일을 초래할 것인가에 관심을 가졌다. 그의 비판은 실제의 결과에 대한 것이 아니었다. 19세기 말에 이르러 몇 가지 유형의 국가주의 교육이 가장 산업화된 서구에서 성행하였다. 아나키스트들은 학교교육과 국가 사이의 관계를 더 직접적으로 평가하기 위해 이러한 교육제도에 관심을 돌렸다. 가장 주요한 아나키스트 비평가 중의 한 사람은 1901년 바르셀로나에 '근대학교'를 설립했던 스페인의 교육자 페레였다. 1909년 스페인 정부가 바르셀로나 폭동을 주도했다는 혐의로 페레를 처형했을 때 그의 저서는 국제적인 명성을 얻었다. 유럽과 미국의 많은 단체들은 그의 처형을 매우 부당한 것으로 생각하였고, 이것이 그의 경력과 교육이념에 대한 관심을 불러일으켰다. 미국에서는 '페레위원회'가 조직되고 뉴저지 주의 스텔턴에는 '근대학교'가 설립되었다. 유럽에서는 그의 사후 페레가 설립했던 아동의 합리적 교육을 위한 국제연맹이 아나톨 프랑스를 명예총재로 하여 재조직되었다.

페레는 정부가 교육을 독점해왔다고 지적했다. "정부권력이 거의 전적으로 학교에 기반을 두고 있다는 것을 그들(정부)이 누구보다도 더 잘 알고 있다"[4]고 하며, 또한 과거에는 정부가 대중을 무지의 상태로 두는 방법으로 그들을 통제해왔다고 주장했다. 그러나 19세기 산업사회의 등장과 더불어 정부는 훈련된 산업노동자를 필요로 하는 국제 간의 경제적 경쟁에 연계되어 있음을 깨닫게 되었다. 19세기에는 많은 학교들이 설립되었는데 이것은 사회를 개혁하려는 일반적 요구 때문이 아니라 경제적 필요 때문이었다. 정부가 학교를 필요로 하는 것은 "교육을 통해 사회혁신을 이룩하기 위해서가 아니라, 사업과 그 사업에 투자된 자본에서 더 많은 이윤을 얻기 위해서 숙달된 노동수단, 곧 노동자들을 필요로 했기 때문이었다"[5]고 그는 쓰고 있다. 그는 19세기에는 학교교육이 인간을 해방시키는 수단이 될 수 있다는 커다란 희망이 있었다고 믿었다. 그러나 국가교육체제가 그 자체의 조직에 의해 단지 정치권력을 쥔 사람들의 이익에만 봉사한다는 것이 분명해졌을 때 그 희망은 무산되어버렸다.

"학교 교사는 의식적이든 무의식적이든 이러한 권력의 도구가 되어버렸고 더욱이 권력자의 의도에 따라 짜 맞추어졌다. 그들은 젊을 때부터 내내 권력자의 권위적인 훈육에 복종해왔다. 사실 이러한 지배의 영향을 피할 수 있는 사람은 거의 없다. ……학교조직이 그들을 강력하게 구속하기 때문에 그들은 복종하지 않을 수가 없다."[6]

페레가 보기에 학교는 고드윈이 이미 18세기에 경고했던 일들을 그대로 수행하고 있었다. 기존 제도를 유지하는 중심이 되면서 학교는 학생들을 유순하고 명령에 잘 따르도록 조건화시키는 체제에 종속되어버렸다. 물론 여러 비평가들이 학교에 대해서 이러한 비판을 가했다. 그러나 페레의 견해에 의하면 억압은 국가에 의해서 통제되는 학교가 필연적으로 짊어져야 하는 것이었다. 그는 "아이들은 자신들을 지배하는 사회적 도그마에 따라 생각하고, 믿고, 복종하는 데 익숙해져 있음이 틀림없다. 이렇게 되면 교육은 현재 상태와 달라질 수가 없다"[7]고 쓰고 있다. 페레의 중요한 목표는 교육에 미치는 정부의 권력을 타파하는 일이었다. 왜냐하면 기존의 사회체제 내에서만 행해지는 개혁운동은 인간해방의 목표를 위해 아무것도 달성할 수가 없기 때문이다. 페레는 공립학교를 조직한 사람들은 "결코 개인의 지위를 향상시키기를 원하지 않았으며, 개인의 노예화를 원했다. 그리고 오늘날의 학교에서 무엇을 기대한다는 것은 거의 쓸데없는 일이다"[8]라고 단언했다.

페레는 정부가 자신을 지지하는 사회 속에서 급진적 변화를 이끌어낼 수 있는 교육체제를 창출할 수 있으리라고는 생각하지 않았다. 그러므로 국가 교육체제가 하층계급의 환경을 의미 있게 변혁시키는 수단이 되리라고 믿는 것은 비현실적이다. 현존 사회구조가 가난한 사람을 만들었기 때문에 교육은 현존 사회구조를 근본적으로 변혁시켜서 민중을 해방시키는 방법에 의해서만 빈곤을 척결할 수 있다. 이러한 유형의 교육은 국가 주도의 교육에 의해서는 이루어질 수 없다. 왜냐하면 정부는 안정을 위협하는 어떤 것도 가르치지 못하게 하기 때문이다. '근대학교' 회보에, 벨기에 학교의 부자와 빈자의 통합교육에 관해 쓴 글에서 페레는 "학교에서 가르치는 것은 부와 가난이 분리되는 것은 영원히 불가피한 것이며, 사회적 조화란 법을 집행함으로써 이룩된다는 원리에 기반을 두고 있다"[9]고 주장했다. 페레에 의하면 가난한 사람이 배우는 것은 기존의 사회구조를 무조건 받아들이는 것과 경제적 향상은 기존의 사회구조 내에서 개인의 노력 여하에 달려 있다는 믿음이다. 가난한 사람에게 이러한 태도를 유발시키는 것은 어떤 주요한 사회적 변화가 발생할 경우 그 위협을 감소시키는 데 기여한다.

아나키스트들이 국가 통제의 교육체제에서 파악했던 비판적 요소는 정치적 도그마가 남발되며, 개인을 유용한 시민으로 만들려는 시도가 인간의지의 한계와 범위를 고정시킴으로써 개인의 자율성을 침해한다는 것이다. 공립학교와 종교계 학교가 개인의 자율성에 대한 가장 큰 위협으로 인정되었다고 해서 그것이 아나키스트가 추구하는 학교의 유일한 조건이 그러한 구속으로부터의 자유임을 의미하는 것은 아니다.

4) 슈티르너

아나키스트의 중심 주제는 자유의 의미와 이것의 교육과의 관계였다. 대부분의 아나키스트들은 1840년대 슈티르너Max Stirner가 한 발언에 동의하였다. 19세기에 자유를 강조한 주요 문제의식은 "……권위로부터의 독립으로 나타났다. 그러나 여기에는 자기 결단이 결여되어 여전히 스스로 자유로운 인간행위를 아무것도 수행하지 못했다."[10] 아나키스트의 관점에서 보면 이것은 국가가 개인을 직접적인 권위구조로부터 자유롭게 할 수도 있으나, 여전히 학교교육 제도를 통해 개인을 노예화함을 의미한다. '스스로 자유롭게' 되기 위해서는 개인이 계획된 학교교육체제에 의해 자신의 목표·이상·성격을 강요당하는 것이 아니라, 스스로 선택해야 한다는 것이다.

달리 말하면 지식은 인간을 자유롭게도 할 수 있고, 노예로 만들 수도 있는 양면성을 띠고 있다. 인간을 해방하느냐, 노예로 만드느냐는 지식을 어떻게 획득하느냐에 달려 있다. 아마 이와 같은 입장을 가장 설득력 있게 설명한 것은 슈티르너의 「우리 교육의 그릇된 원리The False Principle of Our Education」일 것이다. 본명이 요한 카스퍼 슈미트Johann Casper Schmidt인 슈티르너는 1840년대에 마르크스, 엥겔스와 함께 베를린 청년헤겔파의 모임에 참가했던 독일의 가난한 교사였다. 슈티르너의 유일하고도 중요한 저서인 『자아와 그 소유The Ego and His Own』는 이 시기에 쓰인 것이다. 이 책은 마르크스를 너무나 당황하게 하여 후에 마르크스는 『독일 이데올로기』의 상당부분을 슈티르너의 사상에 대한 공격에 할애하였다. 슈티르너는 이 책을 저술하기 전 교육에 관한 몇 편의 논문을 썼는데, 이 논문들은 마르크스에 의해 1842년 『라인신문』에 발표되었다.

슈티르너는 자유로운 인간과 교육받은 인간을 구별해야 한다고 믿었다. 자유인은 선택을 용이하게 하기 위해 지식을 이용한다. 슈티르너는 다음과 같이 썼다.

"만일 인간에게 자유의 사상을 자각시켜준다면, 자유인들은 끊임없이 자신을 자유롭게 만들어나갈 것이다. 반대로 만약 그들을 교육시키기만 한다면, 그들은 항상 자신을 가장 교양 있는 듯한 점잖은 방식으로 상황에 적응시켜 결국 굽실거리고 아첨하는 사람으로 타락할 것이다."[11]

슈티르너는 지식을 가르쳐서는 안 된다고 믿었다. 지식을 획득하는 과정은 개인을 창조적인 인간으로 만들기보다는 단순한 학습자로 만들기 때문이다. 학습자는 자신의 신념과 목표를 확립함에 있어 자기 자신보다는 권위주의적 기반에 의존하는 것을 배우기 때문에 종속적인 인간이다. 학습자는 자유의지가 없다. 왜냐하면 그는 행동방법을 스스로 결정하기보다는 그것을 배우는 데 의존하기 때문이다. 슈티르너는 다음과 같이 질문했다.

"단순한 학습자로서가 아니라 창조적 인간으로 교육받을 곳은 어디인가? 교사를 동지로 갱신시키는 곳은 어디인가? 교사가 지식을 의지로 변화시키는 것으로 인식하는 곳은 어디인가? 단순히 교육받은 인간이 아닌 자유로운 인간을 중요한 목표로 생각하는 곳은 어디인가?"[12]

슈티르너에 따르면 단순한 학습자 양산을 피하기 위해서는 교수의 목표를 자기계발에 두어야 한다. 이것은 개인의 자아각성과 실천능력을 획득하는 것을 의미한다. 기존의 학교는 의지의 자유를 방해하는 역할을 수행하고 있다. 교육 발전을 논하면서 슈티르너는 종교개혁 이후 인문주의 전통의 교육은 권력의 수단이 되었다고 주장하였다. 인문주의 전통을 논하면서 그는 다음과 같이 썼다.

"……교육은 일종의 권력으로서 권력을 결여한 약자 위에 이를 소유한 사람을 올려놓았으며, 교육받은 사람은 크든 작든 자기 집단 속에서 위대하고 강력하며 위압적인 존재로 간주되었다. 왜냐하면 그런 인물은 권위를 지니고 있기 때문이다."[13]

보편교육 이념이 등장함에 따라 인문주의 학자의 권위는 손상되었고, 마침내 실제 생활을 위해 훈련된 유용한 시민 양성을 목적으로 하는 제도가 만들어졌다. 대중교육체제하에서의 권위는 한 사람이 다른 사람 위에 군림하는 것이 아니고, 오히려 인간의 마음속에 실질적이고 유용한 것이 무엇인가 하는 교리를 심어주었다. "……인문주의자 무리로부터는 학자만이 나오고, 현실주의자로부터는 실용적 시민만이 양성되는데 그들은 모두 복종적 인간들에 불과하다"[14]고 슈티르너는 썼다. 실생활을 위한 교육은 다음과 같은 격률格率에 따라 행동하는 원칙적인 인간만을 길러낸다고 슈티르너는 믿었다. 즉 "대부분의 대학생들은 어떤 불행한 사태에 직면하여 모범을 보이려 한다. 가장 우수한 방법으로 교육과 훈련을 받았기 때문에 그들은 계속해서 교육과 훈련에 참여할 수 있을 것이다."[15]

슈티르너와 후대의 아나키스트들은 도그마와 편견으로부터 자유롭게 목표와 목적을 스스로 선택하고 결정할 수 있는 정신을 개발하는 이념이 교육의 중심부에 위치해야 한다고 주장했다. 이와 같은 방식으로 얻은 지식은 의지를 확장시키려고 꾀하는 자기 정향의 결과이다. 개인은 가르침을 받기보다는 스스로를 가르치려고 한다. 그렇다고 이것이 개인이 교사를 찾지 않아도 된다는 의미는 아니다. 단지 이것은 지식의 습득은 개인의 욕구의 결과이며 결국 개인의 의지와 직접 관련된 것임을 의미한다. 슈티르너는 후기 아나키스트 교육자의 태도를 반영하면서 다음과 같이 문제의 본질에 대해 언급하고 있다.

"만약 인간이 먼저 자신의 명예를 자주성과 자율성에 두고 그럼으로써 자기신뢰, 자기주장, 그리고 자유 같은 것에 두게 된다면 마침내 이상하고 불투명한 대상에서 비롯된, 자기인식에 방해되고 장애가 되는 무지를 추방하려고 노력하게 될 것이다."[16]

5) 톨스토이

　교육을 톨스토이적으로 접근하기 위해서는, 보통 학교교육으로 정의되는 것과 아나키스트들이 성취하고자 하는 것을 세심하게 구분할 필요가 있다. 1860년대 러시아에 학교를 설립했던 러시아의 소설가이자 기독교 아나키스트인 톨스토이Leo Tolstoy는 1862년에 발표된 「교육과 문화」라는 글에서 이러한 차이를 세심하게 정의하고 있다. 그는 문화culture, 교육education, 수업instruction, 교수teaching의 개념은 명백히 구별되는 중요한 의미를 지니고 있다고 주장하였다. 그는 '문화'를 개인의 성격을 형성하는 모든 사회적 힘의 총체로 정의하였고, '교육'을 사람들에게 특정 형태의 성격과 습관을 부여하려는 의식적인 시도로 정의하였다. 또한 "교육은 한 사람이 다른 사람을 자신과 똑같이 만들려는 경향"[17]이라고 정의했다.

　교육과 문화의 차이는 '강제'의 문제에 관한 것이다. "교육은 제약받는 상태의 문화이고, 문화는 자유로운 것이다." 그는 수업과 교수는 둘 다 교육과 문화에 관련되어 있다고 했다. 수업은 한 사람이 가지고 있는 지식을 다른 사람에게 전수하는 것이며, 교수는 수업의 영역과 겹쳐지는 것으로 몸으로 익히는 기술을 가르치는 것이다. 수업과 교수가 자유로울 경우에는 문화의 수단이 되지만, "교수가 생도들에게 강요되고 수업이 배타적일 때, 즉 교육자가 필요하다고 간주되는 주제들만을 가르칠 때"[18] 수업과 교수는 교육의 수단이 된다고 톨스토이는 주장했다.

　톨스토이의 정의에 따르면 아나키스트들에게 학교교육은 문화의 과정이어야지 교육이어서는 안 된다. 이것은 학교가 간섭과 강요를 하지 않고 학생들이 배우고 싶은 것을 자유롭게 배울 수 있도록 해야 한다는 뜻이다. 톨스토이는 학교를 "문화를 받아들이는 사람들에게 그것을 전달하는 인위적이고 의식적인 활동"으로 정의했다. 학교에서의 간섭 배제란, "사람들에게 자신의 욕구에 부응하고 자신이 원하는 가르침을 받을 수 있도록 충분한 자유를 허용하는 것이다. ……자기가 필요로 하지도, 원하지도 않는 가르침은 피하는 것이다."[19] 박물관 견학과 공개강연이 간섭 없는 학교의 일례가 된다. 이것은 특정 목적을 위해서 공공기관이나 강사에 의해 의도적으로 계획된 것이지만, 이용자가 참석하거나 말거나는 그의 자유다. 반면에 기존의 학교와 대학은 상벌 제도를 이용하며, 특정 목표를 달성하기 위해 연구 분야에 제한을 가한다. 톨스토이가 예로 드는 강제 없는 학교는 계획적 프로그램이 없으며, 교사들은 자신이 원하는 것을 가르칠 수 있고, 또한 그것들은 학생들의 요구에 의해 조정될 수 있는 학교였다. 이 학교는 교수 내용을 이용하는 방법이나 그것이 학생들에게 미치는 효과에 대해 크게 신경 쓰지 않는다. 강제 없는 그 학교는 문화의 장소이지 교육의 장은 아닌 것이다.

　슈티르너와 톨스토이는 아나키스트들의 학습에 대한 일반적 생각을 상당한 정도로 반영하고 있었다. 1907년 펌E. B. Ferm은 미국의 아나키스트 잡지『어머니인 대지Mother Earth』에 기고한 글에서, 어린이에게 어떤 인물이 되라고 강제하는 것과 그들로 하여금 무엇이 되도록 허용하는 것 사이에는 뚜렷한 차이가 있음을 강조하였다. 톨스토이와는 다른 용어를 사용하면서, 훈육자pedagogue를 "아동에게 어떤 인상을 심어주려고 노력하는 사람"이라고 정의하였다. 펌은 훈육자란 말을 거부하면서 교육자teacher를 개개인이 자아각성을 얻을 수 있도록 도와주는, 결국 자율성을 북돋아주는 사람으로 생각했다. 교육자의 역할이란 학생들에게 행동의 거울로서 본보기를 보이는 것이다. 그렇게 함으로써 "개인은 자신의 행위가 어떻게 자신의 사고를 반영하며 동시에 사고는 어떻게 행위를 반영하는지 볼 수 있게 된다. 사고와 행위는 분리될 수도 없고, 개별적인 것도 아니며, 개인에게 스스로의 모든 말과 행동에 책임을 지도록 함으로써 의식적으로 이를 실현하도록 도움을 주는 것이다."[20] 이런 능력을 발휘하는 교사는 슈티르너의 표현대로 각 개인으로 하여금 '스스로 자유롭게 되도록' 도와주는 것이다. 그렇게 되면 지식의 습득은 각 개인이 자유로운 선택을 하는 하나의 기능이 될 것이다.

6) 골드만

대부분의 아나키스트들은 가족구조가 변화되지 않는다면 어떤 형태의 교육도 의미가 없을 것이라고 믿는다. 골드만Emma Goldman은 20세기 초 미국의 아나키즘 사상을 이끈 대표자로서, 그는 1906년 다음과 같은 선언을 했다.

"정치적·사회적·도덕적 관습에 대항하는 지각 있는 사람들의 치열한 투쟁은 그 근원이 가정 안에 있다. 가정에서 아이들은 내·외적인 세력과 싸움을 벌이지 않을 수 없다."[21]

골드만의 관점에서 보면, 근대의 권위주의적 가족구조를 극복하는 중심 문제는 근대사회에서 여성의 종속적 역할을 종식시키는 것이다. 골드만의 생애는 여성해방을 위한 평생의 투쟁으로 특정지어진다.

페레 또한 여성의 사회적 역할의 중요성을 아나키스트 교육의 한 요소로 인식하였다. 여성이 아동양육에 주된 책임을 지고 있으므로, 여성이 자유로워지지 못하면 인간의 자유는 결코 발달하지 못할 것이다. 페레는 다음과 같이 말한다.

"현대 기독교사회의 두드러진 특징은 부권주의가 고도로 발달하여 여성이 자기 자신의 주체성을 찾지 못하는 점이다. 여성은 남성의 종속물도, 남성의 절대적 지배를 받는 부하도 아니며 보석에 의해서 남성에게 구속되는 존재도 아니다. 그런데 남성은 여성을 영원한 하인으로 만들었다."[22]

바르셀로나에 있는 페레의 근대학교의 남녀공학 제도는 스페인에서 일반적으로 실시되는 교육과 달랐을 뿐 아니라, 인간해방의 수단으로서 여성교육을 강조했다는 점에서 매우 독특했다. 그는 인간의 거의 모든 사상이 어머니와 친밀한 관계를 가지는 유년기의 감정에 젖어 있기 때문에 여성교육은 아주 중요하다고 주장하였다. 페레는 남자를 '개인the individual', 여자를 '보호자the conserver'라고 명명했는데 후에 급진적 페미니스트들은 이것을 거부했다. 후기 여성해방론자 단체들이 이와 같은 판정을 받아들이지는 않았지만, 그는 중요한 사회 변화를 이루기 위해서는 먼저 여성의 지위가 변화되어야 할 필요가 있다는 점을 인식하였는데, 이것은 이후의 여성해방운동에서 중요한 주제가 되었다.

가정과 학교에서 아동을 모든 권위주의 도그마로부터 해방시키려 한 것은 아나키스트 교육사상을 큰 곤경에 빠뜨렸다. 아동들을 가르치는 것이 모든 도그마로부터 해방되는 것이라면 정말 무엇을 가르칠 것인가? 예를 들면 페레는 근대학교를 설립하기 전에 비권위주의적 준거를 충족시키는 교과서를 찾아보았지만 이 일은 완전히 실패하고 말았다. 흥미롭게도 페레는 자기 마음에 드는 책을 찾을 수 없었기 때문에, 도서관에 한 권의 책도 없는 상태에서 '근대학교'를 개교하였다.[23] 이것은 도그마를 강요함으로써 생겨난 일이었기 때문에 어린이를 아나키스트로 만들려는 자유해방적libertarian 교육에 대한 관심도 반영한 것이었다. 골드만은 아동에게 신념을 강요하는 급진적 부모들에게 다음과 같은 경고를 하였다.

"토마스 페인Thomas. Paine에 심취한 아이들이 교회의 품 안에서 벗어나지 못하거나, 단지 경제적 결정론과 과학적 사회주의의 유혹을 피하기 위해서 제국주의를 옹호하게 되거나, 아니면 단지 아버지 세대의 고루한 공산주의로부터 벗어나기 위해서 재산을 축적하는 데 매달리는 것을 그 부모들은 보게 될 것입니다."[24]

이러한 모순에서 벗어나려는 논의에서 아나키스트들은 종종 논리보다 확신으로 문제에 접근하였다. 예를 들면 페레가 기초한 '아동의 합리적 교육을 위한 국제연맹'의 발기문을 보면, 중립적인 교육은 없다고 자인하면서도 "우리는 학교에서 아이들에게 폭력과 위계, 어떤 종류의 특권도 없는…… 경제적으로 평등한…… 인간사회를 이루기 위한 욕구를 일깨워주리라는 사실을 숨겨서는 안 된다"고 주장하였다. 그리고 다음 단락에서는 "그러나 우리는 이러한 이상을 아동들에게 강요할 권리는 없다"[25]고 경고하고 있다. 이 연맹은 아동의 야심, 정의감, 이성을 일깨워주면 그들은 인간해방을 위해서 활동할 것이라고 주장했다. 이러한 분위기를 깔고 있는 확신과 교육에 대한 아나키스트의 수많은 발언들은 다음과 같이 간단히 요약될 수 있다. 도그마로부터 벗어나 자유로이 계발된 이성은 자연스럽게 개개인 속에 자신의 자율성과 타인의 자율성을 동시에 함양·보존하려는 욕구를 창출해낸다.

이런 관점에서 페레는 아동이 스스로 결론을 이끌어낼 수 있게끔 사실을 제공하는 일의 중요성을 강조하였으며, 자연과학과 사회과학은 인간의 합리적 추론을 가능케 하는 인위적인 자료들을 제공해줄 수 있다고 굳게 확신하였다. 물론 인위적 자료를 구성하는 데에는 판단이 주어질 수 있다. 예를 들면 페레는 임금·경제·이윤과 관계없이 수학을 가르쳐야 한다고 주장하였다. 수학의 실질적 내용은 생산물의 공정한 분배, 통신, 운송, 기계의 효용 및 공공사업 등을 다루는 문제들이어야 하기 때문이다. 페레는 "한마디로 말해 '근대학교'에서는 진정한 의미의 수학, 즉 사회경제학(여기서 경제란 '올바른 분배'라는 어원적 의미를 지닌다)이 어떠해야 하는가를 보여줄 수 있는 많은 문제들을 다루기 원한다"[26]고 했다.

그러므로 객관적 사실과 지식은 아나키스트 집단에게는 특별한 의미를 지니는 것으로, 이것은 개인이 자신의 자유를 지키기 위하여 이용할 수 있다는 의미에서 객관적이었다. 페레는 기존 생산체제 틀 속에서의 수학은 개인을 그러한 체제 속에 편입시키는 교화의 도구라고 생각하였다. 반면에 보다 공정한 경제구조를 창조하기 위한 도구로 제시된 수학은 개인이 자신을 자유롭게 할 수 있는 지식체계가 된다. 골드만이 학교에서의 전통적인 역사 교수방법을 다음과 같이 비판한 것도 이와 같은 관점에서였다. 즉, "세상만사가 어떻게 값싼 인형극처럼 되어가는가를 보라. 인형극에서는 항상 몇 명의 줄잡이가 전체 사건의 진행 과정을 조종하도록 되어 있다."

통치자, 정부, 그리고 영웅들의 활동만을 강조하는 역사는 개인으로 하여금 민중이 활동하는 사회보다는 민중이 수동적으로 사건을 받아들이는 사회를 수용하도록 조건 지운다. 전통적 방식으로 제시된 역사는 인간을 권위적인 제도의 노예로 만들었다. 그러나 모든 인간을 능동적 행위자로 기술하는 역사는 개인에게 역사를 형성할 수 있는 자신의 힘을 확신토록 한다.[27]

골드만의 관점에서 보면, 민중은 1917년 러시아혁명을 일으켰으나 볼셰비키의 중앙집권 정부는 민중의 해방적 힘을 와해시켰다. 아나키스트들은 러시아의 혁명적 열기의 거대한 물결을 지지했지만, 공산주의 국가의 성장과 더불어 문화·교육 활동에 대한 공산국가의 통제에 대한 자신들의 심각한 우려가 현실로 나타남을 보았을 때, 재빨리 환상에서 깨어났다. 골드만과 같은 아나키스트들은 소비에트 국가의 교육제도가 국가의 요구에 순응하게끔 민중의 의지를 굽히도록 하는 데 이용되고 있음을 깨닫게 되었다.

7) 아나키스트와 공산주의자

19세기의 아나키스트들은 공산주의 이데올로기와 국가에 법률제정권과 재산소유권을 부여함으로써 개인의 자율성을 고도로 통제하려는 기도에 지속적인 관심을 보였다. 1840년대에 슈티르너는 『자아와 그 소유』에서 국가 재산소유권을 설정하여 산업문제를 해결하려는 공산주의자들의 입장은 시민들을 국가에 헌신해야 할 의무를 가진 노동자로 만드는 고도로 통제된 사회로 귀결할 것이라고 마르크스와 그의 동료 헤겔파에게 경고하였다. 슈티르너에게 있어서 공산주의는 강요된 노동과 강제된 소비였다. 그는 공산주의는 "정신적·물질적 재화만이 우리를 인간답게 만들기 때문에, 우리는 인간이 되기 위하여 이러한 재화를 무조건 얻어야 한다. 이념을 절대적으로 받아들인다. ……공산주의는 취득을 강요하며, 거래를 가르침으로써 취득자로서의 인간만을 생각하도록 만든다. 거래가 자유롭다는 것만으로 충분치 않으며 거래의 전 과정을 우리가 장악해야 한다"[28]고 쓰고 있다.

크로포트킨P. Kropotkin은 1917년 러시아혁명 후에 망명에서 되돌아왔을 때 자기가 본 현실 때문에 마음이 참담해졌다. 전하는 바에 의하면 그는 1919년 레닌을 방문하여 다음과 같이 말했다고 한다.

"다른 권위자가 관료주의화되었듯이 지방관리, 심지어는 어제의 혁명가조차도 그들 예하의 많은 사람들을 조종하고자 하는 관리로 변하였다. 그래서 그들은 전 인민이 그들에게 종속되어 있다고 생각한다.[29]

골드만은 1919년 자의 반 타의 반 러시아로 돌아갔다. 이 일은 역사에서 가장 기이한 여행 중의 하나로 남게 된다. 1919년 미국정부가 그녀의 시민권을 박탈하여 247명의 다른 아나키스트와 함께 배에 태워 러시아로 보낸 점에서 보면 내키지 않는 여행이었을 테지만, 그녀가 러시아혁명이 해방적 목표를 달성했다고 믿었다는 점에서는 기꺼이 간 것이었다. 그러나 그녀는 "무시무시한 볼셰비키 국가체제가 모든 건설적인 혁명적 노력을 와해시키며, 모든 것을 억압하고, 가치를 떨어뜨리며, 붕괴시키고 있음을"[30] 알게 되었다. 그녀는 레닌의 신적인 지위가 모든 것을 희생시키는 중앙집권화된 국가를 초래했다고 주장하였다. 볼셰비키의 모든 조치와 통치방식은 "가장 강력하고 중앙집권화된 정부를 그 경제적 표현물인 국가자본주의로 위조한 사슬이었다."[31] 러시아에서 문화와 교육이 전개되는 것에 초점을 맞춘 『러시아에 대한 나의 환멸』을 출판하기 위해 1921년 그녀는 러시아를 떠났다.

골드만에게 있어 볼셰비키의 문화적·교육적 활동은 아나키스트들이 국가통제 교육에 대하여 가졌던 최악의 두려움을 그대로 나타내는 것이었다. 그녀는 소비에트 사회가 교육기회를 늘렸던 점을 인정하긴 하지만, 비판적 탐구와 사상의 자유가 국가의 목표와 수치에 희생당했다고 주장하였다. 그녀는 값싼 극장의 수가 증가하고, 다른 문화 활동과 예술에 대한 지원이 증가하고 있음도 잘 알고 있었다 그러나 그녀는 다음과 같이 단언했다.

"사상의 국가독점은 어디서나 교육을 자신의 목적에 적응시키는 것으로 해석되고 있다. ……그런데 다른 나라에서의 사상의 독점은 자유로운 탐구와 비판적 분석의 정신을 철저하게 억압하는 데 성공하지 못했는데, '프롤레타리아 독재'는 자립적인 연구 노력을 완전히 말살시켰다."[32]

자신의 입장을 더 잘 드러내기 위해 골드만은 학생들에게 '비판 기능'을 고무했다는 이유로 대학에서 파면된 교수의 사례, 학급 내의 활동을 통제하기 위해 공산주의자 세포를 이용하고 있는 사례를 인용하였다.

프롤레타리아 예술운동이 러시아혁명과 맥을 같이하는 혁명적 예술형태의 가능성에 끼친 영향을 보고 골드만은 지극히 실망하였다. 프롤레타리아 예술운동은 새로운 사회주의 국가에 의해 지지받는 프롤레타리아 문화를 예술적으로 표현해야 했다. 그녀는 "예술과 문화에 대한 기계론적 접근과 국가를 매개로 하지 않고서는 아무것도 표현할 수 없다는 고정관념이 러시아 인민의 문화적·예술적 표현을 망쳐버렸음"[33]을 알게 되었다. 국가에 의해 파괴된 예술에서 혁명의 귀중한 유산은 찾아볼 수도 없었고, 과거의 유산은 국가의 이익에 공헌치 못하기 때문에 파괴되었다고 그녀는 밝히고 있다. 그녀는 1920년 중앙문교부 장관이 "성경, 코란, 그리고 고전을 제외한 모든 비공산주의적 문학, 심지어 집권정부가 '또 다른 방법으로 해결'하고자 했던 문제를 다룬 공산주의자의 저작까지도 없애기 위해" 내렸던 비밀지령을 발견했다고 주장하였다.[34] 골드만은 자신의 감정을 다음과 같이 요약했다.

"모든 자료, 인쇄기, 유통매체의 국가독점은 창조적 작품을 탄생시킬 가능성을 철저히 말살시키고 있다. ……러시아는 예술과 문화에 있어서 보통 사람을 형편없이 만드는 근거지이다."[35]

나치 독일의 등장은 교육을 통제하는 권력에 대한 아나키스트들의 두려움을 더욱 부채질하였다. 20세기에 전체주의 정권이 등장했다는 사실을 고려해볼 때, 다음 세대를 교육하는 권한을 어떤 권위자에게 의도적으로 허용하는 것에 반대하였던 19세기와 20세기 초의 아나키스트들의 비판적 전통이 옳았다고 우리는 평가할 수 있다. 특히 미국인들은 아나키스트들의 주장을 무시했었고, 교육을 자유로운 시민을 양성하는 계획으로 밀어붙였다. 19세기 아나키스트들은 그때 벌써 20세기 중엽에 이르면 미국 학교는 인종차별적이고 기업적인 편향 때문에 비난받게 되리라고 예언할 수 있었던 것이다.

8) 아나키즘과 교육

미국 교육자들을 괴롭혔던 문제의 하나는 자유와 학교교육과의 관계에 대한 혼란이었다. 지식이 자유의 중요한 구성요소라는 것을 부인하는 사람은 거의 없다. 그러나 아나키스트적 교육자들이 지적하듯이, 자유는 그 내용과 학습자가 지식을 받아들이는 방법에 좌우된다. 국가가 훌륭한 시민을 양성할 책임을 맡고 있으면 자유의 본질은 위태롭게 된다. 그러나 많은 미국 교육자들이 아직도 확실히 깨닫지 못한 점이 바로 이 사실이다. 예를 들면, 19세기의 위대한 공립학교운동 개혁가의 한 사람인 바나드는 이 문제의 중요성을 자각했었지만, 교육은 항상 그 마지막 결과로서 자유를 가져다주었다고 주장하면서 이 문제를 무시해버렸다.

1853년에 바나드는 당시 미국 교육자들의 관심사였던 유럽 교육제도에 대하여 서술하면서 자신의 관심사를 다음과 같이 표현하였다.

"품위를 떨어뜨리는 국가의 관행에 의해, 즉 상류계층의 타락한 모습들과 사상·언론·직업 및 정치적 행동의 자유를 억압하는 정부에 의해서 필연적으로 야기되는 결과로 인하여, 학교 교실의 수업은 어디서나 약화되었고 어느 정도는 파괴되었다."

그는 학교가 정부를 변화시키거나 정부가 학교를 변화시키거나 해야 하며, 어느 경우이든 아무리 정부가 교육에 간섭할지라도 학교교육은 반드시 국민생활의 발전에 기여할 것이라고 주장하였다. 그는 사회의 손아귀에서 해방된 학습권을 쥐고 있었던 19세기 교사들의 신념을 다음과 같이 시적으로 전달한다. 그는 훌륭하게 학교교육을 받은 사람을 억압하는 정부에 관하여 "차라리 떨어지는 빗방울이 언덕과 계곡을 적시고, 샘물로도 퐁퐁 솟아나고, 쑥쑥 크는 산천초목의 뿌리에 닿기도 전에, 원래 있던 구름의 품 안으로 되돌아가도록 하는 것이 더 쉬울 것이다"라고 했다.

일반적으로, 교육사가들은 바나드와 같은 식의 공립학교 교육에 대한 열정으로 눈이 멀고 말았다. 교육사가들은 과거 일부 의식 있는 사람들이 가졌던 인식, 곧 가치의 주입과 통제를 위한 거대한 사회기구(공교육체제)를 창출하는 일이 몰고 올 심각한 위험성에 대한 인식을 현대인들에게 깨우쳐주는 데 실패하였다. 그러므로 이 실패는, 지역사회의 통제와 기능을 벗어난 곳에 위치하면서, 단지 현존 사회질서를 유지하는 것으로만 보이는 공립학교에 직면하고 있는 오늘날의 사람들의 의식에 심각한 간극을 남겨놓았다. 학교교육에 대한 아나키스트들의 태도를 탐구하는 것은 단지 교육에 있어서의 진보적 전통을 소생시키는 첫 단계에 불과하다. 이것은 또한 현대 산업국가의 심장부에 있는 교육제도를 이해하는 데 있어 주요한 단계이기도 하다. 이 책의 서문에서도 강조했듯이, 학교는 단지 사회 자체를 재생산하는 수단이 되어왔기 때문에 현대사회의 가장 분명한 모습은 학교를 연구함으로써 밝혀질 수 있다. 즉 학교는 현대사회의 근본적인 관심사와 가치를 반영한다. 학교교육을 이해한다는 것은 현대사회를 이해한다는 것이다. 학교교육과 현대사회를 이해하기 위해서는 학교는 무엇이고, 학교는 어떤 일을 해왔으며, 왜 사람들은 학교를 독재에 봉사하는 잠정적인 장치로 생각하는가를 연구하는 것이 요구된다.

***

1) William Godwin, *Enquiry Concerning Political Justice and Its Influence on Morals and Happiness* ; Photographic facsimile of the third edition (Toronto : University of Toronto Press, 1964), vol. 2, p. 302.

2) 같은 책.

3) 같은 책, pp. 303-304.

4) Francisco Ferrer, "L'Ecole Renovee," *Mother Earth*, 4 (November 1909), p. 267.

5) 같은 책, p. 268.

6) 같은 책, p. 271.

7) 같은 책, p. 272.

8) 같은 책.

9) F. Ferrer, *The Origin and Ideals of the Modern School*, trans., JosephMcCabe (New York : Putnam's, 1913), p. 48.

10) Max Stirner, *The False Principle of Our Education*, trans., H. Beebe (Colorado Springs : Ralph Myles, 1967), p. 16.

11) 같은 책, p. 23.

12) 같은 책.

13) 같은 책, p. 12.

14) 같은 책, p. 23.

15) 같은 책, p. 25.

16) 같은 책, p. 23

17) Leo Tolstoy, "Education and Culture," *Tolstoy on Education*, trans., Leo Wiener (Chicago : University of Chicago Press, 1967), p. 111.

18) 같은 책, p. 109.

19) 같은 책, p. 143.

20) Elizabeth Burns Ferm, "Activity and Passivity of the Educator," *Mother Earth*, 2 (March 1907), p. 26.

21) Emma Goldman, "The Child and Its Enemies," *Mother Earth 1* (April 1906), pp. 10-11.

22) Ferrer, *Origin and Ideals of Modern School*, pp. 36-37.

23) 같은 책, pp. 76-87.

24) Goldman, "The Child and Its Enemies," pp. 12-13.

25) "The International League for the Rational Education of Children," *Mother Earth*, 5 (July 1910), p. 156.

26) Ferrer, *Origin and Ideals of Modern School*, pp. 89-90.

27) Goldman, "The Child and Its Enemies," p. 9.

28) Max Stirner, *The Ego and His Own*, trans., Steven T. Byington (New York : Libertarian Book Club, 1963), p. 122.

29) P. A. Kropotkin, *Selected Writings on Anarchism and Revolution*, ed., Martin A. Miller

(Cambridge, Mass. : M. I. T. Press, 1970), pp. 327-28.

30) Emma Goldman, *My Disillusionment in Russia* (New York : Crowell, 1970).

31) 같은 책, p. 247.

32) 같은 책, pp. 222-223.

33) 같은 책, p. 224.

34) 같은 책, p. 226.

35) 같은 책.

성과 가족 및
아동기의 해방과
아나키스트 학교

5_
피교육자의 주체성과
아나키스트 학교

    피교육자의 주체성에서 핵심이 되는 '자아소유ownership of self'는 '진보적 교육이론'의 중요한 개념 중의 하나이다. 왜냐하면 그것은 자유의 개념을, 정치적 자유와 법 앞에서의 평등이라는 통상적 의미 이상의 것으로 확대하여 개인이 스스로 자신의 신념과 행동을 통제할 것을 강조하기 때문이다. 만일 개인의 행동이 어찌할 수 없는 '내면화된 권위'에 의해 조종된다면 정치적 자유란 아무런 의미를 갖지 못한다. 이 내면화된 권위는 종교, 교육 혹은 양육과정에서 비롯된 도덕적 강요의 결과일 수 있다. 확실히 대부분의 교육제도의 목표들 가운데 하나는 기존 사회구조를 의심 없이 받아들이도록 하는 신념들을 내면화하고 도덕성을 개발하는 것이다. 자아소유에 대한 탐구는 내면화된 권위와 이데올로기의 지배로부터 자유롭게 될 수 있는 교육방법이나 제도적 장치를 찾는 방향으로 이루어졌다. 그 결과 '비권위주의적 교육방법'에 대한 실험들이 행해졌다.

    자아소유의 개념은 18세기 계몽주의의 합리주의적 배경으로부터 유래한 것이다. 계몽주의는 이성의 자유로운 행사를 가로막던 도덕적 설교와 종교적 교리에 대하여 반기를 들었다. 19세기에 제기된 논쟁들은 국가와 교회를 겨냥한 것이었고 이데올로기, 사고와 행위의 분리현상 등도 관심 대상이었다. 이러한 관심은 한 사회의 지배 이데올로기는 지배 엘리트의 이데올로기라는 마르크스주의자의 주장에 기반을 둔다. 이데올로기는 사회의 광범위한 대중의 행동 산물이 아니라, 특정 사회계급의 필요와 욕구의 산물이라고 할 수 있다. 이데올로기는 지식에 형태와 의미를 부여함으로써 사고와 행위의 분리를 초래한다. 지식이 사람들에게 이용되는 것이 아니라 오히려 사람을 이용하는 그 무엇이 된다. 예를 들어 19세기 말 페레는 수학 지식이 개인에게 유용한 도구가 될 수도 있고, 개인을 산업체제에 예속시키는 도구가 될 수도 있다고 주장하였다. 만약 수학을 교육할 때 이자율, 사업계정, 기타 자본주의 체제 내에서 기능하는 기술 등의 문제들을 자본주의 이데올로기의 관점에서 가르칠 경우 지식은 노예화의 도구가 되는 반면에, 만약 새로운 경제체제의 발전을 다루는 수학 문제로 제시되면 그것은 자유와 행동의 수단이 될 것이다.[1]

내면된 형태의 권위들은 자아소유에 대한 강력한 장애물이 되기 때문에 루소로부터 슈티르너를 거쳐 현대에 이르기까지 급진적 비평가들의 주된 관심사가 되어왔다. 전통적으로 기독교는 내면화된 권위를 '양심'이라 불렀고, 또한 신의 인도나 각자의 마음속에 있는 율법의 표출로 보았다. 19세기 말에는 교회, 학교, 가족, 그리고 공동체의 관습은 모두가 사회질서의 유지를 돕는 신념들을 내면화하는 중요한 원천으로 인식되었다.

내면화된 규범적 신념체계의 지배로부터 개인을 자유롭게 하려는 최초의 교육 계획은 18세기에 저술된 루소의 『에밀』이었다.[2] 이 저작은 분명히 19세기 아나키스트들의 생각만큼 급진적이지는 않았지만 사실상 그들의 이념 중 많은 부분을 예견했으며, 이후 독일의 아나키스트 슈티르너 같은 사람의 주장을 이해하는 데 큰 도움이 된다. 루소의 교육 구상은 개인이 청년기에 이르기까지 아직 도덕적·사회적 문제에 대하여 논리적으로 생각할 능력이 없다는 심리학적 주장을 토대로 하였다. 이 시기 이전에 도덕적·사회적 개념을 가르치는 것은 결국 이성보다는 권위가 부여하는 강요로서 받아들인다는 것이다. 루소는 이러한 문제들로부터 아동을 '격리'시킬 것과 이성을 바탕으로 아동의 교육 계획을 세울 것을 권장하였다. 19세기와 20세기의 아나키스트 교육자들 간의 중요한 쟁점이 되었던 것은 '격리'의 문제였다. 교조적인 가르침으로부터 아동을 격리시키는 것이 실제로 가능한가? 그리고 모든 도그마로부터 아동을 격리시킨다면 무엇을 가르칠 것인가? 우리가 아는 바와 같이 이것은 페레와 같은 아나키스트 교육자들에게 중요한 문제가 되었다.

루소에 의하면 미성숙한 상태의 개인들은 도덕이나 사회적 관계에 대해서 합리적으로 생각할 능력이 없다. 따라서 '의무' '복종' '명령' '책무'와 같은 낱말들은 인생의 초기 단계에서는 추방되어야 한다. 성인은 아동에게 권위를 내세우거나 의무를 강요하지 않고, 어른이 더 힘이 세고 나이가 더 많다는 단순한 사실만으로 대하여야 한다.

루소가 중요하게 여기는 것은 어떠한 도덕적 상황이라 할지라도 아동이 자기 자신의 합리적 사고능력으로 그것들을 다룰 수 있는 나이가 되기 전에는 삼가야 된다는 것이다. 이것은 루소가 '소극적 교육negative education'이라 했던 중요한 일면이다. 이것은 도덕적 설교가 없는 교육을 뜻한다. 어린 나이에 도덕적 설교를 받을 경우 그것이 개인에게 도움을 주기보다는 오히려 개인의 행동을 지배하게 된다.

소극적 교육의 두 번째 부분은 언어로 배우는 것을 피하는 것이었다. 이것은 말에 의한 가르침이나 독서에 의한 교육이 아니라 경험을 통한 교육을 의미하였다. 루소는 책이란 것이 어린 시절에는 매우 귀찮은 것 중의 하나라고 생각했다. 그러한 의미는 아동이 글을 읽는 방법에 대해서 배워서는 안 된다는 것이 아니라 읽는 것에 의한 학습은 경험과 필요에 의해서 해야 한다는 것이다. 예컨대 루소의 책에 나오는 에밀은 식사나 파티 초대장을 받아도 그 것을 읽어줄 사람을 찾을 수 없었다. 이러한 경험을 통하여 에밀은 스스로의 관심과 필요 때문에 자진해서 읽는 법을 배웠던 것이다. 루소의 독서교육 방법은 도덕적 설교를 피하는 것이다. 그것은 어떤 의무감이나 추상적인 선善에 근거한 것이 아니었다. 학습과 지식은 개인이 이용하는 도구이지 개인을 이용하려는 도구가 아니라는 것이다. 다음 장에서 보게 되겠지만 이것은 프레이리의 교육방법에서도 매우 강조되는 점이다.

이와 같은 생각이 사춘기 직전의 '에밀'의 교육을 이끌었다. 루소는 필요의 법칙에 따라 효용의 원리가 생긴다고 주장하였다. "사회가 무슨 쓸모가 있는가?"라는 신성불가침의 질문은 바로 이 원리를 구체적으로 표현한 것이다. 이 단계에서 에밀은 처음으로 사회적 관계들이 유용하다는 것을 알게 되지만, 그것들의 도덕적 측면은 계속 회피했다. 수공업 기술과 직업에 대해 배움으로써 에밀은 사회의 상호의존성과 사회조직의 유용함을 알게 되었다. 에밀은 사회조직의 중요성을, 그것이 개인적으로 유용하고 필요하다는 것을 체험으로써 배웠던 것이다. 그와 같이 '이성'의 시기가 시작되면서 에밀은 신념에 근거해서가 아니라 필요와 유용성을 고려한 후에 선택을 할 수 있었다. 예를 들면 어떤 형태의 정부를 받아들였다는 것은 청소년 시절의 교화나 고정된 신념체계가 확립되어 생긴 결과가 아니라, 논리화의 과정을 거쳐 이루어진 선택일 것이다.

루소는 개인은 청년기에 "다시 태어난다"고 하였다. 이 시기에 성적 충동이 발달해 개인을 좁은 의미의 자아 관념에서 사회적 세계로 들어가게 한다. 도덕적·사회적 추리력의 발달은 '자기애'의 직접적인 산물이다. 개인이 타인들을 이해하는 것은 타인과 느낌이 일체가 되는 것이다. 즉, 타인들과 관련된 선악에 대한 관심은 자신과 타인들 사이에 스스로 확립한 '일체감'의 결과로 볼 수 있다. 이 시기에 에밀은 최초로 사회를 경험하기 시작했으며, 사회 및 종교 교육을 받았다. 이로부터 에밀은 만일 개인의 권위와 사회의 편견이 교육에서 제거된다면 그리고 개인이 타고난 품성에 따라 교육을 받는다면, 이성의 빛이 개인의 행동지표가 되리라는 점을 알게 되었다.

교육이 끝날 무렵 에밀은 무엇을 배웠는가에 대해서 질문을 받았다. 그는 숙명, 즉 산다는 것은 곧 죽는 것이라는 어찌할 수 없는 인생의 궁극적인 필연에 굴복함으로써 자유로워질 수 있다는 가르침을 받았다고 대답했다. 자유는 운명과 투쟁하기보다는 오히려 그것을 받아들일 것을 요구한다. 그는 또한 법의 보호 아래에서는 자유를 얻을 수 없다고 하였다. 자유는 정부 안에서보다 자유인의 마음속에서 찾을 수 있다고 주장했다.

루소의 저작인『에밀』에서 가장 큰 실패 가운데 하나는 모든 사회적·도덕적 신념들이 필요성과 유용성을 근거로 하여 형성된 산물이라는 그의 구상이다. 이 생각을 완전하게 발전시켜 '자아소유'라는 명칭을 붙인 사람이 바로 19세기의 아나키스트 슈티르너였다. 슈티르너는 1850년대에 마르크스, 엥겔스와 함께 베를린 청년헤겔파의 모임에 참가했던 독일의 가난한 교사였다. 1842년에 마르크스는 교육에 관한 슈티르너의 중요 논문인「우리 교육의 그릇된 원리」를『라인신문』을 통하여 발표하였다. 1844년 슈티르너는『자아와 그 소유』라는 책을 완성하였다. 이 책 때문에 마르크스는 너무나 당황하여 후에『독일 이데올로기』의 많은 부분을 슈티르너에 대한 공격에 할애하였다.[3]

슈티르너는 교육방법으로 개개인에게 자신의 신념을 선택할 수 있는 권리를 허용한다는 점에서 본질적으로 루소와 견해를 같이하였다. 그는 이 같은 가정에서 개인들은 언제나 자기의 지식과 신념을 자신의 필요와 욕구에 따르게 해야 한다고 생각했다. 이에 대한 실제적인 시험은 어떤 의미에서는 자신으로부터 특정 관념과 신념을 '제거' 할 수 있느냐 하는 것이다. 슈티르너는『자아와 그 소유』에서 "어떤 사상을 나 자신의 것이 되도록 하는 것은 내가 매 순간 죽음의 위험 속에서 아무런 불안도 느끼지 않을 때이며 사상을 잃어버리는 것이 곧 나를 잃어버린 것이고, 나 자신을 잃어버릴지라도 이것을 두려워하지 않을 때뿐이다"⁴⁾라고 하였다. 개인이 스스로 제거하지 못하는 사상, 즉 개인을 '사로잡은 사상'은 개인이 무엇을 해야 하는가를 말해주는 도덕적 명령인데, 슈티르너는 이것을 '머릿속의 톱니바퀴Wheel in the Head'라고 불렀다. 이것은 의지를 지배하는 관념이고 지식이기에 개인에 의해 이용되는 것이 아니라, 오히려 개인을 이용했던 것이다.

슈티르너에게 '자아소유'의 의미는 '머릿속의 톱니바퀴'를 제거하는 것이었다. 이것은 그가 「우리 교육의 그릇된 원리」에서 상술한 주제이다. 그는 '자유인'과 '교육받은 사람'을 구별했다. '교육받은 사람'에게는 지식이 성품을 형성하는 데 사용된다. 지식은 머릿속의 톱니바퀴가 되어 자신을 교회, 국가 또는 인류에 소속되게 한다. 반면 '자유인'에게 지식은 선택을 용이하게 하는 데 이용된다. 슈티르너는 다음과 같이 썼다.

"만일 무엇인가가 인간의 내부에서 '자유'의 이념을 일깨워준다면, 자유인은 자신을 끊임없이 자유롭게 만들 것이다. 반대로 무엇인가가 그를 '교육한다'면, 그들은 항상 자신을 가장 교양 있는 듯한 점잖은 방식으로 상황에 적응시켜 결국 굽실거리고 아첨하는 사람으로 퇴보시킬 것이다."⁵⁾

무엇을 안다는 것이 '자유인'에게는 보다 넓은 선택을 할 수 있는 근원이 되지만, '교육받은 사람'에게는 무엇을 아는 것이 바로 선택을 결정하는 잣대가 된다. 슈티르너는 현대사회의 주요한 문제는 현대사회가 '자유인'보다 '교육받은 사람'으로 가득 차 있기 때문이라고 믿었다. 그는 "인간이여, 너의 머리에는 유령이 자리 잡고 있다. 너는 머리에 톱니바퀴를 지니고 있노라! ……인간 자신을 예속시켜온 이념 말이다"라고 경고하였다. 문제는 '정치적 자유'가 아니라, '자아소유'를 어떻게 달성할 것인가 하는 점이었다. 슈티르너는 정치적 자유라는 생각에는 반대했다. 왜냐하면 그것은 단지 제도와 이데올로기의 자유만을 의미했기 때문이었다. 그는 다음과 같이 말하였다.

"정치적 자유는 도시와 국가가 자유롭다는 것을, 종교의 자유는 종교가 자유롭다는 것을 의미했다. 이는 양심의 자유는 양심이 자유롭다는 것과 같다. 그러므로 이것은 내가 국가·종교·양심으로부터 자유롭게 되었다거나 그것들로부터 완전히 벗어났다는 것을 의미하지는 않는다."[6]

이렇게 그는 교육의 본질과 지배력을 현대사회의 중심 문제로 보았다. 현대사회에서 권력의 진정한 원천은 개인의 내면생활을 장악하는 제도라고 보았다. 과거에는 교회가 정신을 지도하고 지배하는 임무를 수행하였다. 19세기에는 국가의 정치가 지배적인 영향을 행사하게 되었다. 이러한 종교와 정치는 개인들의 행위를 통제하는 명령을 제정하는 힘을 가짐으로써 권력을 획득하였다. 슈티르너는 "종교와 정치의 지배하에서는 인간은 당위의 입장에 서 있게 되니, 그는 이렇게 저렇게 되어야만 하며, 이러저러 해야만 한다. 모든 사람은 이러한 조건과 계율을 지니고 다른 사람 앞에서나 자기 자신 앞에 나타난다"[7]라고 말했다.

근대국가의 권력은 정신의 지배를 중요하게 여기고 있다. 근대국가에서는 법률이 개인 속에 내면화된다. '자유'는 단지 사람들이 믿도록 교육받아 법률에 복종할 자유만을 의미하였다. 공립학교에서 법률을 내면화함으로써 불복종을 없애고자 한 것이 19세기 교사들의 꿈이었다. 슈티르너는 가장 멋진 구절 중의 하나인 다음과 같은 말을 했다.

"여기서 비로소 법의 지배가 처음으로 완벽하게 되었다. '내가 살고 있는 것이 아니라 법이 내 속에서 살고 있다.' 그리하여 나는 지금까지 단지 법의 영광을 담아두는 그릇의 노릇을 해온 셈이다. 모든 프러시아인은 자기 가슴 속에 자기를 감시하는 파수꾼을 품고 있다고 어떤 프러시아 관리가 말했던 것처럼."

가슴속에 파수꾼을 세워두는 것이 근대국가의 목표였다. 자유란 국가의 직접 통제로부터의 자유와 국가의 법에 따라 행동할 자유를 의미하였다. 슈티르너는 1840년대 프랑스의 중요한 정치적 지도자였던 프랑소와 기조 Francois Guizot의 말을 인용하였다.

"오늘날 대단히 어려운 점은 정신을 지도하고 지배하는 문제다. 전에는 교회가 이런 임무를 수행했지만 이제 교회는 이 일에 적절하지 않다. 이와 같은 막중한 임무는 이제 대학에 맡기는 것이 더 마땅하다."

그는 바로 이 때문에 정부가 대학을 후원할 임무를 가진다고 주장하였다. 슈티르너는 대학을 위해 공표된 헌장이 사상과 양심의 자유를 필요로 한다는 사실을 지적하였다. "따라서 사상과 양심의 자유를 위해 장관은 정신을 지도하고 다스릴 필요가 있다"고 조심스레 언급하였다.[8]

지배는 사회의 필요에 직접적으로 연관되는 구체적인 이데올로기의 내면화뿐만 아니라 개인의 충성심을 사로잡는 도덕적 명령인 이념과도 관련된다. 머릿속에는 두 가지 수준의 톱니바퀴가 있다. 첫 번째 수준은 '일상생활'을 통하여 사람을 지도하는 것이다. 그렇게 하도록 교육받았기 때문에 교회에 다니고 세금을 지불하는 것, 이것이 사람들이 살아가는 방법이다. 두 번째가 '이념'이다. 사람들에게 조국을 위해 자신을 희생하도록 강요하고, 그들이 예수처럼 되도록 노력하게 만들며, 어떤 실현될 수도 없는 목표를 위해 현재의 자신을 포기하도록 유도하는 이념을 말한다. 교회와 국가의 권력은 이러한 이념의 영역 위에 수립된다. 애국심과 종교적 열정은 사람들이 이념에 사로잡힌 결과이다.

슈티르너는 '생각할 수 있는 것'과 '가능한' 것에 대한 혼동 때문에 이념이 사람들을 사로잡는다고 주장했다. 모든 사람이 다 착할 수 있다고 생각할 수 있다는 이유만으로 모든 사람이 다 착할 수 있다거나 착해야 한다고 할 수는 없다. 그러나 분명히 여기에는 '정신적 속임수'가 나타나고 있다고 그는 말한다. "사람들이 합리적으로 될 수 있다고, 예수를 알게 될 가능성이 있다고, 도덕적으로 될 수도 있다고, 순종적인 신민이 될 수 있다고 생각은 할 수 있다……. 생각할 수 있기 때문에 가능한 것이고, 나아가 그것이 인간에게 가능하기 때문에…… 따라서 그들은 그렇게 되지 않으면 안 된다. 그것이 그들의 소명이다. 그리고 결국 사람이란 오로지 소명에 따라서, 오로지 부름받은 인간들로서 있는 그대로가 아니라 '되어야 할 존재'로 파악된다." 이런 관점에서 현대의 개인들은 그들이 되어야 할 것에 대한 이념을 위하여 현재의 자신을 희생하도록 강요받고 있다. 이렇게 되면 사람들은 자신을 소유하고 있는 것이 아니라 장차 되어야 할 어떤 것에 의해 구속당하고 있는 것이다. 교회는 사람들에게 예수처럼 되어야 한다고, 국가는 선량한 시민이 되어야 한다고, 자유주의 정치가는 인류 대의를 위하여 모든 것을 바쳐야 한다고 말한다. 현대의 개인들은 무엇이 되어야 하는가에 대한 '당위'로 둘러싸인 세상 때문에 자기 자신을 결코 찾지 못하고 있다는 것이다. 슈티르너는 "인간은 이제 개인이 아니라 하나의 사상이며 이념이다. 이것과 개인들의 관련성은 어린애와 어른 사이의 관련성만큼도 없으며 칠판에 쓰이는 분필 끝과 어떤 생각 사이의 관련만큼이나 무관한 것이다"라고 강조하였다. 가능성과 이념의 도덕적 명령은 역시 사고에 의하여 공식화되었기 때문에 존재하게 된 것이다. 지배제도의 이념이 사회의 도덕적 명령이 된 것이다. 과거에는 교회가 그의 시녀인 성직자와 함께 지배적인 제도가 되었으며, 19세기에는 국가가 그 전파자인 교사와 함께 그렇게 되었다. 슈티르너는 "성직자나 교사의 시대가 지속되는 한 사상가들이 세계에 군림을 한다. 물론 그들이 생각하는 것은 가능할 수 있다. 그러나 가능한 것은 실현되어야 하지 않는가?"라고 말했다.[9]

슈티르너는 개인이 자신을 소유하기 위해서는 학교교육을 통해서가 아니라 의지의 작용을 통해 신념을 획득해야 한다고 믿었다. 다시 말해서 어떤 것을 믿고 그 믿음에 따라 행동하는 것이 유용함을 사람들이 알게 되어야 하며, 모든 생각과 행동들은 그것들이 어떤 가치를 갖는가 하는 관점에서 판단되어야 한다고 믿었다. 슈티르너는 주로 유년에 종교적 교리문답을 배우는 것과 뒤늦게 교회에 나가는 것을 선택하는 것 사이의 차이를 부각시켰다. 한편으로는 어린 시기에 종교를 신봉하는 것을 배움으로써 머릿속에 잘 없어지지 않는 톱니바퀴를 집어넣게 된다는 것이다. 종교는 슈티르너가 말했듯이, '인간을 거기에다 예속시키는 하나의 관념'이 된다. 다른 한편으로는 올바른 지식에 바탕을 둔, 그리고 자신이 무엇이 되어야 한다는 식의 신념에 전혀 얽매이지 않는 '이성의 훈련'을 거쳐서 종교를 선택할 경우 그 신념은 그 사람에게 '소유되었다'고 할 수 있다. 만약 사람들이 어떤 사상을 소유했다면 그것을 제거할 수도 있을 것이다. 이것은 사상이 개인을 소유하지 않기 때문이다.

물론 이러한 선택이 종교의 경우에 주어진다면 어느 누구도 그런 믿음을 가지지 못할 것이라고 슈티르너는 주장했다. 사람들이 진실로 자기 자신을 소유했다면 교리의 가르침에 의존하고 있는 종교와 국가가 쓸모없음을 깨닫게 되어 선택을 하지 않을 것이다.

슈티르너는 또 근대국가의 평등이념을 비판했다. 국가 내에서의 평등은 단순히 국가가 공평하게 취급한다는 것에 불과하다. 슈티르너는 "국가의 시민으로서 그들은 분명히 국가에 대하여 평등하다. 그러나 국가는 다른 무엇을 위해서가 아니라, 국가의 특수한 목적에 따라 그들(시민들)을 분류하여 앞서 가게 하거나, 아니면 뒤처지게 만든다. 더구나 국가는 어김없이 그들을 선량한 시민과 나쁜 시민으로 구별한다"고 했다. 평등과 자유의 틀 속에서 근대국가는 모든 것을 그 자체의 목적에 맞추어버렸다. 법 앞에서의 평등이 불공평의 종말을 뜻하지는 않았다. 왜냐하면 모든 사람들이 정당하지 못한 법률 아래서 공평하게 취급될 수도 있기 때문이다.[10]

중요한 문제는 국가의 정당성에 대한 신념이다. 만일 사람들이 시민이 되어 국가를 위해 살아간다면 국가는 모든 행위를 신성시할 수도 있다. "만일 국가의 안녕이 목적이라면 전쟁도 신성한 수단이 된다. 정의가 국가의 목적이라면 살인도 신성한 수단이 된다. 이것은 '사형집행'이라는 신성한 이름으로 불린다. 신격화된 국가체제는 그것에 봉사할 수 있는 모든 것을 신성화한다." 국가는 사회의 지배 엘리트를 위한 권력 도구이다. 만약 엘리트가 국가의 이름으로 살인을 하면 그것은 정의이고, 만약 시민이 보복으로 살인을 하면 그것은 범죄라는 것이다. 이 같은 상황은 단지 사람들이 국가라는 개념을 믿도록 교육받았을 경우 성립한다. 교회가 신을 위한 도덕심을 가르치는 것과 꼭 같이 학교는 국가를 위한 시민정신을 가르쳤다.

슈티르너는 교육에 대해 사려 깊게 생각한 결과, 지식은 '자아소유'의 매개체이고 사람들 자신에게 유용한 것이 무엇인지를 선택하게 하는 도구가 된다는 생각을 제시했는데 이것은 국가문제의 해결책이 되었다. 슈티르너는 국가를 '개인주의자의 연방', 다시 말하면 '인간 사회의 복지'와 같은 의미 없는 추상적 관념에 헌신을 할 수 없는 자유로운 개인들의 사회조직체로 대체시킬 것을 구상하였다. 사회조직체와 제도들은 개개인의 필요에 기초를 두게 된다. 그것이 각 개인에게 유용하지 않으면, 그 제도들도 아무런 쓸모가 없을 것이다.[11]

슈티르너는 도덕적 교조와 명령들에 구애받지 않는 교육을 어떻게 이룩할 것인가, 혹은 개인이 '머릿속의 톱니바퀴'로부터 어떻게 해방될 수 있는가에 대해서 자세하게 언급한 적은 한 번도 없었으나, 이 과정은 결국 아나키스트 교육자들의 목표가 되었다. 그런데 그들은 '비교조주의적 교육' 그 자체가 스스로의 독단을 만들게 된다는 순환논법의 수렁에 자주 빠졌다. 몇몇 급진주의자들은 스스로 사회문제에 대한 강한 이데올로기적 자세를 수용하면서도 그러한 신념을 아동들에게 전수하는 것만은 두려워하는 묘한 위치에 처하였다. 예를 들면 미국의 아나키스트 골드만은 20세기 초 진보적 부모들에게 이런 경고를 한 적이 있다.

"만일 여러분이 아이들에게 신념들을 강요한다면, 당신들은 다음과 같은 사실을 알고 있어야 할 것입니다. 토마스 페인에 심취한 아이들이 교회의 품 안에서 벗어나지 못하거나, 단지 경제적 결정론과 과학적 사회주의의 유혹을 피하기 위해서 제국주의를 옹호하게 되거나, 아니면 단지 아버지 세대의 고루한 공산주의로부터 벗어나기 위해서 재산을 축적하는 데 매달리는 것을 보게 될 것입니다."[12]

자아소유를 위한 교육을 확립하려고 할 때 생기는 문제는 페레가 스페인에 세운 '근대학교'에서 드러났다. 페레는 1890년대 이 학교의 설립을 시작하면서 비교조주의적인 도서들을 찾아보려 했다. 그런데 이 일은 완전히 실패하여 결국 그 학교는 도서관에 단 한 권의 책도 없이 개교하였다.[13] 비교조주의적 교재를 찾을 수 없다면 아나키즘 교육이 진공상태로 될 위험성이 있었다. 성인들은 지식의 내용에는 상관없이 뭐든지 배우지 않는 것을 두려워한다. 이러한 극단적인 경우는 19세기에는 과학과 인간 이성의 객관적 사실에 대한 근본적인 신념이 있었던 까닭에 결코 발생하지 않았다. 사람들이 배워서 자신의 이익을 위해 이용할 수 있는 일단의 객관적인 자연적·사회적 법칙들이 존재한다는 무엇보다도 우선하는 신념이 있었던 것이다.

페레는 과학과 합리주의의 구조 속에서 교조주의적 통제에서 벗어나기 위한 자아소유의 교육을 실시하려고 하였다. 그는 교사의 역할이란 아동들에게 이성의 영역 속에서 자라게 될 이념의 싹을 심어주는 것이라고 믿었다. 이이념의 싹은 정확히 과학의 형태를 띠게 될 것이다. 그는 "인간의 두뇌 에너지의 작용이 예술과 철학의 도움으로 이념을 창조할 수 있다고 말한다. 그러나 이 이념이 우화나 신비적이고 비현실적인 환상으로 전락하지 않기 위해서는…… 객관적인 과학은 확고부동한 기초를 확립하는 것이 절대 필요하다"[14]고 하였다. 객관적인 과학을 가르치는 유일한 목적은 이성을 사용하기 위한 토대를 제공하는 것이었다. 교육은 사람들을 선량한 시민, 종교적 인간, 또는 심지어 착한 사람으로 만들기 위하여 고안된 것은 아니었다. 그러한 목표는 어느 것이나 다 교조적이고, 당위적인 이념을 강요하는 것으로 이루어졌다. 페레의 '근대학교'에 상벌제도가 없었던 것은 바로 이런 이유 때문이었다. 페레는 "우리는 특정 목적을 위하여 교육하는 것이 아니므로 아동이 유능한지 무능한지를 결정할 수 없다"고 하였다. 다시 말해서 특정한 목표나 목적이 없는 교육과정에서는 아동에게 상을 주거나 벌을 줄 수가 없는데 이것은 벌을 받을 대상이 없기 때문이다.[15]

물론 몇 가지 목표가 있기는 하였다. 이러한 목표들이 비교조주의적 교육 이념을 패배시키느냐, 아니냐 하는 질문은 아나키스트 교육자들에게 끊임없이 논쟁거리가 되었으나, 결국 완전히 답할 수 없는 문제로 판명되었다. 페레는 다음과 같이 명쾌한 언급을 하였다.

"인간이 다른 한 인간에게 예속되어 있는 한, 폭정과 노예제도는 존재할 것이라는 사실을 아동들에게 알려주고, 만연된 무지의 원인이 무엇인가를 공부하고 기존 사회체제를 지탱하는 모든 전통적 관습의 근원을 알게 하여 학생들의 관심을 이와 같은 문제로 쏠리게 하는 것이 합리적 학교의 목표가 되어야 한다."

페레는 분명히 이런 목표에 제기되는 비판에 대해서는 어떤 것이라도 하찮은 것으로 넘겨버렸다. 그는 학생들을 이데올로기에 예속시키지 않고 가르칠 수 있는 일련의 객관적 사실이 있음을 확신하였다.

그 한 예가 그의 수학 교육방법이었다. 이것은 지식을 통해 인간이 자유로워지느냐, 아니면 예속이 되느냐 하는 예로 앞부분에서 이미 논한 바 있다. 페레는 생산물의 공정한 분배, 통신, 운송, 기계의 효용 및 공공사업을 다루는 예들을 통해 수학을 가르칠 것을 바랐다. "한마디로 말해서 '근대학교'는 수학이 진정 무엇이어야 하는가를 보여주는 몇 가지 문제들을 제기하고 있다. 수학은 노동경제를 '올바른 분배'라는 어원적 의미로 파악하여 사회경제에 관한 과학이 되어야 할 것이다."[16] 이런 의미에서 객관적 사실과 지식은 특별한 의미를 지닌다. 그것은 개인이 자신의 자유를 유지하기 위하여 그것을 이용할 수 있다는 의미에서 객관적이었다. 기존 경제의 틀 속에 위치했던 수학은 개인을 체제 속에 편입시키는 방편일 뿐이었다. 반면 더욱 공정한 경제구조를 창조하기 위한 도구로 제시된 수학은 개인을 자유롭게 할 수 있는 지식이 된다.

이러한 방법의 또 하나의 예는 골드만의 전통적인 역사교육 방법에 대한 비판이었다. "세상만사가 어떻게 값싼 인형극처럼 되어가는가를 보라. 인형극에서는 항상 몇 명의 줄잡이가 전체 사건의 진행과정을 조종하도록 되어 있다"고 쓰고 있다. 통치자, 정부, 그리고 영웅들의 활동만을 강조하는 역사는 개인으로 하여금 소수의 지도자만이 인간사를 주도하고 대부분의 민중은 사회에 수동적으로 존재하도록 하는 조건을 만든다. 역사란 모든 대중이 참여하여 역사의 방향을 능동적으로 이루어가는 대중의 능력을 중요시해야 한다고 골드만은 믿었다. 전통적 방식으로 제시된 역사는 인간을 권위적인 제도의 노예로 만들었다. 그러나 모든 사람들을 능동적 행위자로 기술하는 역사는 개인으로 하여금 미래를 형성할 수 있는 힘을 배우도록 한다.[17]

이와 같은 경우를 통해서 볼 때 교육과정은 교조주의와 도덕적 훈시에서 벗어나 개인에게 자유를 획득할 수 있는 자료를 제시한다. 그러나 이러한 방법의 문제점은 이해하려는 욕구 없이 어떻게 개인이 특정 이데올로기를 배울 수 있을까 하는 문제를 빠뜨렸다는 점이다. 종교적으로 되지 않고 어떻게 종교를 배울 수 있을까? 실제로 아동을 모든 신념들로부터 반드시 고립시켜야만 하는가? 어떤 신자가 자신의 신앙 동기를 말하는 것에 귀를 기울임으로써 특정 이데올로기의 진정한 의미를 더 잘 배울 수 있지는 않을까?

이러한 어려움을 극복하는 한 방도가 기독교 아나키스트이자 소설가인 러시아의 톨스토이에 의해 제시되었다. 톨스토이는 1860년대에 학교를 설립했다. 톨스토이는 교육의 개념을 '문화'의 개념과 대체함으로써 그 문제를 해결하였다. 그는 문화·교육·수업·교수의 개념들은 명백히 구별되어야 한다고 주장하였다. '문화'는 개인의 성격을 형성하는 모든 사회적 힘으로 정의하였고 '교육'은 사람들에게 특정 형태의 성격과 습관을 부여하려는 의식적인 시도로 정의되었다. 톨스토이는 "교육은 한 사람이 다른 사람을 자신과 똑같이 만들려는 경향이다"라고 했다. 교육과 문화의 차이는 '강제'에 있었다. '교육'은 억압상태에 있는 문화이다. 반면 '문화'는 자유롭다. 톨스토이는 수업과 교수는 둘 다 교육과 문화에 관련되어 있다고 했다. '수업'은 한 사람의 정보가 다른 사람에게 전수되는 것이며, '교수'는 육체적 기술의 수업이다. 톨스토이는 수업과 교수가 자유로울 경우에만 문화의 도구가 된다고 했다. "교수가 생도들에게 강요되고 수업이 배타적일 때, 그리고 교육자가 필요하다고 간주하는 주제들만 가르칠 때, 그것들은 '교육'의 수단이 된다"고 주장하였다.[18]

그러므로 학습은 '교육'의 과정이 아니라 '문화'의 과정이 되어야 한다. 학교는 간섭을 하지 않음으로써 학생이 스스로 배우고 싶은 것을 자유롭게 배울 수 있도록 해야 한다. 톨스토이는 학교를 "문화를 받아들이는 사람에게 그것을 전달하는 인위적이고 의식적인 활동"으로 정의했다. 학교에서의 '간섭 배제'란 것은 "사람들에게 …… 자신의 욕구에 부응하고 자신이 원하는 가르침을 받을 수 있는 충분한 자유를 허락하는 것이다 …… 자기가 필요로 하지도 않고 원하지 않는 가르침은 피하는 것"을 의미한다. 박물관 견학과 공개강연이 간섭 없는 학교의 예가 된다. 이 학교는 일정한 목적 달성을 위해서 의도적으로 계획된 것이지만 이용자가 참석하거나 말거나는 그의 자유다. 반면에 기존의 학교와 대학은 상벌제도를 이용했고, 특정 목표를 달성하기 위해 연구 분야를 제한했다. 비간섭 학교는 일정한 계획이 없는 학교이며, 교사들이 자기가 원하는 대로 가르칠 수 있고, 학생들의 요구에 의하여 그들이 제시하는 것이 조정된다. 이 학교는 교수 내용이 어떻게 이용되며, 학생들에게 어떤 효과를 미칠까라는 문제에 관심을 가지지 않는다. 학교는 교육의 장소가 아니라 '문화'의 장소가 될 것이라고 그는 주장하였다.

톨스토이는 사람을 그 무엇으로 변화시키려는 모든 강제적 제도를 폐지함으로써 슈티르너의 자아소유의 문제점을 본질적으로 해결하려고 하였다. 자율을 허용하면 가장 훌륭하고 가치 있는 삶을 선택할 것이라는 강한 신념을 전제한 것이다. 기독교적 아나키스트였던 톨스토이에게 있어서, 자율은 자기를 신의 자비에 의하여 다스리도록 허용하는 것을 의미하였다. 물론 이것은 페레와 같은 엄격한 합리주의자와 슈티르너와 같은 반종교적 사상가들에 의하여 거부당하였다. 하지만 종교적 논쟁을 논외로 한다면, 교사와 학생의 관계에 초점을 맞춘 자율의 문제에 대하여 슈티르너와 톨스토이 사이에는 견해의 일치를 보일 여지가 있다. 교사-학생의 관계가 전통주의적이고 학교가 계속해서 특정 결과를 의도적으로 계획하는 한, 자율은 불가능하다는 것에 아마도 두 사람은 모두 동의하였을 것이다.

학생과 교사의 관계에 대한 슈티르너의 분석은 현대사회에서 인간의 노예화를 이해하는 데 가장 많은 기여를 한 것 중의 하나다. 자아소유는 단순히 개인에게 도덕적 명령이나 교리를 강요하지 않는다는 것 이상의 문제이다. 즉 이것은 또한 의지의 자유로운 행사의 문제이기도 했다. 교사 대 학생의 관계가 존재한다는 것 자체가 개인의 의지를 굳어버리게 한다. 사실 이러한 관계는 개인으로 하여금 자신의 의지를 단념하도록 하고, 사회제도의 권위에 의존하도록 준비시키는 것이었다.

슈티르너는 '가르쳐지는' 지식이 개인을 창조적 인간이 되게 하기보다는 단순한 학습자로 변형시켰다고 믿었다. 학습자들은 어떻게 행동할 것인가를 지시하는 전문가와 제도에 점점 더 종속됨으로써 자유의지를 상실한다. 그들은 어떻게 행동할 것인가를 스스로 '결정하기'보다는 단순히 배우기만 함으로써 자유의지를 발휘하지 못한다.

"단순한 학습자가 아니라 창조적 인간으로 교육받을 곳이 어디인가? 어디에서 교사가 같이 일을 하는 동료로 변할 것인가? 어디에서 지식을 의지로 변화시키는 것을 인식할 것인가? 단순히 교육받은 인간이 아니라 자유로운 인간을 중요한 목표로 생각할 곳이 어디인가?"[19]

사람들이 단순한 학습자로 전환되는 것을 막기 위해서 교육학의 목표는, 개인의 자아각성과 행위능력을 획득한다는 면에서 자아계발에 두어져야 할 것이다. 기존 학교는 의지의 자유와는 반대 작용을 하고 있다.

당대의 교육 발전을 논한 슈티르너는 종교개혁 이후의 인문주의적 전통의 교육이 권력의 원천이 되었다고 주장하였다. "……권력으로서의 교육은 권력을 소유한 강자를 권력을 결여한 약자 위에 올려놓았으며, 교육받은 사람은…… 위대하고 강력하며 위압적인 존재로 간주되었다. 왜냐하면 그는 권위를 가지고 있었기 때문이다." 한편 '보편교육' 이념의 등장은 실제생활을 위한 훈련된 시민의 양성을 목적으로 하는 새로운 체제로서 인문주의 학자들의 권위를 손상시켰다. 대중교육체제에서의 권위는 한 사람이 다른 사람 위에 군림하는 것이 아니었다. 그것은 실제적이고 유용한 것에 관한 교리의 권위였다. 이 새로운 교육적 권위는 학자에 대한 추종이 아니라 실용적 이데올로기에 대한 추종이었다. 그러나 어느 생각도 슈티르너의 마음에 들지 않았다. "……인문주의자의 무리로부터는 학자만이 나오고, 현실주의자로부터는 실용적 시민만이 양성되는데 그들은 모두 '복종적 인간들'에 불과한 것이다." 실생활을 위한 교육은 다음과 같은 준칙에 따라 행동하는 원칙적인 인간만을 길러냈다고 슈티르너는 믿었다. 즉 "대부분의 대학생들은 어떤 불행한 사태에 직면하여 모범을 보이고 있다. 가장 우수한 방법으로 교육과

훈련을 받았기에 그들은 계속해서 교육과 훈련에 참여할 수 있다"는 것이다.[20]

슈티르너의 논의 테두리 내에서 19세기 공립학교의 성장은 또 다른 의미를 가진다. 우리가 지적했듯이, 학교는 실생활을 위해 훈련된 유용한 시민들을 양성한다는 생각과 밀접하게 결합되었다. 학교는 아동을 전인적 아동으로 육성할 책임을 지고 있었다. 개인의 자유의지와 독창력은 교사의 전문지식에 복속되었다. 개인이 노예화된 것은 개인의 행동이 교육의 생산대열로 인계된 결과였다.

이 개념을 완전히 이해하기 위해서는 그것을 학교발전이라는 폭넓은 역사적 구조 속에서 보아야 한다. 19세기의 학교에서 슈티르너가 목격한 것은 사회화 과정의 고착된 '제도화'였다. 서구사회에서 항상 어떤 형태의 학교가 존재해왔지만 그 역할은 톨스토이가 언급한 가르침과 교수였지, '교육'은 아니었다. 학교는 거의 교회나 생활에 필요한 읽기, 쓰기, 그리고 기술을 가르치기 위해 자발적 기부금의 기반 위에 세워졌다. 물론 교회는 자신의 도덕적 목적을 위해 학교를 발전시켰다. 개인이 어떻게 행동할 것인가를 배우는 방법은 대부분 가족과 공동체 내에서의 삶이고 성장의 일부였다. 사회화 과정과 각 개인이 살아가는 세상 사이에는 간격이 거의 존재하지 않았다. 의지활동과 행위는 생활의 일부가 되어 개인은 자신의 행동을 사회와 상호작용해서 이루어진 산물로 보았다.

그렇지만 학교는 빠른 속도로 사회화의 중심기관으로 변해갔다. 학교는 개인을 좀 더 완전하게 교육해서 주형하는 책임을 점차 크게 떠맡아갔다. 이제 사회화가 공동체의 삶이 되기보다는 학교생활의 부산물이 되어버렸다. 19세기 말경에 존 듀이John Dewey와 같은 교육자는 이러한 상황에 대해 관심을 표명했고, 학교가 주변 세계의 실제생활을 반영하는 공동체가 될 것을 요구하였다. 듀이와 같은 교육자들의 관점에서 볼 때는 학교가 사회화의 중심기관으로 받아들여져야만 했으며, 중요한 것은 학교를 실제의 생활공동체로 전환시켜 유용하게 조성하는 것이었다.

슈티르너는 학교에서의 지식이 의지의 작용과 행위과정의 일부로 발전되는 것이 아니라, 교사에 의해 가르쳐진 지식이 학생들에 의해 행동화되는 식으로 발전되었다고 주장하였다. 결국 학교가 개개인에게 실제로 가르치는 것은 단순한 학습자가 되게 하는 방법이었다. 이것은 슈티르너를 19세기의 다른 아나키스트 교육가들과 멀어지게 했다.

그는 페레가 비교조주의적 교육을 원했기 때문이 아니라, 학교를 원했기 때문에 그의 입장에 반대하였다. 톨스토이적 표현으로 말하자면, 슈티르너는 사회화가 교육의 산물이 아니라 문화의 산물로 이루어지는 사회를 원했던 것이다. '자아소유'는 도덕적 교리와 명령으로부터의 자유, 그리고 권위주의적 기반에 종속되지 않는 의지, 즉 학교 자체로부터의 자유를 의미했던 것이다.

20세기에 와서 이 주제는 일리히가 자세히 다루었다. 일리히는 교사-학생 관계가 현대인이 대중 소비사회로 예속되는 중추인 것과 같다고 보고 있다. 그는 학생들이 학교에서 교육자의 판단만 믿고 자신의 판단을 불신하는 것을 배운다고 주장한다. 개인은 학교에서 일하고 공부하며, 여가시간을 활용하고 생활을 즐기는 데 있어 적절하고 사회적으로 유용한 방식을 배운다. 학교는 생활의 모든 면에 대한 일괄적인 프로그램을 제공하는 사회를 받아들이도록 개인을 준비시킨다. 전문가가 규정하고 인정할 때까지 개인의 의지는 작용하지 못한다. 일리히는 1971년 다음과 같이 말했다.

"……서비스 중심의 경제에서는 인간은 자기가 '만든' 것뿐만 아니라 '활동한' 것으로부터도 소외되며…… 자기의 정신과 마음은, 자신의 노동의 결실을 팔아버린 것보다도 훨씬 더 철저하게 정신치료자에게 내맡겨졌다."

일리히가 볼 때 "학교는 인간을 학습으로부터 소외시켰다." 학교교육 과

정은 개인을 완전히 전문가와 제도의 권위와 통제에 떠맡겨버렸다.[21]

일리히는 학교가 존재하지도 필요하지도 않는 사회를 건설하는 것이 유일한 해결책이라는 생각을 분명하게 표명하지만, 슈티르너의 사상에는 함축적으로 나타나 있다. 이것은 기술을 전수하는 제도의 종말을 뜻하는 것이 아니라, 사람들을 조종하여 무엇인가를 만들 목적으로 고안된 교육과정을 이루고 있는 제도의 종말을 의미한다. 그런 사회가 되면 지식과 학습은 실제 생활 과정과 연결되어 개인적으로 유용하게 될 것이다. 지식과 학습이 어떤 특정한 제도 속에 위치하지는 않을 것이다.

'학교 없는 사회a society without school'라는 개념이 함축하고 있는 것은 교리와 도덕적 명령의 씨앗을 키우고 있는 다른 모든 제도와 결별을 선언하는 것이다. 어떻게 보면 교회와 국가는 그 자체가 사람들이 어떻게 행동해야 하고 무엇이 되어야 한다는 생각을 가지게 하는 학교와 같은 것이다. 학교 없는 사회가 된다는 것은 권위와 신비주의가 없는 사회가 되는 것이다. 이것은 제도가 권력의 원천이 아니라 개인적 필요와 유용성의 산물이 되는 '자율적인 사회'가 되는 것이리라.

사람들은 비권위주의적인 사회가 도래하는 것을 원하고 있으며, '근대학교'는 그런 방향으로 나아가는 시도라고 페레가 말한 것을 볼 때, 그도 '탈학교 사회'라는 생각에 분명히 동조했을 터이다. 슈티르너는 머리를 톱니바퀴와 같은 이념으로 가득 채우지 않고서 지식을 전달하는 문제가 해결될 수 없다고 하였다. 그러나 펌Elizabeth Burns Ferm(미국의 교육자, 한때 미국식 '근대학교'의 교장을 지냄)이 1907년에 쓴 것처럼 슈티르너는 '아동에게 어떤 인상을 심어주려고' 애쓰는 것은 교육자가 피해야 할 사실임을 확신하고 있었다.[22]

20세기에 아나키스트 그룹은 학교교육의 개념을 거부하거나 비권위주의적 학교를 설립함으로써 앞서 말한 교육 목표를 달성하려고 애썼다. '해방적' 학교제도를 수립하려고 부심한 사람들은 통제의 제도화를 피할 수 있는 학습센터를 고안하려 하였다.

현대 아나키스트들이 직면한 문제 가운데 하나는 개인의 의지 활동을 통하여 자신이 성장하고 계발될 여지를 거의 남겨놓지 않는 고도의 조직화되고 합리화된 기술사회에 살고 있다는 점이다. 도시 산업사회는 이미 너무 고도로 조직되어서 아동들은 자신들만의 세계를 개척하여 건설할 기회를 거의 찾을 수 없다. 여기에 또 교육지도자들이 사용하는 시설과 도구, 즉 개인의 발전을 이성화하는 데 사용되는 대량 생산된 학습보조 교재와 놀이기구 등이 획일화되고 있다. 아나키스트들의 전통은 이데올로기 강요로부터의 해방뿐만 아니라 자아계발을 위한 자유까지 요구한다. 그리하여 20세기에는 자아계발을 위한 환경의 창조를 위해 기획된 광범위하고 다양한 교육적 실험들이 나타났다.

페레와 닐에 의해서 시작된 '근대학교' 운동은 이러한 아나키스트적 관심의 일부분을 보여준 것이다. 1950년대와 1960년대에 '자유학교'와 '대안적' 교육 형태들을 설립하려는 훨씬 광범위한 운동 속에서 이는 더욱더 입증되었다. 자유학교 운동은 과도하게 구조화되고 합리화되었다고 생각하는 세계에 자아계발을 위한 환경을 조성하려는 시도였다. 예를 들면 1960년대의 '자유학교' 이념의 선두 중 하나는 1940년대의 '자유놀이터' 운동이 발전된 것이다. 이 운동은 사람들이 세계를 자신의 목적을 위해서 조정하고 사용할 수 있도록 세계를 재구성하려는 아나키스트적 관심의 표현이었다.[23] 최초의 자유놀이터는 1943년 코펜하겐에서 시작되었다. 그리고 제2차 세계대전 직후 그 착상은 스웨덴, 스위스, 그리고 미합중국으로 퍼졌다. 스톡홀름에서는 놀이터가 '자유도시'로, 미니애폴리스에서는 '마당'으로, 그리고 스위스에서는 '로빈슨 크루소 놀이터'로 알려졌다. 모험하는 놀이터를 만드는 기본 원리는 오로지 원자재와 공구, 나무토막, 못, 고철, 삽, 그 밖에 집 짓는 장비 등으로만 꾸민다는 것이다. 거기에는 공장에서 만든 그네나 시소 따위는 없

었다. 아동들에게는 본질적으로 그들의 놀이터를 세우고 부수고, 다시 세우는 방법이 제공되었다.[24)]

모험하는 놀이터 운동에서 흥미로운 점은 새로운 권위적 통제 요소, 예를 들면 고도로 구조화된 학교나 놀이터에 나타나는 바와 같은 도시 산업환경, 그 자체에 대한 비판이 함축되어 있다는 것이다. 놀이터에 이미 만들어놓은 시설물은 놀이 그 자체가 구조화되어 창의성이나 실험의 여지가 거의 없기 쉽다. 이런 점에서 자유학교 또는 자유놀이터는 아동에게 구조화되지 않은 환경을 체험할 기회를 제공할 수 있다.

이런 맥락에서 우리는 1960년대의 자유학교 운동에 개입한 아나키즘이 교육문제에 한 가지 해답을 제시하고 있음을 이해할 수 있다. 자유학교는 권위적 통제에서 벗어난 오아시스요, 지식을 자유롭게 접하게 하는 수단이었다. 겉만 본 사람이라면 '자유학교'가 모순된 것 같다고 주장할 수 있을 것이다. 톨스토이가 말했듯이, 학교가 사람들을 '어떤 것'으로 만들려는 의식적인 시도라면 어떻게 학교가 자유로울 수 있단 말인가? 자유학교 운동은 과거에도, 그리고 지금도 여전히 부분적으로 닐의 '서머힐'에서 보였던 바와 같이 프로이트와 라이히의 심리학, 부분적으로 페레의 '근대학교'가 가장 좋은 예가 되듯이 권위에 대한 전면적 아나키즘적 관심에 그 뿌리를 둔 대단히 복잡한 것이다. 라이히와 닐에 관한 장에서 보겠지만, 그 운동의 일부분은 변화하는 심리학적 관점에서 설명될 수도 있고, 또 일부분은 자유롭게 비구조적인 환경을 제공하려는 시도의 측면에서 설명될 수도 있다. 자유학교 운동의 대중적인 지도자 중 한 사람인 데니슨George Dennison은 1966년 자신의 "최초의 거리학교는 진보적이고 실험적이다. 거기에는 학년도, 성적표도, 경쟁시험도 없다. 자기가 원하지 않을 때는 어떤 아동도 공부나 질문에 대답할 것을 강요받지 않는다"[25)]라고 썼다. 언뜻 보기에는 학년, 성적표, 시험이 없는 상황이기에 '진보적'인 것이 별로 눈에 띄지 않을 것이다. 요컨대 이것은 '마땅히 그렇게 되어야 하는' 당연한 것일 수도 있다. 그러나 더욱 넓은 관점에서 보면 이러한 변화들은 고도로 구조화되고 등급 매겨져 있으며 자아계발의 여지를 거의 남기지 않는 사회에서 '제1거리학교'가 피난처를 제시했다는 점에서 진보적이었다.

자유학교 운동의 주요한 대변인 중의 한 사람은 미국의 지도적 아나키스트 철학자 폴 굿맨Paul Goodman이다. 굿맨은 학교교육은 물론 현대사회의 성격과 방향에 관한 글을 썼다. 그는 도시적이고 기술 중심적인 구조를 분산할 것을 주장한 지도적인 사람들 중의 하나였다. 개인의 자율성 극대화에 관하여 그는 산업을 지방으로 분산시켜서 개인이 직접 기술의 사용을 조정할 수 있도록 해야 한다고 주장했다. 또한 관료기구의 지방 분산과 민주적인 지방 통제도 논하였다.[26]

굿맨은 아나키스트 전통을 계승하여 학교교육은 개인에게 딱지를 붙이고, 등급을 매기며, 증명서를 받아 사회에 돌아가게 하는 하나의 절차가 되어버렸으며, 또한 이 모든 것은 지배적 산업 엘리트의 이익을 위해 존재한다고 주장했다. 그는 1960년대 초에 쓴 『잘못된 의무교육』에서 교육의 실제 기능은 기술을 등급 지어 거래하는 것이라고 하였다. "요컨대 이것은 소수의 대기업이 거대한 선발 과정을 통하여 이익을 취하고 있고, 모든 아동이 선발 장치 속에 투입되어 모든 사람이 그 기계를 유지하는 데 드는 비용을 대고 있음을 의미한다."[27] 굿맨의 교육 계획에는 거대하고 짐스러운 학교체계를 분산시키고, 소규모 학교를 세우는 것이 포함되어 있었다. 그는 닐의 사상과 더불어 '자유학교' 운동에 방향을 제시하는 계획을 내어놓았다. 굿맨은 경우에 따라서는 학교에 교실 없이 거리, 상점, 미술관, 영화관, 공장 등이 학습장으로 사용될 수도 있음을 시사했다. 유자격 교사들을 이용하지 않고 약사, 점원, 공장노동자를 교사로 활용할 수도 있을 것이다. 그리고 가장 중요한 것은 학교가 '비강제적으로' 돼야 한다는 점이다. 도시의 학교들도

학생들과 이웃한 지역사회의 요망사항에 따라 지방 분산을 하여 작은 학교로 축소될 것이다.[28]

비판과 대안 제시를 동시에 함으로써 아나키스트의 전통에 새로운 활기를 불어넣은 사람이 바로 1960년대 후반의 일리히였다. 일리히는 학교 그 자체가 문제라고 주장한다. 학교는 이데올로기적 통제의 원천으로서 기존 사회구조를 재생산하고 또 강화한다는 것이다. 학교는 또한 사람들 자신을 학습에서 소외시켜 그들로 하여금 제도나 전문가들의 권위에 의존하도록 하는 역할을 수행하게 한다. 일리히의 '학교 없는 사회' 제안은 '자유학교' 운동이 지니고 있던 문제들을 어느 정도 극복하고 있다. '자유학교' 운동은 기존의 구조화된 사회의 문제점을 극복하기 위해 학교라는 이름의 어떤 것이 필요하다는 것을 전제로 했다. 위험스러운 것은 '자유학교'가 기존 학교보다 치료효과가 훨씬 커서 오히려 더 큰 '종속'을 낳게 할 가능성이 있다는 점이다. 자유학교에서 개인이 실제로 배울 수 있는 것은 자신에게 자유를 제공하는 시설을 자신이 필요로 했다는 점이었다. 일리히는 이러한 자유학교 개념을 거부하면서 진정한 자율이란 오로지 제도적 형태의 혁신을 통해서만 달성될 수 있다고 주장한다. '사회의 탈학교화'는 바로 이런 맥락 속에서 이루어진다.

교육이 무엇이어야 하는가에 대한 일리히의 생각은 톨스토이와 매우 비슷하다. 실제로 그는 이러한 기독교 아나키즘의 전통적 흐름 속에 있다고 볼 수 있다. 톨스토이와 일리히 양자는 사람을 조직화된 교육과정을 통하여 미리 규정한 목표에 따라 어떤 것으로 만들려고 의식적으로 노력하는 학교라는 이름의 제도를 설립하기보다는, '문화'를 경험할 기회를 사람들이 가지기를 원한다.

현대세계의 가장 긴박한 문제는 제도와 기술의 형태를 바꾸어 이것들이 개인의 이익에 공헌하도록 하는 것이라고 일리히는 주장한다. 사람들이 자신을 위해서 사용하는 공공시설들이 이 목표를 달성하는 데 도움을 줄 것이다. 이런 시설들은 그들 가운데서 어느 누구도 권력자의 위치를 차지할 수 없도록 조직될 것이다. 일리히가 제안하는 바의 요체는 학교교육의 기능을 뚜렷이 구분되는 단위들로 나누는 것이다. 예를 들어 그는 정보센터가 될 공공시설을 제안한다. 그것은 도서와 다른 매체뿐만 아니라 산업시설 방문에 관한 것, 다양한 지역 사회활동의 관찰에 관한 정보도 이용할 수 있는 일종의 확대된 의미의 도서관이 될 것이다. 주목할 만한 또 하나의 시설은 컴퓨터, 낚시, 벽돌쌓기, 역사지식 등 사람들이 자신이 가진 기술을 등록할 수 있는 장소이다. 어떤 기술을 배우고 싶은 사람들은 그런 기술을 지니고 있거나, 그것을 가르쳐줄 의도가 있는 사람을 거기서 찾을 수 있을 것이다. 정보시설에서건 기술시설에서건 개인은 자기가 배우고 싶은 정보나 기술을 무엇이든지 선택할 자유가 있게 된다. 개인을 대신해서 선택을 할 수 있거나 개인의 최대 관심사가 무엇인가를 결정해줄 수 있는 위치에 있는 사람은 아무도 없다. 두 기능이 분리됨으로써 등급 매겨진 교육과정이 존재할 가능성은 사라질 것이다. 컴퓨터 프로그래밍과 같은 기술에서는 교육과정이 있을 수 있겠지만 이 교육과정이 그 특수한 기술 이상으로 확장되지는 않을 것이다. 다른 말로 하자면 교육과정의 계획은 완전히 개인의 손에 넘겨지는 것이다. 일리히는 공통의 관심을 지닌 사람들을 연결하는 수단으로 또 다른 시설이나 의사소통 체계를 제안한다. 이것은 컴퓨터 시설, 특수한 관심거리를 취급하는 신문이나 서로 나누고 싶은 관심사를 사람들이 등록해둘 수 있는 간단한 게시물 등이 될 수 있다.[29]

일리히의 다양한 제도적 형태의 개발은, 자유학교가 자유로운 활동의 오아시스로서의 구실은 했으나 전체 사회구조의 변화에는 아무 효과도 없었던 것보다 더욱 일관성 있게 전통적인 아나키즘적 관심을 표명하고 있다. '자유학교'는 계획된 목표를 가진 학교였기 때문에 언제나 통제제도로 이용될 가능성이 있었다. 그러나 일리히의 계획은 학습과 통제의 분리를 강조하고 있다. 18세기와 19세기에 고드윈, 슈티르너, 톨스토이 등과 또 다른 아나키스트들은 이것을 당대 사회의 근본문제 중의 하나로 생각했다. 20세기에 들어 학교교육과 학교 내 통제의 심리학적 기술이 증대됨에 따라 문제는 훨씬 더 긴박하게 되었다. 슈티르너가 주장한 바와 같이 사람들은 자신들이 스스로를 진정으로 소유할 수 있기 전에는 그들의 성장에 영향을 미치는 학습과정을 통제해야 한다. 굿맨, 일리히 같은 당대의 아나키스트 교육자들과 또 다른 사람들이 계속 탐구하고 있는 것이 바로 이 학습과정의 통제라는 목표인 것이다.

***

1) Francisco Ferrer, *The Origin and Ideals of the Modern School*, pp. 89–90.

2) Jean Jacques Rousseau, *Emile* (New York : Dutton, 1911).

3) 슈티르너의 생애에 대해서는 George Woodcock's *Anarchism : A History of Libertarian Ideas and Movements* (Cleveland : The World Publishing Co., 1969), pp. 94–105를 보라.

4) Max Stirner, *The Ego and His Own : The Case of the Individual Against Authority*, trans. by Steven T. Byington (New York : Libertarian Book Club, 1963), p. 342.

5) Max Stirner, *The False Principle of Our Education*, trans. by Robert H. Beebe (Colorado Springs : Ralph Myles 1967), p. 23.

6) Stirner, *The Ego and His Own*, pp. 106–107.

7) *Ibid.*, p. 242.

8) *Ibid.*, p. 52·p. 342.

9) *Ibid.*, pp. 330–335.

10) *Ibid.*, pp. 200–209.

11) *Ibid.*, pp. 173–185.

12) Emma Goldman, "The Child and Its Enemies," *Mother Earth* (April, 1906), Vol. I, No. 2, pp. 12–13.

13) Ferrer, *The Origin and Ideas of the Modern School*, pp. 76–87.

14) *Ibid.*, p. 29.

15) *Ibid.*, p. 76.

16) *Ibid.*, pp. 86–89·89–90.

17) Goldman, "The Child and Its Enemies," p. 9.

18) Leo Tolstoy, "Education and Culture." in *Tolstoy on Education*, trans. by LeoWiener (Chicago : The University of Chicago Press, 1967).

19) Stirner. *The False Principle of Our Education*, p. 23.

20) *Ibid.*, pp. 1–25.

21) Ivan Illich, "The Breakdown of Schools : a problem of a SYMPTOM?" (Cuernavaca, Maxico 71. 04. 21), pp. 11–19.

22) Elizabeth Burns Ferm, "Activity and Passivity of the Educator," *Mother Earth* (March, 1907), Vol. II, No. 1, p. 26.

23) Colin Ward, "Adventure Playground : A Parable of Anarchy," *Anarchy* 7(1961), pp. 193–201.

24) *Ibid.*

25) George Dennison, "The First Street School," in *Radical School Reform*, edited by Ronald and Beatrice Gross (New York : Simon and Schuster, 1969), pp. 227–246.

26) Paul Goodman, *New Reformation : Notes of a Neolithic Conservative* (NewYork : Random House, 1970)와 *Communitas* (New York : Random House, 1965).

27) Paul Goodman, *Compulsory Mis-Education and The Community of Scholars* (New York : Vintage Books, 1966), p. 57.

28) *Ibid.*, pp. 30–34.

29) Ivan Illich, *Celebration of Awareness : A Call for Institutional Revolution* (New York : Doubleday, 1971)과 *De-Schooling Society* (New York : Harper & Row, 1971)를 보라.

6_
비판의식의 각성과
혁명적 학교

마르크스는 슈티르너를 사유방식에 반란을 일으킨 사람으로 비판하였
는데, 그는 "사람들의 머리에 있는 이념을 두드려 깨우치면 기존 현실은 붕
괴될 것"[1]이라고 생각했다. 마르크스는 이것을 두고 사람들이 몸이 무겁다
는 생각에 사로잡혀 물에 빠진다고 믿는 것과 아주 비슷하다고 비판하였
다. 즉 자신의 머리에서 유출되어 나온 이념이 미신 내지는 종교적인 이념이
라는 것을 머리를 두드려 깨우쳐 나타내 보이면 물에 대한 두려움은 없어진
다는 것이다. 인간의식을 통제하는 '유령'만을 이야기하고 그것을 만들어낸
'사회현실'은 얘기하지 않는다는 것은 옳지 않다. 사회적 현실을 의식과 연
결시키는 것은 교육방법론에 중대한 의미를 준다. 이러한 생각은 로저스 Carl
Rogers 같은 20세기 인간주의 심리학자들의 교육 제안과 브라질의 교육자
프레이리Paulo Freire의 교육방법론에 주요한 부분을 차지하였다.

20세기 중엽 브라질에서 성인을 위한 문맹퇴치 교육을 펼친 프레이리는
마르크스의 의식이란 개념을 교육방법과 결합시키는 시각을 개발하였다.
그는 사고와 행위가 분리된 학습은 의지를 사회적 행동과 결합시킴으로써

극복될 수 있다고 하였다. 이때 학습은 비로소 '개인해방'의 도구가 되는 것이다. 프레이리는 1959년 브라질 레시페 대학의 박사학위 논문에서 그의 교육방법론을 처음으로 시도하였다. 교육사·교육철학 교수로 재직할 동안 그의 교육방법은 브라질 북동부에서 실시되었다. 프레이리는 1964년 군부 쿠데타 이후 교육활동으로 인해 투옥되었다. 그는 브라질을 떠나라는 권유를 받아 칠레에서 5년간 일하였고 이후 하버드 대학의 자문위원이 되었다. 멕시코에 있는 일리히의 국제문화조사센터에서 행해진 1970년과 1971년의 프레이리의 강연은 남미 전역에서 온 유학생들을 매혹시켰다. 멕시코와 기타 라틴아메리카 국가들에서 그의 방법론이 도시지역이나 농촌지역 전역에서 실시되었다. 프레이리는 20세기 가장 중요한 교육철학자 중의 한 사람이다.

프레이리의 교육방법론의 중심을 이루는 '인간성'의 개념은 마르크스에게서 그 기원을 찾을 수 있다. 프레이리는 현대사회에서의 개인의식의 발달과 소외에 관심을 두었다. 그의 '인간 잠재력'이란 개념은 여러 측면에서 마르크스가 정의했던 '의식'의 의미를 구체화한 것이고, 슈티르너의 '자아소유'란 개념을 표현한 것이다. 프레이리 교육방법을 파악하려면 그의 '인간성'의 개념을 이해해야 한다. 이 개념을 강조하지 않으면 프레이리의 모든 방법론이 보잘것없는 것으로 떨어질 위험이 있다. 프레이리는 사회적 삶의 목표란 세계를 '인간화'하는 것이라고 주장한다. 이것은 각 개인에게 영향을 미치는 사회적 힘을 의식하고 그 힘을 깊이 되새겨서 현실세계를 변혁해갈 수 있도록 하는 과정이다. 인간답게 된다 함은 스스로 선택을 하여 자신의 운명을 다스리려는 행위자가 되는 것이다. 자유로운 행동인이 된다는 것은 자신이 누구이며, 어떻게 주위의 사회적 세계에 의해 형성되었는지를 인식하는 것이다. 개인의 의식과 이데올로기를 결정하는 것은 바로 개인이 속해 있는 사회적 세계와 환경이다. 이러한 영향을 주는 결정요인을 자각하며 인식하지 않고 인간화를 이룩한다는 것은 불가능하다.

프레이리의 용어를 빌리면 '인간화된 세계'와는 정반대인 '비인간화의 세계'는 자기 자각이 없고 현실을 결정하는 역사적 힘을 의식할 수 없는 세계이다. 이러한 의식이 없다면 민중은 역사적 흐름 속에서 행동인이 되지 못하고 단순히 역사에 의해 행동이 결정된다. 이러한 억압의 상황이 프레이리가 말하는 '침묵의 문화'이다. 침묵의 문화란 단순한 무지의 산물이거나 교육 그 자체의 산물이다. 브라질 농민들은 완전한 무지의 상태에 빠져 침묵의 문화에 묶여 있기에 그들을 가난하게 만든 힘을 결코 알아차릴 수가 없었다. 또 한편으로는 먼저 가난을 조장했던 사회체제 자체는 농민을 오직 동화시키려는 교육 프로그램이었기에 '해방적 힘'이 되지 못했다. 프레이리는 교육이 머릿속에서 인간의 자아의식을 방해하는 이념을 생산해낸다는 슈티르너의 생각에 동의했다.

마르크스가 말했던 '인간화'의 개념에서 '의식'이란 '의식적 존재', 그 이상의 어떤 것이 결코 아니며 인간존재는 실제로 살아가는 삶의 과정 자체라는 것이다. 교육학적 관점에서 의식을 확산시킨다는 것은 삶의 과정을 자각하도록 하는 것이다. 그러나 마르크스의 관점에서 보면 삶은 의식에 의해 결정되는 것이 아니라, 오히려 의식이 삶에 의해 결정된다고 할 수 있다. 이 점은 마르크스가 슈티르너에게 가한 비판이다. 개인은 외부세계와 상호작용을 함으로써 주체적인 세계관과 자아관을 결정한다. 다시 말하면 개인은 자기가 누구인가 하는 자아 개념을 사회와의 관계라는 본질 속에서 학습한다. 외부세계와의 상호관계는 또한 이데올로기와 세계에 관한 지식을 창출해낸다. "우리는 먼저 실제적이고 활동으로 인간으로부터 출발한다. 그리고 우리는 실제로 삶을 바탕으로 이 삶의 과정이 이데올로기적으로 반영되는 투영된 것이 발전된 것임을 나타내 보인다."[2]

프레이리에 있어서 객관적 세계를 안다는 것은 자기 자신을 자각하기 시작하는 것이다. 학습이 의미가 있으려면 이것은 개인의 삶의 과정과 결합되어야 한다. 프레이리의 문맹퇴치 교육방법은 민중의 일상생활에 대한 구체적인 연구에서 시작되었다. 예를 들면 조그만 마을에서 팀으로 구성된 교육자들이 마을 주민들과 공동으로 활동하면서 그들 삶의 현실 문제를 끄집어내어 발전시키는 것이다. 이때 문제들은 주민들에게 그림, 테이프, 또는 적당한 형태의 매체로 제시된다. 이러한 문제 표출에는 토론의 바탕이 될 수 있는 문화의 문제나 모순이 포함될 수 있다. 프레이리는 다음과 같이 말한다.

"어떤 기본적 모순을 통하여 우리는 사람들에게 실존적이고 구체적인 현실상황을 단순히 지적인 차원이 아니라 실천의 차원에서 도전을 하고 응답을 요구하는 문제로 제기하여야 한다."[3]

하나의 예로 한 술 취한 사람이 거리를 비틀거리며 걸어가고 세 사람이 길모퉁이에 서서 이야기하고 있는 장면이 제시되었다. 이 장면은 산티아고의 공동주택에 살고 있는 사람들에게 그들의 사회조직과 문화의 인과관계에 대한 의문들을 제기하기 위하여 제시된 것이다.[4] 이런 상황 묘사로 시작되는 토론은 문맹퇴치 운동의 근본을 이루는 '어휘'의 출처가 된다.

언어란 학습자의 삶의 과정에 직접 연계되어 자기 인식의 원천이 된다. 각 개인은 그들의 세계를 이해할 수 있는 어휘들을 사용하여 읽고 쓰는 것을 발전시켜감에 따라 자아의식을 꾸준히 확장시킨다. 프레이리에게 있어서 문제의 표출을 통한 문맹퇴치는 개인의 세계를 '객관화'하는 수단이 된다. 또한 이것은 개인이 세계를 생각하는 데 필요한 도구가 되기도 한다. '침묵의 문화'는 민중들을 자신의 생활과 떨어져 바라볼 수 없게 하고 성찰의 수준까지 나아가지 못하게 한다. 문제의 표출을 둘러싼 대화는 성찰의 도구가 되고 문자 해독 능력과 자아의식의 기초가 된다.

이런 테두리 속에서 이루어지는 학습은 해방의 출발점이 되어 사회변혁의 수단이 된다. 민중들은 그들의 삶의 활동을 철저하게 인식하지 못하기에 '비인간화'된다. 이것이 바로 침묵의 문화 속에 사는 민중이 그들의 세계를 변혁시키는 데 아무 일도 할 수 없는 이유이다. 프레이리는 마르크스의 다음과 같은 생각에 동의한다.

"동물은 삶의 활동 자체만을 가진 존재이다. 동물은 자기 자신을 활동과 구별하여 인식하지 못한다. 동물은 자신의 활동 자체뿐이다."[5]

이렇게 보면 침묵의 문화 속에 사는 사람들은 단순히 동물의 활동 수준에 머물러 있다고 볼 수 있다. 사실상 정치적·경제적 억압의 원천은 인간을 동물적 상태로 전락시킨 데 있다. 프레이리는 의식 있는 삶을 살아감으로써 억압받는 자의 인간성을 회복시키고자 한다. 마르크스도 다음과 같이 쓰고 있다.

"그런데 인간은 삶 자체를 자신의 의지와 의식의 대상으로 전환시킨다. 인간은 의식적인 삶의 활동을 할 수 있다. 의식 있는 삶의 활동은 인간을 동물적 생활과 구별 짓게 한다."[6]

마르크스, 프레이리, 그리고 20세기 실존주의 심리학자들은 의식의 영역에서 자유론과 결정론 간의 모순을 극복한다. 의식과 삶의 활동이 물질적 조건만으로 결정될 때 자아의식은 결여되고 단지 삶의 활동만 있어 사회적 힘에 의해 완전히 이끌려간다. 그러나 이런 힘을 '자각하고', 그 본질을 '의식하는' 사람은 기존의 역사 궤도를 깨뜨려 자아와 사회의 근본적인 변혁 활동에 참여할 수 있다. 20세기 중엽 실존주의 심리학에 대해 저술한 롤로 메이Rollo May는 다음과 같이 주장한다.

"심리학은 결정론적 요소와 인간의 한계성을 인식하여 환자의 삶에 내재되어 있으면서 결정적 영향을 주는 힘을 들추어 탐색하는 역할을 한다. 반면 환자는 비록 겉보기에는 아무리 사소한 일이라도 자신을 정보에 따라 독특한 방법으로 지향해가면서 어떤 선택에 참여하고 자유를 체험한다."[7]

바로 프레이리의 교육방법이 의도했던 것은 이와 같이 개인세계와의 관계를 지향하는 것이다. 이 방법에서 언어와 학습을 삶의 과정과 결합시키려고 한 것은 사고와 행동이 분리되는 것을 극복하려는 것이다. 일상생활의 문제 표출에 기초를 둔 대화는 주변 사회현실에 대한 좀 더 깊은 의식으로 성장한다. 이론과 실천은 사회적 행동 속에서 동시에 실현되는데 프레이리에 따르면 "혁명은 언어주의나 또는 행동주의만으로는 이룩될 수 없고 프락시스praxis로서만 가능하다"고 한다. 프락시스, 즉 성찰과 행동을 통해 변혁되어야 할 구조를 겨냥하는 것이다. 보잘것없는 공동주택 주거 상황에 대한 그림이 그 지역의 가난한 사람들에게 제시되면 그렇게 된 사회적 조건과 원인에 대한 의문을 제기하는 성찰적 과정이 발전하게 된다. 왜 그런 상황이 가난한 사람들에게 주어졌는가에 대한 이론이 제시되지는 않는다. 오히려 이론은 민중 자신의 성찰과 행동의 산물이 되어야 한다.

"지도자들은 억압받는 자를 성찰의 기회를 차단해서 단지 행동의 환상만을 갖는 단순한 행동주의자로 다루어서는 안 됩니다. ……피억압자들은 변혁의 주체로서 자신들의 역할을 점점 더 비판적으로 의식하면서 혁명적 과정에 참여하는 것이 절대 필요합니다."[8]

마르크스가 주장한 대로 프락시스는 인간의 파편화와 소외를 초래한 사고와 행동의 분리를 중단시킨다. 마르크스에 따르면 이러한 분리의 근원은 계급의 분리와 노동 분화라는 역사적 발전과정에서 찾아진다. 문명발달에서 육체노동과 정신노동의 분리는 의식을 삶의 활동에서 분리시킨다. 마르크스는 『독일 이데올로기』에서 육체노동과 정신노동의 분리로 인해,

"의식은 실제로 활동하는 의식과는 다른 그 무엇이 되었고 구체적인 실체를 보지 않고서도 그것을 이해했다고 믿게 되었다. 이렇게 되면 의식은 스스로 세계에서 이탈하여 순수이론, 신학, 철학, 윤리학 등의 형태로 머물게 된다."[9]

결과적으로 마르크스는 이론과 실천의 분화가 근대산업체제에서 비롯된

것이라고 본다. 『자본론』에서 노동자는 단지 기계의 부속물로 변하였고 계속되는 고역과 일상생활에 묶여 있다고 주장한다. 지적 성찰의 힘은 육체노동에 구현되지 못한다.

"생산의 지적인 힘이 육체노동으로부터 분리되고 이런 힘들이 노동에 대신한 자본의 지배력으로 전환되는 것 등은 우리가 이미 본 것처럼 결국 기계를 기반으로 세워진 현대 산업에 의해 이룩된 것이다."

현대 산업체제 속에서 경영인과 자본가들은 노동자에게 지적 활동 가운데서 전문화된 제한된 역할만 강요하고 있다. 이리하여 "개개인의 기술과 가치란 과학, 거대한 물리적 힘, 그리고 공장체제에 통합된 노동대중 앞에서 아주 미세한 부분으로 존재할 뿐이다."[10]

사고와 행동이 분리된다는 것은 이론이 삶의 활동으로부터 분리되어 어떤 한 계급의 부산물로 된다는 것을 의미한다. 즉 개인들은 그들의 힘이 파편화되는 것을 경험하고, 기계를 통제하거나 조종한다기보다 기계의 부속물로 변화되는 것이다. 예를 들면 듀이는 『교육과 민주주의』에서 다음과 같이 쓰고 있다.

"인문교육이 산업 및 직업교육으로부터 분리된 것은 생계를 위해 노동해야 하는 사람과 그럴 필요가 없는 사람으로 계급 분화된 결과였다. 노동자들은 노동의 사회적 목적에 대한 통찰력이 부족하여 결국 실제로 이룩한 결과물이 노동자의 것이 되지 못하고 고용주의 활동 목표로 될 뿐이다."[11]

프레이리는 전통교육이 그가 이름 붙인 '은행저축식 교육banking method of education'에 기초를 두고 있다고 주장한다. 즉 학생은 학습과정에서 지식을 수집하는 객체이지 주체가 아니라는 것이다. '은행저축식 교육'은 억압사회의 공통된 특징이다. "교사는 가르치기만 하고 학생은 사고의 대상이 된다. 교사는 행동하고 학생은 교사의 행동을 환상처럼 따른다. 교사는 학습과정의 주체이나 학생은 단지 객체에 지나지 않는다."[12] 성인 문맹퇴치 교육에서 은행저축식 이론이 취하는 입장은 학습자의 삶의 활동과 무관한 독본을 사용하는 데서 명백히 나타난다. 이런 은행저축식 프로그램은 학습자들에게 영향을 주어 변화를 일으키려고만 한다.

은행저축식 이론이 학습자를 하나의 객체로 본다는 사실은 근본적인 문제가 '사회'에 있는 것이 아니라 '개인'에 있다는 것을 전제한 것이다. 가난이란 문제를 놓고서 은행저축식 교육은 가난한 사람들이 사회 안에서 적절하게 기능하는 방법을 모르기 때문에 가난이 존재한다고 전제한다. 이때 교육의 목표는 가난한 사람들의 행동을 순치시켜 가난을 초래했던 기존 사회의 요구에 순응하도록 하는 것이다. 가난한 사람들은 교육받는 과정에서 갖은 비난을 받는다. 본래 실패한 사람이라고 딱지 붙여짐으로써 그들에게 인생 실패 선고가 내려지는 것이다.

이런 식으로 피억압자의 의식은 사회의 억압적 조건을 변혁하지 않은 채 변화된다. 은행저축식 교육은 피억압자들을 해방시키는 것이 아니라 유순하게 길들이고 소외에 직면케 하는 것이다. 마르크스의 소외개념은 프레이리의 은행저축식 교육방법 비판의 의미를 잘 조명해준다. 마르크스는 노동이 자기를 객관화시키는 데 기능하고 따라서 개인에게 자아각성의 근원을 제공해준다고 말한다. 은행저축식 교육에서처럼 개인에게 낯설거나 소외된 활동과 노동은 이런 기능을 수행하지 못한다. 무엇이 노동의 소외에 기여하는가에 대한 물음에 마르크스는 다음과 같이 답하고 있다.

"우선 노동이 노동자에게 외부적인 것이 되어 그의 본성의 일부분이 되지 못하고 있다. 결과적으로 그는 노동 속에서 자신을 실현하는 것이 아니라 부정해간다……."[13]

이런 식으로 설명하면 은행저축식 교육의 학습 교재는 학습자와 정반대편에 서 있다. 학습자의 삶을 긍정하고 보다 깊은 인식을 위한 수단을 준비해주는 것이 아니라 그들의 삶을 부정하고 자아의식을 흐려놓는 것이다.

이런 관점에서 마르크스의 '인간소외' 개념은 인간이 가르침의 객체가 되다는 프레이리의 개념과 유사하다. 마르크스에게서 '소외'란 삶의 활동이나 노동이 자아실현의 대상이 되는 것이 아니라, 오히려 개인이 생산에 사용되는 단순한 '객체'로 전락하는 것을 의미한다. "생산에서 노동자의 소외란 그의 노동이 객체가 되어 표피적 존재의 성격을 띨 뿐만 아니라 노동자의 외부에서 독립적으로 낯선 것이 되어 자율적인 힘과 대치상태에 있다는 것이다."[14]

이와 비슷하게 은행저축식 교육에서는 학습자의 자아는 교육과정의 객체가 되어 교육과정이 자아 밖의 외부적 목적을 달성하도록 작용한다. 이와 같은 형태의 교육 내용과 목표는 학습자의 산물도 아니고 그들의 통제하에 있게 되지도 않는다. 학습자는 교사의 목적을 수행하는 객체, 수단으로 인식된다. 가르침의 목적이 자아를 이해하도록 하는 것이 아니고, 소외된 목표에 순응하도록 개인을 순치시키는 것이다. 예를 들면 은행저축식 교육은 가난한 사람들에게 '그들 자신들이 문제'라고만 말할 뿐 아니라, 그들의 현재 상태와는 거리가 먼 어떤 류의 당위적 모델을 설정한다.

'무엇으로 있어야 한다'고 피억압자에게 제시된 모델은 사실 억압자에 의해 만들어진 모델인 것이다. 본래 이러한 모델은 기존 사회구조를 영속화하는 경향이 있다. 따라서 은행저축식 교육의 내용과 도덕규범은 지배계급의 이데올로기를 반영한다. 마르크스는 "지배계급의 이념이 모든 시대에 있어서 지배이념이 되고 있다"고 말한다. 즉 "계급은 사회의 지배적 물질적 힘이 동시에 지배적인 지적 힘이 된다[15]"는 것이다.

은행저축식 교육이 달성하고자 하는 것은 학습자에게 '소외된 의식'을 주형하는 것이다. 가난한 사람들에게는 부유한 사람들의 생활과 행동에 기초를 둔 모델이 주어진다. 그런 모델은 슈티르너가 비판했던 대로 민중들로 하여금 자신들의 필요와 해방과는 모순되는 행동을 하도록 하는 윤리적 규범을 띤 것이다.

프레이리 방법론의 목표 중 하나는 '침묵의 문화' 속에 사는 민중에게 내면화된 지배계급의 이미지를 추방하는 자아인식에 이르도록 하는 것이다.

"……피지배계급이 지배자의 삶의 양식을 재생산하는 것은 지배자가 피지배자 '속에서' 살고 있기 때문이다. 피지배자는 지배자로부터 떨어져 자신들을 객관화시켜야만 지배자들을 추방할 수 있다. 오로지 이때에만 피지배자들은 지배자를 자신들의 안티테제antitheses로서 인식할 수 있다."[16]

예를 들면 미국 내 흑인들이 백인사회에서 직면하고 있는 상황이 그와 같다. 흑인들은 백인의 생활양식을 내면화함으로써 노예화와 인종차별에 책임을 져야 할 바로 그 문화를 오히려 내면화한다. 한 예로 흑인들은 자신들이 마치 백인의 일원인 것처럼 깨끗한 피부, 백색인종의 얼굴 모습 등의 미적 기준을 받아들이고 있음을 발견했다. '검은 것이 아름답다'는 슬로건은 이러한 '허위의식'을 추방하는 단초임을 보여준다.

프레이리의 방법론은 '의식의 확장'뿐 아니라 사회구조가 주조하는 '허위의식'을 추방할 것을 목표로 한다. 이런 의미에서 그는 소외 극복에 대한 전통적인 마르크스주의자들의 관심을 강요된 윤리적 규범으로부터의 자유를 열망하는 전통적 아나키스트의 요구와 결합시켰다. 이것은 남미의 농민들 자신이 침묵의 문화에서 벗어나야 하고, 그들의 생활에 영향을 미치는 사회 세력에 대해 의식적으로 통제할 수단이 주어져야 한다는 것을 의미한다. 지배계급이 규정해놓은 '성공'을 무작정 받아들인다는 것이 '문제 있다'는 사실을 민중들이 알 수 있도록 도와주어야 한다. 민중들은 그들의 삶을 '진정한' 것으로 생각하고 지배계급의 가치를 기반으로 자신들의 '실재'를 거부하지 않도록 해야 한다.

이러한 가치를 추방하지 않는 사회 변화란 단지 억압적인 부분이 다른 사람에 의해 자리바꿈만 하는 꼴이 될 뿐이며 본질적으로 궁정의 변혁 없이 궁정수비대만 개혁하는 꼴이 될 것이다. 이것으로 인간혁명의 기준들을 충족시킬 수는 없다. 인간혁명은 개인의식의 해방과 동시에 사회변혁에 모든 민중이 참여하는 것을 통해서만 성취될 수 있다.

프레이리가 주장하는 반성과 사고의 결합인 '프락시스'의 급진주의는 로저스와 같은 인간주의 심리학자의 이론과 비교하면 더욱 잘 이해된다. 로저스의 치료 요법과 학생 중심적 가르침은 프레이리의 이념과 아주 비슷한 '자아실현self-actualization'과 '자아각성self-awareness'이란 개념에 기초를 두고 있다. 자아실현의 욕구는 프레이리가 말하는 '인간 휴머니즘'인데 자기 환경에 대해 더욱 깊고 의식적인 통제 능력을 획득하고자 하는 욕구이다. 로저스는 다음과 같이 쓰고 있다.

"자아실현이란 자기 책임적인…… 자기 통제적이고 자율적인 방향으로 나아가게 하는 것이다."[17]

자아실현은 로저스가 말하는 '인격의 통합'을 통해서 이룩된다. "내부적인 긴장으로부터의 자유와 심리적 적응은 자아 개념이 적어도 유기체의 모든 경험과 어느 정도 일치할 때 있을 수 있다."[18] 다른 말로 하면 심리적인 적응은 자아 개념이 자아를 형성하는 힘과 일치할 때 일어난다. 인격의 통합이란 인격을 형성하는 사회적인 힘, 이런 힘을 조정하고 통제하는 능력을 자각하는 것을 의미한다.

그러나 로저스 같은 인간주의 심리학자들은 인격을 사회구조에 결합하는 데 실패하여, 자아실현을 사회변혁에까지 확대시키지 못했다. 결국 자아실현의 분열과 결여의 주요한 책임은 사회구조에 있는데 인간주의 심리학자들은 그것의 사회적·정치적 의미를 분석하지 못했기 때문에 피상적으로만 취급해버렸다. 인간주의 심리학은 사회를 변혁시키는 것이라기보다 단지 조정하거나 적응시키는 기술학일 뿐이다. 이것이 바로 로저스와 같은 부류 사람들의 방법론이 미국 학교 지도자들에게 인기를 끌게 된 이유이다.

이런 한계점은 인간주의 심리학자들이 사회 변화에 대해 말하는 것을 보면 명백해진다. 로저스에게 있어서 사회 변화의 열쇠는 다른 사람의 자아실현을 보장할 수 있는 분위기를 만드는 자아실현이 된 사람이다. 로저스는 이것을 환자 중심적 치료 방식의 '연쇄반응' 효과라고 부른다.

"여기에 건전한 개인 간의 관계, 그룹 간의 관계, 국제적인 관계에 대한 이론적 기초가 있다. ……이해와 수용의 분위기가 바로 치료의 경험을 만들어 내고, 주위 사람에게 자기수용을 이루게 한다."[19]

로저스에게 있어서 사회관계의 문제를 해결하는 데 가장 큰 잠재력을 가진 것은 바로 '심리적 연쇄반응'이다. 이것은 모든 사람들을 따뜻하게 받아들임으로써 발전되는 유토피아적인 전망이다. 자아와 세계를 변혁시키는 데 참여한다는 프레이리의 '인간화된 개인'이란 개념과 비교해볼 때 로저스가 말하는 자아실현인은 불완전해 보인다.

프레이리 방법론의 정치적·사회적 의미는 개인의식 수준과 정치적·사회적 조직의 발달수준과 관계를 논증해봄으로써 명백해진다. 교육을 통한 개인 해방은 '사회해방'의 단계와 밀접하게 연관되어 있다. 이 관계는 명백히 로저스의 '심리적 연쇄반응'과 같은 것이 아니라, 오히려 개인의 학습을 '자아 해방'으로 전환하여 '해방된 사회'로 만들어가는 것이다.

의식 발전의 단계를 정치적·사회적 현실에 연결하려는 프레이리의 시도에서 또 다른 중요한 점은 그의 독특한 교육방법론을 보편화하여 제3세계뿐만 아니라 고도 산업사회에도 적용시켰다는 것이다. 프레이리 모델 중 의식 수준이 가장 낮은 단계는 물론 제3세계 농민사회에서의 '침묵의 문화'이다. 남미에서의 침묵의 문화는 농촌지역이 도시 중심부의 지배 엘리트에게 종속되고 지배되고 있기 때문에 도시와 농촌간의 불균형 형태를 띠고 있다. 앞에서 언급된 바대로 종속사회는 지배자의 가치와 삶의 양식을 받아들이기에 자기 정체성을 가질 수 없다고 프레이리는 쓰고 있다.

"결과적으로 종속사회의 이중성, 애매모호성, 존재와 비존재, 오랜 종속의 경험 등은 중심부 사회의 필요에 의해 이끌리고 부정됨으로써 초래된 것이다."[20]

이러한 의식 상태에 있는 개인들은 그들의 비참한 처지를 자신의 탓으로 생각하거나 아니면 그 원인을 초자연적인 것으로 돌려버린다. 예를 들면 농민들은 자신들의 무능력 때문이라고 생각하든지 아니면 신의 분노를 산 것이라고 생각해버린다. 프레이리의 교육과정에서 문제 상황에 대한 대화는 처음에는 이러한 설명 방식에 의존한다. 그리고 대화의 목표 중 일부는 이러한 의식수준을 극복하는 데 도움을 준다. 또한 '침묵의 문화'는 산업국가에도 존재한다. 그 예로 최근 미국 내의 소수민족 집단들은 날 때부터 무능력하다는 자아관념과 지배자의 가치 및 생활 스타일이 내면화된 것을 떨쳐버림으로써 종속상태에서 해방되고 있다.

프레이리의 다음 단계의 의식과 사회발전 단계는 대부분의 산업국가의 수준과 흡사하다. 이 수준의 의식은 '민중의식'의 시작을 알려주지만 완전히 침묵의 문화에서 해방되지는 못했기에 이 단계를 '순진무구하게 깨인 의식 naive-transitiveness'이라고 부른다. 이 단계에는 사회의 지배집단에 압력과 비판을 가할 수 있다. 한 사회의 지배자들은 그들의 통제를 유지하기 위해서 피상적인 변화를 허용하고 어떤 정치적·사회적 특권을 인정해줌으로써 이에 응전해나가려 한다. 그런데 이런 변화들은 여전히 민중의식을 높여주는 작용을 한다. 이 상황은 죄수들의 불만을 어느 정도 충족시켜주기 위해 바깥에 나가 운동하는 것을 허용해주는 것과 비슷하다. 이로써 죄수들은 그들이 갇혀 있었다는 자각을 좀 더 깊이 하게 된다. 조그마한 사회개혁이 이루어질 때 민중들은 사회문제를 비판적으로 인식해서 좀 더 큰 변혁을 향해 밀어붙일 수 있다.

의식의 변천을 기술하면서 프레이리는 제3세계와 산업국가 일반에서 발전해가는 정치적 상황을 기술하려고 하였다. 그는 '순진무구하게 깨인 의식' 단계에서의 모순은 민중의 깨인 의식을 개발하는 민중 지도력의 성장을 촉진시킨다고 주장한다. 또한 이 단계에서 민중들은 스스로의 힘으로는 말을 다 할 수가 없기에 민중 지도자에게 의존한다. 지식인과 학생들도 동시에 사회계획에 참여하기 시작한다. 예술도 구체적인 사회현실 문제를 지향한다. 그런데 이 단계에 내재하는 모순은 청년집단과 지식인들을 통제하기 위해 정치과정에 참여를 허용했던 민중 지도자에게서 발생된다. 이와 같은 정치과정 속에서 혁명적 지도자들이 발전해간다. 프레이리는 이때의 의식 변천에서 미국의 1960년대와 1970년 초엽 상황과 매우 흡사하다고 말한다. 민중적 정치지도자들은 지식인들과 청년들의 도움을 구하고 정치적 지위를 굳히려는 이 집단들의 저항을 이용하면서 민중의 여론을 조종하려고 하였다.

혁명적 지도력은 민중들이 '어느 정도 잠자는 의식semi-intransitive' 또는 '순진무구하게 깨인 의식 수준'에서 비판의식 수준으로 올라가도록 도와주는 사람들로 구성된다고 프레이리는 말한다. 그는 민중이 혁명과정에서 '주체'가 되지 못하고 '객체'가 되어버릴 때 혁명 계획은 우익으로 변질될 것이라고 주장한다. 진정한 해방 혁명이 되기 위해서는 민중이 주체적으로 세계를 변혁시키고 재창조하는 데 적극적인 역할을 해야 한다. 프레이리는 좌익과 우익의 문화적 행동 사이의 차이를 "전자는 '문제화'하고, 후자는 '슬로건화' 한다"라고 단언한다. 우익 혁명은 지도자들의 '유토피아'적 비전에 민중을 짜 맞추려고 하는 반면에 좌익 혁명은 민중 스스로가 유토피아적 비전을 만들어내야 한다고 생각한다.

'비판의식'의 역할은 혁명적 사회가 탄생한다고 해서 멈춰질 수 없다. 비판의식은 아직 남아 있는 문화적 신화를 추방하는 역할을 해야 한다. 비판의식은 또한 "혁명의 비전을 사멸시키려고 위협하고, 민중의 자유를 위한다는 이름으로 그들을 지배하려는 관료제에 대항하는 힘"이다. 프레이리는 러시아혁명을 직접 언급하지는 않았지만 아마도 이것을 염두에 두었을 것이다. 소련에서 혁명공약이 실패하고 보수화되는 것은 지방 소비에트의 권력이 물러가고 혁명적인 노력에서 민중의 대중적 참여가 배제되는 것과 관련이 있다.[21] 발전된 거대한 관료체제는 민중이 사회제도를 통제하는 능동적인 비판적 주체가 되지 못하게 하고 그들을 단순히 경제적·사회적 계획에 이끌려가는 객체로 만들어버렸다. 아직도 소련에서는 새로운 '사회주의적 인간들'이 태어나고 있는 것이다.

그러나 혁명적 변화가 반드시 지도력으로 인해 생기는 모순 때문에 발생하는 것은 아니다. 프레이리는 일리히와 그 밖의 사람들과 같이 또 달리 진행될 사회적 방향이 '대중사회'의 출현일 것이라고 믿고 있다. 이것은 '깨어가는 상태의 의식'이 '병리적'이고 '비합리적인 의식' 형태로 변화하는 것을 말한다. 고도로 기술화된 사회는 일의 전문화가 더욱 세분화되기에 사람들이 대부분 사고를 할 수 없는 상태로 나아가게 될지도 모른다. 비인간화된 대중사회에서는 사람들이 더 이상 사회변혁에 참가하지 않는다. "인간은 세계와 변증법적 관계에 따라 대응하는 것이 아니라 대중매체로부터 매일 받아들인 규정에 따라 생각하고 생활하기 시작한다." 대중사회에서는 거의 자아의식을 잃어버린다. 개인적인 차원에서 모험을 하고 계획을 하는 힘도 사라진다. 사람들은 아주 조그마한 일에 관해서조차도 생각할 필요를 느끼지 않는다. "'a'또는 'b'라는 상황에서 무엇을 선택할 것인가에 대해 말해주는 지침서가 항상 있다." 대중사회는 전문가의 조언에 의존하는 단순한 학습만 있어 사람들이 독립된 사고를 할 수 없게 하는 '더욱 학교화된 사회'가 되고 있다. 프레이리가 든 사례 가운데 하나로 "사람들은 길모퉁이에서 어느 방향으로 갈 것인가를 생각하기 위해 머뭇거릴 필요가 거의 없다. 상황을 '탈문제화'하는 화살표가 항상 있다." 예를 들면, 나쁘지는 않지만 기계화된 사회에서 도로표지 등과 같이 수천 종의 방향 표시가 있는데 이것은 인간에 의해 무의식적으로 받아들여져 '비판적 사고'를 할 수 있는 능력을 방해한다.[22]

프레이리의 교육활동은 그의 남미사회 문제에 대한 관심이 진전되면서 휴머니즘의 개념과 교육방법론으로서 보편적 적합성을 가지게 되었다. 분명히 이 방법론은 한 세대의 집단에게만 한정되는 것이 아니라 모든 사회의 모든 사람들에게 적용될 수 있다. 그 예로 이 방법론을 미국 같은 나라에 적용하면 매우 의미 있는 시사를 준다. 이런 관점에서 보면 미국 내 소수 민족집단은 '침묵의 문화' 또는 '잠자고 있는 의식'에 머물러 있다고 할 수 있다. 이에 반해 다수 집단은 '깨이고 있는 의식transitive consciousness' 상태로 분류되든지 또는 대중사회의 '비합리적 의식'으로 존재한다고 볼 수 있다. 대중사회의 개념은 프레이리의 은행저축식 교육에 대한 비판을 확장시킨 것이다. 대중사회에서 객체인 개인은 다만 도구나 시설을 어떻게 적절히 사용하는지를 배운다. 이러한 사회에서는 상황을 문제화하지 않으며 개인의 프락시스를 요구하지도 않는다. 사람들은 의식과 실천의 상호연관 관계가 결여되었기에 비인간화된다.

미국 같은 나라에서 프레이리의 방법론이 무엇을 의미하는지는 명백하다. 이것은 학습이 '프락시스'로부터 출발해야 한다는 것을 의미한다. 학습은 사회문제와 직접 연관되어야 하고 문제 해결에 사용되어야 한다. 읽기를 가르치는 것이 교육과정 안에서 최상의 정치적 행위로 간주되는 것이다. 언어는 개인이 세계와 관련을 맺는 데 사용되는 도구이다. 은행저축식으로 가르치면 언어는 의식을 숨 막히게 하는 도구가 된다. 반면 의식을 계속 확장시키는 도구로서 가르치면 언어는 '자아 해방'의 도구가 된다. 자기 인식 없이 완전히 추상된 상황에서 읽기를 배운다는 것은 일리히의 용어로 '잘 학교화된' 것이다. 미국 내 흑인들이 공립학교 교과서에서 백인 위주, 도시 위주의 편향 정도가 어느 정도인지를 면밀하게 살펴보았는데 이러한 현상이 분명히 있음을 발견했다.

우리는 집단 지도자의 기술과 상상력을 통해 프레이리의 방법론을 여러 가지 방법으로 실시할 수 있다. 예를 들면 도시 근교 중산층에서 읽기를 가르칠 때는 지역공동체 내의 공해문제 등에 대한 주제를 제기함으로써 시작할 수 있을 것이다. 어린이들을 위한 현학적이지 않은 수준에서 놀이, 싸움, 아니면 가정문제와 같은 '일상문제'를 택해볼 수도 있다. 지도자와 어린이들은 이러한 문제의 성질에 관해서 대화에 참여한다. 처음 대화에서는 읽기를 위한 기본적인 텍스트를 구성하는 단어가 채택된다. 그 후 어린이들은 문제를 해결하는 활동을 하고, 시도된 해결을 성찰하면서 읽는 사람들에게 새로운 단어와 이야기를 덧붙여가고, 그 상황에 대한 이론을 개발하는 노력을 한다. 가난한 지역에서는 범죄, 빈곤, 가정문제, 공해 등을 다루는 주제가 다루어질 수 있다. 양쪽의 예 모두에서 실제 주제는 주의 깊게 관찰한 뒤에 선택된다. 이런 방식에 의해 행동, 학습, 그리고 의식이 동시에 발전해간다.

프레이리의 방법은 실제적이고 의미 있는 문제를 다루는 데 도움을 준다. 이 문제들이 인위적인 교실활동이어서는 안 된다. 물론 이 방법이 의미 있는 것이 되느냐 마느냐 하는 것은 집단 지도자에게 달려 있다. 프레이리는 깨이고 있는 의식의 문화적 모순들이 혁명적 지도력을 창출할 것이라고 가정한다. 그러나 이 낙관론은 모든 사람에게 공감을 얻지는 못할 것 같다.

프레이리의 방법론에서 또 다른 가정은 민중 스스로 자아 각성을 하게 되기를 바라며 그렇게 되면 그들의 이익을 위해 합리적인 방식으로 행동하게 되리라는 것이다. 그런데 만약 민중들이 진정한 자유와 자아 각성을 거부하게 되면 어떻게 될까? 개인의 자유문제는 인간의 성격구조를 포괄하는 단순한 의식, 그 이상으로 확장된다. 예를 들면 라이히는 마르크스가 1930년대 독일 파시즘의 등장을 설명하지 못했는데 이것은 그가 성격구조를 이해하는 도구, 특히 권위주의 국가의 안정을 추구했던 특정 성격구조를 빠뜨리고 있었기 때문이었다고 설명했다. 이러한 특정 관점에서 보면 프레이리의 '인간화된 세계'를 충족하는 것에는 새로운 요소가 필요하다. 즉 자아 각성과 자아 결단이 가능하도록 개인의 성격구조를 해방시키는 것이 요구된다. 해방된 세계 건설은 어린이 양육방식과 가족구조를 변화시켜 사람들이 진정으로 자유롭게 존재하도록 하는 것을 말한다.

***

1) Karl Marx and Friedrich Engels, *The German Ideology* (New York : International Publishers Inc., 1939), pp. 1-2.

2) *Ibid.*, p. 14.

3) Paulo Freire, Pedagogy of the Oppressed, trans. by Myra Berman Ramos (New York : Herder and Herder, 1970), p. 85.

4) *Ibid.*, pp. 111-112.

5) Karl Marx, *Economic and Philosophic Manuscripts*, trans. by T. B. Bottomore in Erich Fromm's Marx's Concept of Man (New York : Frederick Ungar Co., 1961), p. 101.

6) *Ibid.*

7) Rollo May, "The Emergence of Existential Psychology." in *Existential Psychology*, edited by Rollo May (New York : Random House, 1960), p. 44.

8) Freire, *Pedagogy of the Oppressed*, pp. 119-121.

9) Karl Marx, *The German Ideology*, p. 20.

10) Karl Marx, *Capital*, trans. by Samuel Moore and Edward Aveling (London : Swan Sonnenschein and Co., Ltd., 1904), p. 423.

11) John Dewey, *Democracy and Education* (New York : The Free Press, 1966), pp. 250-261.

12) Freire, *Pedagogy of the Oppressed*, p. 59.

13) Marx, *Economic and Philosophic Manuscripts*, p. 98.

14) *Ibid.*, pp. 93-109.

15) Marx, *The German Ideology*, p. 39.

16) Paulo Freire, "The Adult Literacy Process as Cultural Action for Freedom," *Harvard Educational Review*, Vol. 40, 1970, No. 2, p. 216.

17) Carl R. Rogers, *Client-Centered Therapy* (Boston : Houghton Mifflin Company, 1965), p. 488.

18) *Ibid.*, p. 513.

19) *Ibid.*, p. 522.

20) Paulo Freire, *Pedagogy of the Oppressed*, pp. 119-186.

21) Murray Bookchin, *Post-Scarcity Anarchism* (Palo Alto : Ramparts, 1971)를 보라.

22) Paulo Freire, "Cultural Action and Conscientization," *Harvard Educational Review*, Vol. 40, 1970, No. 3, pp. 452-475.

확실히 슈티르너의 자아소유 이론과 프레이리의 교육방법은 개인의 근본
적인 변화를 유도한다. 그러나 그들의 논의가 지닌 한계 중의 하나는 성격
구조가 아동의 심리 발달단계 초기에 깊게 뿌리를 두고 있다는 사실을 간
과한 점이다. 즉, 한 아동의 사회행위 유형이 권위주의적이냐 비권위주의적
이냐 하는 것은 형식교육과 같은 후기 사회화 과정보다는 초기 발달과정에
더욱 영향을 받는다는 것이다.

아동양육 관습과 이것의 정치·사회적 혁명과의 관계에 대한 관심은 가족
그 자체 조직을 둘러싸고 있어 왔다. 전통적인 핵가족제도와 대비하여 집단
육아법의 가치가 새로이 주요 이슈로 등장하였다. 이 논의에서 가장 중요하
게 부각된 두 인물은 빌헬름 라이히와 A. S. 닐인데, 이들은 그들의 후기 저
작에서 밀접하게 관계를 맺고 있다.

아동양육의 성격이 사회조직의 형태와 직접 관련되어 있다는 라이히의 신
념은 마르크스의 사회학을 프로이트의 분석을 재해석한 것에 결합시키려
는 그의 시도에서 나온 것이다. 라이히는 사람들이 정치와 정부의 비합리주

의를 버리고, '자율적 성격구조'를 바탕으로 그가 명칭을 붙인 '노동 민주주의work-democracy'를 확립할 수 있다고 믿었다. 이것은 정치적 국가를 포함해서 노동자들 자신이 창조한 경제조직에서 사회관계가 발전되는 모든 권위주의적 제도로부터 해방된 자유로운 사회 모두를 포괄하는 것이다. 그는 권위주의적 제도에 의해 통제받고자 하는 권위주의적 성격구조를 아동양육 방법과 성 억압에 관련시켰다. 라이히는 20세기에 있어 가장 중요한 교육적 과제로 성의 해방과 가부장제 폐지를 들었다. 1937년 '서머힐' 학교의 설립자인 닐은 라이히를 만나 "라이히 당신이야말로 내가 여러 해 동안 찾았던 분이십니다. 당신은 육체적인 것과 심리적인 것을 결합시킨 분이십니다. 내가 당신의 제자가 될 수 있을까요?"라고 말했다.[1] 이와 같은 라이히와의 교제는 그들이 1937년 처음 만난 뒤 시작되어 앞으로 우리가 살펴보게 될 닐 사상의 발전에 중요한 영향을 미친다.

라이히의 자율적 성격구조론을 이해하기 위해서는 프로이트와의 차이를 알아야 한다. 그들의 근본적인 차이점의 하나는 공격의 본질에 관한 것이다. 극단적 보수주의 사회철학을 지지하는 프로이트는 공격성이란 타고난 인간본능이며 한 인간의 문명과의 관계나 자기 자신과의 관계는 타나토스(죽음)의 본능과 에로스(사랑)의 본능이 현실과 부딪치면서 일어나는 '갈등'이라고 묘사하고 있다.『문명과 그 불만』에서 프로이트는 오직 공격적인 죽음의 본능을 억압·통제함으로써 사회질서가 유지될 수 있다고 주장했다. 이 통제가 바로 권위주의적 제도의 기능이다. 문명에 대한 프로이트의 견해는 낙관적이거나 희망적이지가 않다. 인간성은 세계를 포용하려는 정열인 에로스와, 그것을 파괴하려는 욕망인 죽음의 본능 사이에서 일그러지고 말았다. 문명이 진보될수록 공격적 본능은 억압되어 이는 결국 자아에 대한 공격과 죄의식만 증가시켰다. 프로이트에게 있어 인류가 문명 진보의 대가로 지불해야만 하는 것은 점점 커져가는 권위와 죄의식이었다.[2]

그런데 이런 문화적 견해를 받아들이면 유토피아적이고 혁명적인 사상의 기반이 단절되어버린다. 프로이트 견해를 따르면 인간이 취할 수 있는 최선은 기껏해야 자아와 사회 사이의 불행한 휴전일 뿐이다. 이때 권위주의적 제도들이 공격성을 통제하고 강력한 초자아를 계발시키는 데 필요하다. 프로이트의 주장은 본질적으로 '법과 질서'에 대한 것이다. 이것은 모든 경찰, 법률, 그리고 전통적인 권위주의적 아동양육 방법 등이 폐지되면, 결국 죽음의 본능을 풀어주어 상호 파멸의 종말을 연출하게 될 것이라는 사실을 암시하고 있다.

라이히는 프로이트의 죽음의 본능 개념을 반박했다. 대신에 그는 잔인하고 공격적인 성격특성이 권위주의와 성 억압적인 아동양육의 관습에서 빚어진 결과라고 믿었다. 성 억압은 성불안을 낳고, 이것이 일반화되어 쾌락불안까지 낳는다. 쾌락을 경험하지 못하는 성격과 공격적인 성격특성은 늘 같이 발견된다고 라이히는 주장했다. 반면 쾌락을 경험할 수 있는 성격과 비공격적인 성격특성 또한 서로 연관되어 있다. 라이히의 쾌락 개념의 중심에는 성충동이 있다. 이런 욕구가 공격적 본능과 '갈등' 관계에 있다고 믿었던 프로이트와는 달리 라이히는 공격성을 성적 충동이 억압되어 나타난 산물이라고 보았다. 라이히는 1920년대에 가학적 성격특성과 피학적 성격특성을 비교하면서 "성적 만족을 느끼게 할 수 있는 각 개인의 부드러움과 친절은 이와 현저한 대조를 이룬다. 즉 성적 만족을 느낄 수 있는 사람이 가학적 성격특성을 가진 경우는 보지 못했다."[3]고 썼다.

라이히가 주장하는 혁명적인 관점은 적개심과 권위주의를 추방하기 위한 교육체제를 계획하고, 더 나아가 전 사회를 그 계획에 따라 조직할 수 있는 가능성을 제시한 데 있다. 그는 또한 정치구조를 아동양육의 관습이라는 측면에서 분석하는 방법을 제시했다. 권위주의적이고 억압적인 정치구조는 비슷한 특성을 반영했던 교육 관습과 연결될 수 있다. 이것은 분명히 독일에서 파시즘이 발생한 것에도 적용된다고 라이히는 『파시즘의 대중 심리학』에서 주장했다. 한편, 『성혁명』에서는 러시아혁명이 초기의 약속, 즉 혁명적인 도덕 신조들과 교육 및 아동양육에 있어 실험적인 실천을 실행하지 못했기 때문에 예상했던 대로 결국 비억압적 사회가 아닌, 권위주의적 사회가 출현되었다고 설명했다.

혁명운동의 첫째 목적은 사람들의 성격구조를 자유롭게 하는 것이어야만 하는데, 이는 정신요법을 대중적 규모로 확대시켜 적용해서는 성공할 수 없다고 라이히는 주장했다. 정신건강 진료소에서 몇 명의 환자를 도울 수 있을는지는 모르나 광범위한 영향을 미칠 수는 없다. 1920년대에 정신분석 치료연구소에서 8년간 연구를 한 이후 라이히는 "정신분석이 광범위한 적용을 위한 치료법이 되지 못함"을 실감했다.[4] 병원 안의 환자들은 최소한 6개월 동안 매일매일의 심리치료 시간을 요구했다. 유일한 희망은 예방에 있었던 것이다. 즉 라이히의 생각에 예방은 사회로부터 가장 억압적인 제도들, 즉 강제성을 띤 결혼과 가부장적 가족제도 등을 제거함으로써 가능하다. 강제결혼은 성 관계가 결혼했을 경우만으로 한정되어 있고 양자가 일생 동안 존중되고 유지되어야 하는 전통적 사회의 요구에 따르는 것을 말한다. 이 두 제도의 핵심에는 억압적 성 도덕이 가로놓여 있다.

라이히가 혁명적인 제도 변화를 강조한 것은 심리학의 보수적 경향을 거부하고 마르크스주의적 사회심리학에 대한 관심을 반영한 것이다. 자극-반응 심리학과 사회심리학 사이에는 구별이 있어야 했다. 이 구별에 관해서 그가 든 예는, 배고플 땐 훔치고, 해고되었을 땐 파업에 들어가는 사람들에 관해 제기될 수 있는 질문들이다. 자극-반응 심리학(행동주의 심리학-역자 주)은 '예측할 수 있는 비합리적 동기라는 관점에서 도둑질과 파업을 설명하려' 할 것이다. "결국 반응에 대한 합리화가 항상 이루어질 수밖에 없다"라고 라이히는 주장했다. 반면에 사회심리학은 어떤 사람들은 왜 배가 고플 때 훔치고, 해고되었을 때 파업을 하는지를 설명해야 한다고 느끼지 않는다. 여기서는 '어째서 배고픈 사람들의 대다수가 훔치지 않으며, 해고된 사람들 대개가 왜 파업하지 않는지'[5]를 설명하고자 할 것이다.

사회심리학에 의해 제기된 질문들이 마르크스주의 사회심리학에 결핍된 부분을 제시했다고 라이히는 생각했다. 마르크스의 과학적 사회학은 '왜 노동자들이 착취당하는데도 파업을 하지 않는가?'를 설명할 도구가 없었다. 착취의 논리와 기술이 마르크스주의에 의해 설명될 수는 있을 것이다. 그러나 노동자들이 왜 착취를 받아들이는가에 대해서는 설명할 수가 없었다. 사회경제학적 논리로는 경제적 이익이나 상황에 '부합되지 않는' 사고나 행동은 설명할 수 없었다. 마르크스는 대다수의 독일 노동자들이 파시즘의 출현을 왜 지지했는지를 설명할 수 없었으리라고 라이히는 믿었다. 독일의 자유주의 운동에 결여되어 있는 것은 "비합리적이고 겉보기엔 쓸모없어 보이는 것들, 다시 말해서 경제와 이념 간의 분리에 관한 이해를 간과한 것이다"라고 라이히는 주장했다. 마르크스는 "지배계급의 이념이 지배이념이다"라고 말했는데, "모든 사회질서는 그 구성원들에게 목적 달성에 필요한 지배구조를 만들어놓는다"라고 한 라이히의 말도 새겨두어야 한다. 독일 파시즘의 경우, 대중이 떠받들던 권위주의적 성격구조는 독일 가정의 억압적 성격이 빚어낸 산물인 것이다.[6]

라이히의 목표는 주요한 제도적 변화를 통해서 사람들의 성격 속에 남아 있는 잔인성과 적개심을 몰아내는 것이었다. 라이히는 각 사람마다 자발적이고 자연스럽게 행동하지 못하는 데서 초래된 성격벽(character armour, 비합리적이고 권위적이며 억압적인 성격으로 무장된 것-역자 주)을 가지고 있다고 주장했다. 이 성격벽은 개인의 역사적인 경험의 산물이다. "과거의 모든 경험적 세계가 성격특성의 형태로 현재에 살아남아 있다. 사람의 됨됨이는 그의 모든 과거 경험과 함수관계를 갖는다." 개인 심리요법은 이런 '무장된 성격'의 벽을 뚫고 나가려는 시도였다. 라이히는 이 치료 과정에서 사람의 성격에 나타나는 파괴성이 단지 "일반적으로는 욕구불만이며, 특수한 경우 성적 만족을 느끼지 못하는 데서 오는" '분노'에 지나지 않을 것이라는 사실을 밝혀냈다. 이 경우 개인의 성격에 나타나는 파괴성은 쾌락을 느끼지 못함으로써 나타나는 반응인 것이다. 이처럼 쾌락을 발견하거나 경험하지 못하면 결과적으로 '쾌락불안'과 성격벽이 생기는데, 둘 다 사람을 쾌락과는 담을 쌓게 하여 모든 쾌락을 낳는 경험에 대해 적대감을 갖게 한다. 라이히는 왜 사람들이 권위주의적 제도와 사회적 관습에 자기들의 행복을 기꺼이 희생하려 하는지를 쾌락불안과 성격벽 개념으로 설명할 수 있다고 주장했다. 무장된 성격은 사람들을 즐거움이 없는 삶으로 몰아갈 뿐 아니라, 다른 사람들마저 권위주의적 구조에 순응하도록 요구한다. 쾌락의 중심이 되는 기제는 물론 성적性的인 것이다. 라이히는 사람들이 성충동을 억제시키는 장애물을 대하면 증오심을 나타내기 시작한다고 주장했다. 만일 증오를 표현할 사회적 배출구가 없다면, 그것은 억제되어 내면화될 것이다.[7] 이런 과정을 통해 배출된 유형의 성격은 권위주의적이거나 혹은 파시스트적 정치조직으로 넘어가기가 쉽다.

그런데 사랑과 증오 양자의 표현을 방해하는 것은 무엇보다도 성불안, 일반적으로 쾌락불안이다. 이러한 상태는 사람들에게 파괴적인 성격특성을 갖게 할 뿐 아니라 이러한 불안 때문에 권위에 의존하도록 이끈다. 1920년대 라이히는 그 자신이 나중에 가장 중요한 결론의 하나로 내세운 글에서 "성적 쾌감을 만족시키지 못한 사람은 성실치 못한 성격으로 되기 쉽고, 이전에 생각해본 적이 없는 행동에 대해서는 두려움이 먼저 앞선다."[8]는 사실을 발견했다. 다시 말하면 그 사람은 자발적이고 자연스런 행동을 할 수 없게 되어 안전하고 의존하는 쪽으로 도피처를 찾게 된다는 것이다. 쾌락불안 때문에 어떤 행동을 하는 데 있어 사람들은 그들의 행동을 통제해줄 권위주의적 구조에서 안정을 찾으려고 한다.

라이히의 유토피아적 견해는 이렇게 굳어져 있는 성격구조를 '자율적 성격'으로 대치시켜 권위주의적 구조에 대한 개인의 복속을 탈피할 것을 주장한다. 그는 사람들의 성격 무장이 와해되면 사회적 관습, 노동, 그리고 독립에 큰 변화를 준다고 지적했다. 오히려 아주 도덕적이었던 사람들이 갑자기 도덕적 행동에 대해 낯설고 생소함을 느끼는 것이 그것이다. "……그들은 이전에 혼전 순결의 원칙을 고수해왔을지 모른다. 이제 그들은 그런 요구를 오히려 기이하게 여긴다"라고 라이히는 기록했다. 노동방식에 관해서도 유사한 반응을 보인다. 기계적으로 일해왔고 노동을 필요악으로 보아 온 사람들이 이제는 스스로 흥미 있는 일감을 찾기 시작한다. 이미 처음부터 흥미 있는 일거리를 찾은 사람들은 벌써 그들의 일에 깊이 몰두해 있다. 현재의 교육방법에 그렇게 비판적이지 않았던 교사들도 아이들을 다루는 평소의 방법이 편협했음을 깨닫기 시작한다. 자율적 성격이 형성되면 기존의 노동원리가 완전히 붕괴되기에 이른다. 이전에 강압적인 의무감에서 일해온 노동자들도 일단 이러한 강요에서 벗어나면 지금까지의 노동이 견딜 수 없는 일이었음을 알게 된다.[9]

여러 면에서 라이히의 자율적 성격 개념은 슈티르너의 자아소유 개념과 비슷하다. 예를 들어 라이히는 도덕적 규제와 자아통제를 대조시키면서 "도덕적 성격구조를 가진 사람은 자기의 자아와는 상반되게 '너는 ~해야 한다'라고 요구를 하여 결국 내적인 참여 없이 일을 하게 된다"[10]고 했다. 도덕적 규제는 이렇게 개인이 통제할 수 없는 무기를 만들어내었다. 슈티르너의 표현에 의하면 이것은 개인을 소유하는 도덕적 의무만을 만들어낸 것이다. 또 라이히는 다음과 같이 말한다.

"도덕주의적 관료는 여전히 밀폐된 침대 속에 있으나, 반면 건강한 성격형은 한쪽을 닫으면서도 다른 쪽은 열 수가 있다. 건강한 성격형은 금지된 충동들을 억누를 필요가 없기 때문에 자신의 무장된 성격을 다스릴 수가 있다."[11]

라이히에 따르면 자율적 성격을 가진 사람은 모든 적개심을 떨쳐버리고, 욕구와 쾌락을 바탕으로 삶을 영위해나간다. 기존의 도덕적 신조들은 개인의 자율로 대치된다. 프로이트와 달리 라이히는 자율이 혼란을 자초하리라고는 생각지 않았다. 반대로 그는 인간을 본래 사회적이고 정情적인 존재라고 보았다. 예를 들어 강제결혼에 얽매여서 단지 결혼했다는 의무감만으로 성행위를 하는 여자들은 계속 욕구불만의 삶을 살게 되는 반면, 강제결혼이나 쾌락불안이 없는 남녀는 대개 그들을 사랑하며 만족시켜주는 짝을 찾으려 한다고 라이히는 주장했다. 이런 새로운 유형의 도덕은 성적 욕망과 만족에 의해 지배되는 것이다. "불만족스러운 행동은 그 행동에 대해 두려움을 느끼기 때문에 방해받는 것이 아니라 성적 만족을 주지 못하기 때문에 삼가게 된다."[12]

라이히에게는 성행위에서 가장 중요한 요소 중 하나가 상대를 즐겁게 해주는 것—이것은 만족스런 성 경험의 기초이다—이란 점을 깨닫는 것이 중요했다. 이것은 또한 비억압적, 권위주의적 사회의 기반을 이룬다. 자아통제는 다른 사람에게 즐거움을 주려고 노력함으로써 즐거움을 찾는 능력이다. 자아통제적(또는 자율적) 성격은 적개심이 없고, 자기 자신을 소유하며, 쾌락을 추구하는 동시에 쾌락 추구가 곧 다른 사람들에게 행복을 가져다주는 것이다.

라이히에게 성 문제의 핵심은 강제적인 일부일처제 결혼이었다. 라이히는 1931년에 쓰인 인류학 문헌을 연구하고서, 가부장제와 일부일처제의 역사적 발달은 원시경제적인 노동민주주의에서 자본주의 국가로 변천하는 과정에서 생겨났다고 주장했다. 한 계층 안에 부가 집중된 원인은 결혼이라는 경제 제도가 생겼기 때문이다. 즉 집안의 재부를 대대로 유지하기 위해서 여자의 성행위는 결혼을 전후하여 계속 제한되어왔다. 라이히는 엥겔스의

『가족의 기원』에서 다음을 인용했다.

"역사상 최초로 나타난 계급 갈등은 일부일처제 속에서 남자와 여자의 대립이 발전된 것이며, 최초의 계급억압은 여성에 대한 남성의 억압과 일치한다……."[13)

가정의 경제적 기능은 민족국가와 산업주의가 대두됨에 따라 이데올로기적 기능을 떠맡게 되었다. 따라서 가정은 아동을 권위주의적 사회에 맞게 훈련시키는 일차적 교육기관이 된 것이다. 라이히는 근대의 가정을 "권위주의적 이데올로기와 보수적 체제를 생산하는 공장"[14)이라고 보았다. 가정과 성억압을 통해 아동을 국가의 요구에 적합하게 양육하는 것이다. 중류가정에서 아버지는 가정 내에서 국가 권위의 대표자로 기능한다고 라이히는 주장했다.

가정의 교육적 기능 역시 가족 자체의 보전을 직접적인 목적으로 함으로써 아이들은 미래의 결혼에 대비하여 성적으로 금욕을 하게 된다. 4살부터 6살까지의 결정적 시기에 그들은 보통 부모에 의해 성 유희를 할 기회가 금지되며 자위 행위를 하려는 시도조차 금지되어 발각될 경우 혼이 난다. 라이히는 아이를 다루는 데 있어 약간의 계층 차이를 인정했다. 대체로 중류층 아이들은 노동계층의 아이들보다 금지사항이 많다. 이는 노동계층 가정들이 성의 낙원 속에 산다는 뜻이 아니다. 오히려 이들은 집안에 식구가 너무 많고 중류층과 동일시하려고 해서 생기는 많은 문제들이 가로놓여 있다.

가정 내의 아동 문제에 덧붙일 것은 아동들의 부모 역시 성 억압을 함으로써 결과적으로 아동들에게는 적개심과 잔인성의 표적이 된다는 점이다. 부모, 특히 어머니는 아이들에게는 아주 나쁜 영향을 줌에도 불구하고 그들의 삶의 유일한 내용이 된다. 아이들은 "누군가에 의해 사랑받거나 또는 괴로움을 받을 수도 있는 가정용 애완동물의 역할을 하게"[15) 된다. 가족의 틀속에 있는 아이들은 종종 가학적 사랑의 대상이 되어 그들 자신의 성격 내부에 심한 적개심을 불러일으키기도 한다. 가정은 아동교육에서 중요한 역할을 수행하기 때문에 이런 관계를 갖는 적개심은 한 세대에서 다음 세대로 이어진다.

이런 가학적인 사랑과 권위주의적 구조, 성 억압이 뭉쳐져서 가정은 마침내 정치교육을 위한 가장 중요한 기관으로 된다. 이러한 기능은 한편으로 사람들을 '성적 불구자'로 만듦으로써 자신을 재생산하고, 또 한편으로는 "삶과 권위를 영원히 두려워하는 인간을 만들어냄으로써 국민 대중이 한 줌의 힘 있는 사람들에 의해 지배될 가능성을 계속해서 조장하는 것이다."[16] 혁명적 청년들이 그들의 가정을 거부하는 편인 반면, 보수 반동적 청년들이 그들의 가정에 강하게 집착하는 것은 전혀 우연이 아니라고 라이히는 강력히 주장했다.

1933년에 출판된 『파시즘의 대중심리학』에서 라이히는 강요된 성 도덕, 가정, 그리고 권위주의적 국가 간의 관계에 대해 명료하게 진술했다. 그의 파시즘 연구에 있어서 중심이 되는 문제는 국민들이 어찌하여 자신을 노동대중의 이익과는 상반된 방향으로 이끌어 가는 정당을 지지하는가였다. 그는 이 문제에 접근하다가 히틀러의 권위주의적 독재를 지지한 각 사회계층 내의 요소들 사이에서 주요한 차이점을 찾아낸다. 소농, 관료, 그리고 중류층은 각각 경제적 조건 면에서는 다르지만, 비슷한 가정환경을 공유하고 있었다. 즉 라이히가 앞서 주장한 대로 '권위주의적 성격'을 만들어내는 환경이 바로 그러하다. 이러한 가정환경은 또한 국가주의와 군국주의를 유발시켰다. 고향이나 국가와 같은 개념의 정서적인 핵은 어머니와 가정이란 이념들이라고 그는 주장했다. 그런데 노동자층은 좀 느슨한 가족구조 속에서 생활한 경험이 있어 국가주의를 지향하기보다는 국제노동운동을 지향하곤 했다. 반면 중산층 가정은 참으로 국가의 축소판이며 어머니는 아동의 고향이다. 라이히는 "당신의 조국이 당신 생명의 어머니임을 잊지 마시오"라고 한 나치의 괴벨스Goebbels의 말을 인용했다. 어머니날 나치 신문은 "독일인의 어머니인 독일은 독일국가라는 개념을 낳아 준 유일한 모체이다. '어머니'의 개념은 독일인이라는 개념과 분리될 수 없다"고 선언했다. 그는 군국주의는 성욕에 대한 대리적 만족을 나타낸다고 주장했다.

"우리들의 가장 박식한 정치가, 양반들보다는 보통의 판매원 아가씨나 비서들의 유니폼이 주는 성적 효과, 율동적으로 걸어가는 오리걸음이 던져 주는 선정적인 효과, 그리고 군대 행진이 나타내는 전시효과를 사실상 더 잘 이해하였다."[17]

정치적 반동세력들은 이 호소력을 감지하여 번쩍이는 제복을 고안하고 성적 자유를 암시하는 '외국에서의 모험'을 강조한 모집 포스터를 내걸었다.

파시즘에 대한 노동계급의 지지는 자기들을 중산층의 성격구조와 동일시하는 데 근원이 있다고 라이히는 믿었다. 19세기에 심한 육체적·경제적 착취가 이루어질 때 프롤레타리아는 노동계급에 뿌리를 박은 성격구조를 지켰다. 이 시기에 노동자들은 그들 자신의 계급과 동일시하려는 경향이 있었다. 즉 그들은 그들 자신을 노동자로 의식하고 있었다. 그러나 20세기 들어서 노동자들은 그들의 물질적 조건을 개선시키면서, 즉 노동시간의 단축, 사회보장, 임금개선 등을 얻어내면서 노동운동을 강화하기보다는 오히려 자신들을 중산층과 동일시하려고 하였다.

"중하류층이 쓰는 침구를 사거나, 올바른 춤 동작을 배우거나, 고상한 의복을 한 벌 정도 사는 것으로 나타나며, 성욕을 억제함으로써 품위 있게 보이려고 한다. 그런데 이때 혁명적인 기질을 가진 사람은 오히려 보수 반동적으로 된다."

그런데 이런 생활의 진부함이 "매일 되풀이될 때엔 수천의 혁명적 시위운동이나 팸플릿이 할 수 있는 것보다 훨씬 보수반동적인 영향력"을 미친다. 중산층에 의지해온 노동계급은 대공황이 중산층의 세계를 파괴하자, 파시즘으로 돌아섰다.

라이히의 다음의 말처럼 "경제적인 여건이 좋아질 때는 중간층의 생활양식을 모방하려는 경향이 강화된다. 그런데 경제가 위기 국면에 왔을 때에도 위의 경향이 작용하기 때문에 혁명의식이 광범하게 전개되는 데 장애 요소가 된다."[18]

노동계급의 파시즘 지지에 대한 라이히의 분석은 프레이리가 피억압자가 어떻게 억압자와 동일시되는가, 또는 소외의식의 내면화가 어떻게 국민을 종속계급으로 몰아넣어 지배하게 되는가에 대해 경고한 것과 거의 생각이 일치한다. 노동계급이 중산층과 자신들을 동일시하는 것은 중산층 자체 문화보다도 더 단단한 중산층 문화를 가져왔다고 라이히는 주장한다. 노동계급 가장은 체면을 차리는 가운데 고도로 억압적이고 권위주의적으로 되었다. 어떤 의미에서 이것은 피상적인 상향 이동을 한 집단에서 모두 일어난다. 예를 들면 미국의 육체노동자들은 중산층적 체면을 갖추기 위해 이 길을 추종하였다고 주장할 수 있다. 미국의 흑인들은 지배문화에 접근하려는 시도로서 백인 중산층적 체통의 억압적 기질을 본받고, 그들의 자녀에게 어떤 도덕적 신조들을 부과하였으며, 또 매사를 '정확하게' 하라고 강요하였음직하다.

나치는 그들에 대한 지지가 가정과 성 억압에 기반을 두고 있음을 잘 알고 있었다고 라이히는 믿었다. 대중은 그들의 아버지에게 의존했던 것과 똑같이 영도자(the Füher, 아돌프 히틀러의 칭호)에게 종속되었다. 독일의 파시스트는 국가의 지주로서 가정의 개념을 강력히 지지했으며, 성 행위가 쾌락적 만족이 아니라, 오로지 국가 이익의 재생산과 부합되어야 한다고 확신시키려 했다. 히틀러가 1932년 총통 선거 연설에서 "여자의 궁극적 목적은 가정의 창조에 있어야 마땅하다. 그것은 전체 국가 구조 내에서는 가장 작지만 가장 가치 있는 단위이다"라고 한 것을 라이히는 지적했다. 히틀러는 "노동은 남자와 여자를 다 영예롭게 한다. 그러나 아이는 여자를 고귀하게 한다"[19] 라고 말했다.

1928년 라이히는 중요한 성 혁명을 수행하기 위한 시도로서 비엔나에 '성에 대한 조언과 연구를 위한 사회주의 학회Socialist Society for Sexual Advice and Study in Vienna'를 설립했다. 그는 말년에 이 모험에 대해 쓰면서 성적 자유의 혁명적 의미를 상기시켰다. 청소년의 성적 행위와 가정으로부터의 경제적 독립에 필요한 적절한 주택이라는 문제를 해결하기 위해서는 중요한 사회경제적 변화들이 일어나야 할 것이다.

"성 혁명은 또한 자신의 모든 활동과 존재를 인간의 본질적인 무력감, 즉 아동교육에 있어서의 자아 훈련, 그리고 어른이 되기 위한 점차적인 자기 충족감 성취 등 인간의 기본적이고 내적인 자기 만족감에 기반을 두고 있는 모든 정치적 경향을 비판한다."[20]

1930년 라이히는 비엔나를 떠나 독일로 갔다. 그것은 그의 사회 위생사업에 부정적 압력이 가해졌기 때문이었다. 독일에서 공산당은 라이히의 생각에 기초한 협회를 조직하는 데 동의했다. '독일 프롤레타리아 성정치학 협회German Association for Proletarian Sexual Politics'라고 하는 이 조직은 라이히가 계획한 기본 요소들을 포함한 강령을 내놓았다. 이 프로그램은 더 나은 주택 조건, 동성연애와 낙태를 반대하는 법률의 폐지, 이혼과 결혼법의 개정, 피임도구 사용과 출산조절 상담의 보장, 모자의 건강과 예방, 성교육 금지법의 폐지, 그리고 죄수들의 귀향 휴가 등을 요구했다. 라이히는 강연을 하고 성 보건소들을 세우면서 독일 전역을 두루 여행했다. 그러나 결국 라이히는 1933년 나치의 압력으로 독일을 떠나 코펜하겐으로 망명하지 않을 수 없었다.

비엔나를 떠나 독일로 향하던 해, 라이히는 성교육에 관한 그의 첫 번째 주요 저서인 『성혁명』을 출간했다. 이 책은 라이히 자신이 보수적 성교육이라고 비판했던, 러시아혁명에서 실패로 인식했던 부분에 대한 비판으로 쓰였다. 보수적 성교육은 성관계에서 신비로움을 제거하려 하였으며, 동시에 전통적 도덕관념을 유지하려 했다고 라이히는 생각했다. 대부분의 성교육 과정에는 자유로운 성행위를 금지하기 위해 성병이 강조되었다. 아이들은 인간의 육체와 성행위의 아름다움에 대한 말을 들었으나, 결혼을 전제로 하도록 주의를 받았다. 라이히에게는 성교육과 도덕적 기준 간의 그러한 타협은 용납될 수 없었다. 그것은 성적 자유와 자율을 위한 매개가 되어야만 했다.

라이히는 자신이 '붉은 파시즘'이란 용어를 붙인, 혁명 초기 소련의 급진적 정책에서부터 1920년대 후반과 1930년대의 권위주의적 정책에 이르기까지 성과 결혼법의 발달을 추적했다. 이는 가정이 교육과 권위의 핵심임을 다시 한 번 확증하려는 의도를 포함하고 있었다. "아동의 자치를 보호하고 권위주의적 형태의 학교를 추방하기 위한 우리의 싸움에서 우리는 소련을 지적하지 않을 수 없다." 그는 전체주의 국가의 성장, 성해방의 종식, 국가의 중심기관으로서 가정의 재확립, 실험적인 자유교육의 종식 등은 모두 똑같은 현상을 나타내는 부분들이라고 주장했다.[21]

1917년 12월 초 레닌은 남자가 가정에 대한 지배력을 상실할 것이며, 여자들은 경제적·성적 자유와 자신의 이름, 주거 및 시민권을 결정할 권리를 얻게 될 것이라고 선언했음을 라이히는 지적했다. 결혼은 이제 교회의 권력이 배제되고 순전히 세속화되었다. 상호합의에 의해 결혼을 파기할 수 있도록 하는 자유이혼법 제도로 인해 가정은 더욱 약화되었다. 아동교육도 집단적 사업으로 되었다.

1920년대 말 라이히가 소련을 방문하는 동안 가장 깊은 인상을 받은 학교 중의 하나는 모스크바에 있는 아동을 위한 페라 슈미트의 정신분석원이었다. 1921년에 설립된 이 학교는 라이히가 교육의 역사상 "유아기 성 이론에 실제적 내용을 부여한 첫 번째 시도"라고 본 것이었다. 이 학교는 아동 공동체란 배경 속에서 자율성의 발달을 강조했다. '사회적 적응'은 도덕적 판단(아동에 의해 이용되는 것이 아니고 성인의 이익에 봉사하는)의 산물이 아니라, 아동의 '실제 사회생활'의 산물이다. 슈미트 학교의 교사들은 아동의 행동에 관하여 일체의 칭찬과 비난, 그리고 판단을 하지 않았다. 아이를 안거나 입을 맞춰 주는 등의 지나친 애정 표시를 해서도 안 된다, 왜냐하면 그런 것들은 단지 어른들이 자신의 불만족스런 성욕을 보상하기 위한 방편에 지나지 않기 때문이다. 규제조치와 도덕적 판단이 없었다면 '때려줌으로써 입은 상해를 입맞춤으로 보상할'[22] 필요는 없을 것이다.

라이히는 진정 아이들이 또래의 공동체 안에서 스스로 사회적으로 적응하게 하는 데 동의했다. 이것은 아이들로 하여금 권위주의적인 부모의 모습을 따르도록 가르쳐온 가정의 권위로부터 아이들을 해방시키는 것이다. 대신 아이들은 그들의 공동체 안에서 각자 자기 필요와 자기 통제의 기반 위에서 행동하는 것을 배웠다. 라이히는 인류학 연구에서 이런 생각을 지지해주는 내용을 발견했다. 라이히를 매우 감동시킨 비억압적 성문화의 전형인 트로브리안드 군도 사람들 사이에서는 아이들에게 많은 자유를 주고 부모의 권위로써 강제하지도 않았다. 비록 부모들이 자녀를 꾸짖거나 달래기도 하지만 결코 아이들에게 명령을 내리거나 불평등한 것을 강요하지는 않았다. 이러한 자유가 가져다준 중요한 결과 중의 하나로서, 아이들이 그들 자신의 독립된 공동체를 형성할 능력을 갖게 된 것을 들 수 있다. 트로브리안드 군도의 아이들은 낮에는 부모와 함께 남아 있거나 혹은 축소판 공화국에서 친구들과 어울렸다. 이러한 공동체내의 어린이 세계는 그 자체의 필요와 욕망에 따라 기능했다. 그것은 권위가 없는 사회화로의 매개체가 되었으며 부모들에 대한 집단적 반항의 수단을 제공하기도 했다.[23]

트로브리안드 군도와 슈미트 학교 학생들 사이에서 자율의 가장 중요한 요소는 성적인 자유이다. 한 정신분석원에서는 성 행위에 대해 아무런 도덕적 판단도 하지 않았으며, 아이들은 그런 성 행위들을 다른 신체기능과 같이 취급하도록 가르쳐졌다. 아이들은 자유롭게 서로에 대해 자세히 검사해 보거나 서로의 벌거벗은 몸을 바라봄으로써 그들 사이의 성적 호기심을 만족시킬 수 있었다. 이런 성적 충동에 대한 자율을 통해서, 쾌락을 주지도 받지도 못하도록 무장된 권위주의적 개인들이 갖게 되는 성적 불안과 일반적인 쾌락불안으로부터 벗어날 수 있었다.[24]

그 정신분석원에서 발견된 유형의 자유와 공동체는 의미 있고 적극적인 사회 변화에는 필수적이었다. 라이히는 "이데올로기의 형성사는 모든 사회 체제가 그 자체를 인간 속에 정착시키기 위해 의식적으로든 무의식적으로든, 아이들의 대한 영향력을 이용한다는 것을 보여준다"[25]라고 썼다. 예를 들어 성교육 방법은 직접적으로 경제적인 기업의 기능과 연관되어 있다. 자기 통제된 성욕은 자발적이고 자연스럽게 흘러가는 생산적인 일로 이어진다. 반면 본능이 억압을 받으면 일을 의무로써 처리하게 된다. 아이가 혁명적 신념을 주입받아야 하는가, 아닌가라는 전통적이고도 근본적인 딜레마를 라이히가 제기한 것은 성적·사회적 자기 통제에 관한 이러한 논의의 맥락에서였다.

이 문제는 자치적이고 비권위주의적인 사회가 어떻게 그 사회의 아이들 속에서 재생산되느냐라는 관점에서 논의되었다. 이 문제를 다루는 방법으로 두 가지가 고안됐다. 하나는 '가부장적이 아닌 혁명적 이념'을 주입하는 것이다. 다른 하나는 이러한 혁명적 교화의 생각을 포기하고 '집단적으로 저절로 우러나와 반란 없이 일반적인 혁명의 분위기를 스스로 받아들이도록 아동의 집단구조'[26]를 창출하도록 노력하는 것이다. 물론 라이히는 이데올로기의 참 의미가 개인의 성격구조에 의해 결정되기 때문에 후자 쪽을 주장했다. 권위주의적인 성격의 사람들이 급진적인 사회철학을 설교하고 이를 그

대로 실행하면, '전체주의'로 끝나는 수가 있다. 자율적 사회를 향한 가장 중요한 조치는 확실히 권위주의적인 성격특성을 없애도록 하는 것이다.

『성혁명』의 마지막 장에서 라이히는 유아기와 청소년기의 성욕에 대해 있어야 할 사회적·법적 조치를 대략 밝혔다. 그는 새로운 사회질서의 핵이 될 집단주의 교육의 시범 기관들을 설립할 것을 요구했다. 이런 기관들은 방법을 수정·개선키 위한 과학적 탐구가 곁들여지면 슈미트 학교와 유사한 방식으로 기능하게 될 것이다. 라이히는 출산조절 방안을 대중적 규모로 보급할 것을 요구했다. 그는 또한 "청소년들과 미혼자들의 주택 문제가 해결되지 않으면 소련식 성 혁명이 파국적 실패를 거듭하지 않을 수 없다"라고 주장했다. 이것은 라이히가 주장한 바대로 정부가 젊은이를 위해 비상 주택들을 마련해줌으로써 이룩될 수 있다. 국민은 정부가 완전하게 모든 사람의 성적 행복을 보장해주어야 한다는 점을 확실히 해야 할 것이다. 이런 변화들에 덧붙여 라이히는 국민 대중에게 성에 관한 강의와 계몽적 토론을 주도할 광범한 연구기관의 설립을 요구했다. 이것을 통해 아이들과 청소년들이 성 불안과 성적 죄의식에 사로잡히지 않도록 보호해야 할 것이다.

자율적 성격구조를 형성시키는 이상적 사회는 라이히에 의해 '노동민주주의'라고 불리어졌다. 이 사회에서 국민들은 정치구조에의 종속을 벗어나려고 할 것이다. 오히려 사회조직 형성은 바로 노동활동으로부터 필연적으로 이루어질 것이다. 라이히에게 정치와 정당은 개인의 권력을 강화하고 종속성을 촉진하기 위한 비합리적인 기제였다. 정치에 대한 사회적 비합리주의는 정치가들이 전혀 문외한인 분야조차도 판단을 내릴 수 있는 권력을 사회로부터 부여받았다는 사실로써 입증된다. 정치가의 권력은 신화의 힘과 비슷하다. "정치가는 수백만의 사람들을 속일 수 있는 위치에 있다. 예를 들어 자유를 확립하겠노라 약속해놓고 실제로는 그렇게 하지 않아도 되는 것이다. 아무도 그가 한 약속을 지킬 수 있을 것이라는, 약속이 그렇게 쉽게 깨어지지 않을 것이라는 증거를 요구하지 않았다"라고 하였다. 이런 의미에서 정치는 종교와 같은 기능을 하며 사실상 그 대용품이다. 정치가와 마찬가지로 신화는 "대중에게 사후死後 생활이 있는 것 같은 신념을 불어넣는다. 그리고 그는 어떤 증거도 제시할 필요가 없다."[27]

자율적 노동민주주의에서 정치의 비합리주의는 노동 상황에서 자라난 조직으로 대체될 것이다. 철도 체계를 조직하거나 우편 체계를 운영하기 위해 어떤 정부나 정치조직도 필요하지 않을 것이며 오히려 수송과 체신의 '사회적 필요'로부터 이런 조직들이 직접 생겨날 것이다. 자율적 성격구조를 가진 사람들은 비합리적 정치권위에 승복하지 않으며 특정한 과업을 성취할 필요를 제공하고 또한 그 합리적 수단을 제공할 사회적 기구를 요구할 것이다.

물론 이러한 꿈은 전통적 아나키즘의 이상으로서, 정치가 끝나고 권력을 민중에게로 되돌려주는 것과 흡사하다. 이 논쟁에 대한 라이히의 중요한 공헌은 인성personality과 사회구조 간에 존재하는 관계의 중요성을 집중적으로 밝혀낸 것이다. 이것은 우리에게 슈티르너의 자아소유에 대한 요구와 프레이리의 사회현실에 대한 체험적 자각에 대한 관심 등을 넘어서는 또 하나의 발전을 가져온 것이다. 요컨대, 그는 자유로운 분위기가 더욱 많은 자유를 추구하는 성격을 창조하도록 돕는다고 말한다. 마찬가지로 사랑과 쾌락을 줄 수 있는 능력은 그것을 경험할 수 있는 능력에 달려 있다. 억압은 어떤 것이든 간에 사람들의 쾌락뿐 아니라, 그들이 사랑을 주고 남을 행복하게 해줄 능력까지 위축시킨다. 라이히에게는 이 점에 관한 한 아무런 타협도 있을 수 없었다. 만일 자율적이고 피학적인 사람들의 사회를 원한다면, 그는 도덕적 억압이나 권위주의적 제재, 그리고 쾌락불안이 없는 분위기에서 아이들을 길러야 할 것이다.

1940년대 말 라이히는 『예수의 피살The Murder of Christ』을 저술했다. 라이히는 예수의 자아 통제적이고 자유로우며, 사랑스럽고 자발적인 성격의 특성을 가장 시적인 표현으로 묘사하고 있다. 그런데 무장된 사람들은 예수를 죽이고 그의 메시지를 신비주의와 억압의 종교로 전환시켰다. 예수의 메시지는 매우 솔직한 것이었는데 무장된 사람들의 몰이해로 인해 신비화되었다. 예수는 이사야를 인용했을 때 이 사실을 알았음에 틀림없다.

"너희는 듣고 또 들어도 알아듣지 못하고, 보고 또 보아도 알아보지 못하리라. 이 백성이 마음의 문을 닫고 귀를 막고 눈을 감은 탓이니, 그렇지만 않다면 그들이 눈으로 보고 귀로 듣고 마음으로 깨달아 돌아서서 마침내 나한테 온전하게 고침을 받으리라(마태 13:14, 15)."

"그들은 보고 듣고 지각한 것을, 듣지도 보지도 마음으로 느끼지도 결코 못한다." 라이히는 이를 '무장armor'이라고 지칭했다.

예수는 세상으로부터 기쁨을 빼앗지 않으면서 사랑하고 쾌락을 줄 수 있는 능력의 상징이었다. 그는 자신의 삶을 순수한 사랑의 말로 표현하였다. "예수의 표현은 동이 트는 이른 봄날의 아침 초원과 같은 것이다. 여러분은 그것을 볼 수 없지만 당신이 타락하지 않았다면 그것을 온몸으로 느낄 것이다"라고 라이히는 썼다. 그 광채를 느낄 수 없었던 것은 바로 그 잘못 무장된 사람, 붉은 파시스트, 그리고 소시민적 감상에 젖은 사람이었다. 노동 민주주의와 성적 자유의 세계는 예수와 같은 방식으로 행동하는 사람들로 가득 차게 될 것이다.

"예수는, 껄껄 웃고 기쁨의 환성을 지를 수 있다. 그는 사랑을 표현하는 데 아무 제약이 없다. 자신을 동료에게 완전히 내어주면서도 본래의 고귀함을 조금도 잃지 않는다. 그가 땅 위를 걸을 때 그의 두 발은 마치 한 발짝마다 뿌리를 박으려 하며, 또 다른 뿌리를 내리려고 다시 발을 떼어놓으며 흙에 굳건히 서 있다."[28]

A. S. 닐은 1937년 라이히와 만나기 전에 여러 해 동안 그의 교육 이념을 이론화하고 실천하였다. 그들은 처음 만나고 나서 사귀는 몇 해 동안, 라이히는 심리학적인 면에서 닐의 여러 생각을 보완하고 서머힐 학교에서 이루어지는 자율적 성격 형성 교육에 영향을 미쳤다. '서머힐'은 20세기를 통하여 자유학교 운동의 상징이 되었다. 확실히 그것은 1960년대 미국의 자유학교 운동의 발전에 큰 충격을 주었다. '자유학교free school'란 결국 사람들 속에 자율적 성격구조를 형성시키는 것을 목적으로 하는 학교를 의미하게 되었다.

　라이히를 만나기 전에 닐은 애들러, 프로이트, 그리고 호머 레인Homer lane 등을 포함한 여러 방면의 사람들에게 영향을 받았다고 말했다. 그는 자신이 집중적으로 심리학을 연구한 것은 아니고, 중요한 심리학적 논의들을 긁어 모았을 뿐임을 인정했다. 그의 초기의 철학은 실제 경험과 대중화된 프로이트 심리학이 혼합된 것이었다. 1920년대 그의 이상은 자유학교 이념을 전 세계에 퍼뜨리는 것이었다. 그는 심지어 헨리 포드에게 그의 공장에서 학교용 대형 통학열차를 생산하라고 제안하는 편지를 쓰기까지 했다. 1930년대에 닐은 자본주의 사회의 경제에 대한 비판적 통찰을 가지게 되었다. '서머힐'이 20세기 급진적 교육의 중요 제도로 등장한 것은 프로이트 이론과 급진적인 정치·경제적 분석을 결합했기 때문이다.

　닐은 '서머힐'을 설립·경영하면서 범죄와 절망, 불행으로부터 세계를 구제할 수 있는 방법을 제시하고 싶었다. 그의 초기 저작은 제1차 세계대전 이후 유럽을 휩쓴 미몽과 실패의 맥락 속에서만 이해될 수 있다. "우리의 교육, 정치, 그리고 경제는 대전쟁으로 유도되었다"라고 그는 1920년대에 썼다. "우리의 의술은 질병을 제거하지 못했으며, 우리의 종교는 고리대금업과 강도질을 없애지 못했다……." 세계가 가지고 있는 문제의 근원과 아동교육의 주된 문제는 자연스런 인간의 욕구를 억압한 데 있다. 닐은 『문제아The

Problem Child』에서 "나는 아동을 악하게 하는 것이 도덕교육이라고 믿는다. 말썽꾸러기 아동에게 그동안 받아오던 도덕교육을 그만두게 했을 때 자동적으로 선량한 소년이 되는 것을 종종 보았다"[29]라고 솔직하게 말했다.

닐에 의하면, 사람들은 종종 본성의 일부인 '생명력'과 도덕교육에 의해 생겨난 자아 간의 갈등상태에 놓여 있는 자신을 발견하곤 하는데, 모든 행동은 이들 두 요소 간의 '긴장관계'로 볼 수 있다. 이때 도덕교육은 그 반대를 조장하는 경향이 있다. 예를 들어 아동의 이기심을 억제하는 어머니는 그 아이가 이기적일 것이라고 확신하기 때문이다. 무엇을 훔친 사람은 어릴 때 받은 억압적 도덕교육과 관련되어 행동하고 있다. 도덕적 권위와 양심의 존재를 분명 문제의 근원으로 인식한 점에서 닐은 슈티르너 같은 아나키스트의 전통을 따르고 있었다. '도덕군자'와의 가상의 대화에서, 그는 이러한 권위의 상징적인 모습들, "즉 경찰이 추방된다면 세상은 보다 정직해지리라 믿습니다…… 범죄를 만드는 것은 법률입니다"[30]라고 말했다.

1940년대 말 메인에 있는 라이히의 연구소에 있는 동안 닐은 이전의 저술들을 다시 요약하면서 "나는 그것들을 읽으려고 앉았는데 공포에 가까운 심정으로 그것들이 구시대의 유물이란 것을 느꼈다"[31]라고 고백했다. 이 초기의 사상을 라이히식 사고로 재구성하는 것은 어렵지 않았다. 도덕이 적개심, 공격성, 그리고 불행을 유발한다는 개념은 라이히의 성격 무장과 쾌락–불안 개념으로 뒷받침되었다. 물론 그들이 즉각 동의했던 점 하나는 적개심과 공격성이 없는 세계는 아이들에 대한 총체적인 자유에 달려 있다는 점이다. 라이히는 종종 '서머힐'에서 청소년의 성관계를 격려하지도, 크게 발전시키지도 않았다는 데 대해 자책했다고 닐은 주장했다. 닐은 "나는 그에게 청소년의 완전한 성생활을 허용하는 것을 만일 정부가 들었거나 듣는다면, '서머힐' 학교는 종말을 고할 것이라고 말했다"[32]라고 썼다.

닐의 변함없는 생각 중 하나는 자유학교 안에서의 자유와 방종 간의 구별이었다. 자유는 아무 행동이든 할 수 있는 권리가 아니라, 도덕적 훈육으로부터의 자유를 의미했다. 만일 한 소년이 피아노에 못을 박고 있었다면 어떻게 하겠느냐는 질문에, 그는 "당신이 그 아이에게 못질에 대한 도덕심을 가르치지 않고 그 아이를 피아노에서 떼어놓기만 하면 문제될 게 없다"고 말했다. 다시 말해서 그는 도덕적 징벌의 형태를 취하지 않고, 사람이 하는 행동을 멈추게 할 수 있다고 주장한 것이다. 또 하나 닐이 든 예는, 연장을 비오는 바깥에 내버려 둔 아이의 얘기였다. 이 경우 비는 그 물건에 해로운 것이지, 추상적인 의미에서 도덕적으로 선하거나 악한 것이 아니다. 아이에게 자유를 준다는 것은 그에게 내면화된 도덕적 권위나 도덕심을 강요하지 않고 자라날 기회를 주는 것을 의미한다.[33]

닐의 자유 개념은 슈티르너의 자아소유 개념과 아주 비슷하다. 닐은 "아이에게 자유를 주는 것은 쉽지가 않다. 그것은 우리가 그에게 종교나 정치, 또는 계급의식을 가르치지 않겠다는 것을 의미한다"라고 했다. 자유는 자기 자신의 이상과 신념을 소유하거나 선택할 권리이다. 자유학교의 기능은 이 개념의 필수적인 제도화를 제공하는 것이다. '서머힐'은 1920년대에 닐이 한 말, 즉 "아무도 타인에게 자기 자신의 이념을 강요할 정도로 선하지는 못하다"[34]는 것을 반영한다. 개인 각자가 이런 이념들을 탐구하고 선택할 수 있는 입장이어야 할 것이다.

1930년대까지 닐은 그의 교육적 이념을 급진주의적 정치사상과 연결시키기 시작했다. 예를 들어 1935년에 한 잡지에서 교육과정상의 순종과 권위를 다루는 일련의 의문들에 대하여 닐과 영국의 교장 2명의 대담을 게재했다. 닐은 그들에게 개인의 자유로운 발전이 어느 정도로 국가 이익과 상충되고 있으며, 자유에의 욕구가 책임감과 조화될 수 있는지에 대한 질문을 하였다. 이에 대하여 두 교장은 대체로 자유주의적 입장에서 학교는 국가에 대해 협동과 책임감을 촉구할 수 있다고 대답했다. 닐은 그 당시에 국가는 생산 본능보다 소유 본능을 강조하는 자본주의 체제를 대표하고 있다고 말하였다. 자본주의 체제하에서는 창조적 사랑의 가능성이 없고 "……이에 상반되는 '소유적 사랑'밖에 없다. 비자본주의 하에서만 자유와 사랑과 교육의 가능성이 있다"라고 그는 주장했다. 닐에게 있어서 이 질문에 대한 대답은 국가의 본질에 관한 것이었다. 만일 국가가 자본주의적이고 권위주의적이면, 개인의 자유로운 발전은 자신의 이익과 상충될 것이고, 반면에 "만일 국가가 정당하고 인도적이며 애정적이라면, 개인의 자유로운 발전은 국가의 이해와 충돌하지 않을 것이다"[35)]라고 말했다.

1939년에 쓴 『문제교사』에서 닐은 학교교육의 본질과 정치·경제체제와의 관계를 상세히 밝혔다. 그는 이 책에서 "국가의 목적에 봉사하는 학교는 자기의 체제가 무너지지 않도록 하기 위해 학생들에게 노예근성을 강요하고 있다"고 단호하게 말했다. 그는 히틀러의 통제방식과 오로지 '예스맨'을 만들어내는 교육체제 간에 직접적 연관이 있다고 생각했다. 대체로 그의 주장은 학교교육이 국가이익의 한 기능으로 전락한 데 대해 비판하는 급진주의의 전통적인 입장을 취하고 있다. 독일과 이탈리아에서의 국가주의 학교교육이란 '파시즘'을 뜻한다. 영국에 있어서는 각 세대를 자본주의 경제체제에 적응하도록 준비시키는 것을 의미했다. 영국의 학교들은 노예근성을 길러낼 뿐 아니라, 노동계층의 효율적인 지도자로서의 통솔력을 거세한다. 이 점은 영국과 미국의 중등학교 발전에 있어서 가장 중요한 비판의 하나로 고려되어야 한다. 교육정책에 있어 주요 정책기관은, "중등학교인데 이는 노동계층의 아동을 사무원, 교사, 의사, 그 밖의 전문직 등의 화이트칼라로 옮겨주는 역할을 한다. 이 때문에 노동자들은 그들의 고귀한 인간적 속성을 빼앗겨버렸다."[36)]

닐의 학교교육에 대한 최근의 비판은 라이히와 접촉하여 받은 영향을 어느 정도 반영한 것이다. 라이히는 가정은 축소된 국가이며, 모든 국가가 가정을 그렇게 강조하는 것은 바로 가정이 복종으로 이끄는 훈련을 시키기 때문이라고 주장했다. 그러나 닐은 라이히의 주장보다 한 걸음 더 나아가 의미 있는 입장을 취한다. 그는 학교 권력이 가정생활의 재생산에 기초하고 있다고 주장했다. "이론적으로 학교교육을 가정의 영향력을 교정시키는 수단으로 생각할 수도 있으나, 실제로는 학교가 가정생활을 더욱 연장시켰다." 닐은 계속해서 가정의 우두머리로서의 아버지와 40명 이상인 아동들의 우두머리로서의 교사를 비교했다. 사실 학교 내 상황이 가정의 사정보다 더 나쁠지도 모른다. 왜냐하면 교사는 반드시 대개의 아버지들이 자기 아이들에게 느끼는 사랑을 갖지 못하기 때문이다. 학교 안에서는 오히려 아버지의 적대적인 면들이 교사를 통해 더 나타난다. "그리고 이것은 더욱 엄한 교사에게 해당되는데, 그 이유는 그가 베풀어줄 사랑은 가지고 있지 않고 오직 미움만 가지고 있기 때문이다."[37]

가정과 기존 학교들에 대한 비판은 이러한 제도들의 폐지를 고려한 것이 아니라, 서머힐 같은 학교들을 보급시켜서 고쳐나가는 것을 뜻했다. 그는 1944년의 저술에서 사회주의 국가가 수립되어 국립 기숙사 학교제도가 마련되기를 희망했다. 그는 "나는 그런 학교가 당연히 어린이 각자가 자치와 자기결정을 할 수 있는 자유학교 같은 것임을 구체적으로 밝혀둔다. 말하자면 '서머힐'의 나라를 연상하는 것이다"라고 썼다. 그런 학교가 널리 보급된다고 해서 가정이 밀려나는 것은 아니고 아이들에게 핵가족이란 좁은 울타리를 벗어날 수단을 제공하는 것이다. 닐은 핵가족은 아이들에게 그렇게 좋지 않다고 주장한다. 그것은 접촉할 수 있는 넓은 공동체가 부족하다는 면에서 권위주의적일 뿐 아니라 억압적이기도 하다. '서머힐' 같은 학교의 아동은 가정의 권위로부터 자유로울 뿐 아니라 아주 다양하게 자기 결정을 해가는 사람들과 어울림으로써 풍부한 자극을 주는 교제를 할 수 있기 때문이다. 닐은 대부분의 사람들이 자신의 생각에 동의하지 않음을 서글프게 생각했다. 즉 "대부분의 사람들은 아이들에 대한 훈육이 필요하다고 믿고 있다. 대부분의 아동은 과일나무처럼 다루고 규칙적으로 가지를 쳐주어야 한다고 어른들은 생각한다."[38]

그런데 닐은 대부분의 '문제아'들에게는 자유만이 유일한 치료가 된다고 굳게 믿었다. 그러면서도 닐은 라이히처럼 집단치료 방법에 관심을 가지고 있었다. 1940년대 이르러 그는 '정신분석'만이 필수적인 치료술은 아니라는 결론에 도달했다. 자유를 이해하고 믿는 사람이라면 누구라도 문제아를 도울 수 있다. 라이히와 마찬가지로 닐은 급진적 치료에는 환자를 개별적으로 치료하는 것뿐 아니라, '억압'을 유발시킨 사회적 조건까지 제거하는 일도 포함되어야 한다고 믿었다.

닐은 바로 이러한 급진적 치료의 관점에서 프로이트주의의 일반적인 흐름을 비판한 것이다. 그는 대개의 프로이트주의자들의 실패는 자신을 어떤 '사회운동'과 연결시키기를 꺼린다는 점에 있다고 주장했다. "심리분석을 아무 것과도 관련시키지 않으려 한다. 오이디푸스 콤플렉스father-complex가 나쁘다는 것은 알지만, 학교에서의 공포와 권위를 제거하려는 운동은 벌이지 않았다."[39] 닐은 또한 프로이트가 없었다면 '서머힐'이 존재할 수 없었을 것이라는 점을 인정했다. 그러나 '서머힐'이 이룩한 것은 대부분의 정신분석 운동이 실패한 곳에서 이론과 실제 사회조직의 괴리를 이어주었다는 점이다. '서머힐'은 프로이트적 이론가에 의해 규정된 사회적 문제들을 제거할 수 있는 제도를 세우려는 시도였다. 이런 의미에서 '서머힐'은 진보적 사회치료법을 대표한다.

1947년 닐은 처음으로 미국을 여행했는데 그때 메인에 있는 라이히의 연구소에 머물렀다. 체류기간 동안 닐은 『문제가정The Problem Family』을 저술했는데, 그는 이 책에서 사회주의가 인간의 행복과 자유를 보장하기에 충분치 않다고 주장했다. 그는 "나는 사회주의와 성-경제sex-economy, 국가주의와 유연한 제도와의 결합을 원한다"라고 한 라이히의 이념에 동의했다. 왜냐하면 제도가 유연해지면 영혼이 아주 자유로워질 것이라고 생각했기 때문이다.[40] 닐은 사회주의 및 공산주의 운동을 확립시키려는 이전의 학습을 그만두었다. 또한 그는 정치와 정치적 민주주의에 기초한 해결책들도 거부했다. 그가 받아들였던 것은 자율적인 개인들이 정치적 비합리주의를 거부하고 필요와 욕구로부터 사회조직을 구성하는 라이히적인 '노동민주주의'였다. 서머힐의 자유로운 생활은 이제 노동민주주의의 원형이었다.

『문제가정』에서 닐은 그와 라이히의 의견을 되풀이하였다. 그것은 문명사회의 핵심적인 문제는 가정의 구조문제라는 점이었다. 또 그는 가정의 구조를 국가와 학교의 조직과 연결시켰다. 닐은 이제 학교가 직접적인 계급이익의 산물이라고 정의하면서 다음과 같이 이용되고 있다고 말했다.

"부유층은 그들의 특권을 계속 유지하기 위해 노동자를 삶으로부터 상징적으로 거세시키는 훈련을 강요하여 노동자들을 반항할 기운이 없는 나약한 하층계급으로 만들어 그 위에 안전하게 자리 잡게 된다."[41]

현대사회의 문제는 자유로운 가정과 자유 없는 가정 중에서 어떤 선택을 하느냐이다. 자유로운 가정의 아이들은 도덕적 훈련에 의해 형성된 내면적 권위로부터 자유롭다. 이러한 시도는 가정 안에서 가능한 일이다. "가정에서 많은 부모들이 그렇게 한다. 그리고 오늘날은 아이들을 때리거나 성을 지나치게 도덕화하지도 않고 신에 대한 공포를 주지 않으려는 부모들이 아주 많아지고 있다"[42]라고 닐은 썼다. 가정 안의 자유는 학교 안에서, 그리고 대개 사회 속에서 반영된다. 예를 들어 가정 안의 자유는 강제 결혼의 폐지를 포함한다. 결혼은 두 사람의 사랑에 의해서만 이루어질 것이다. 자유로운 가정, 서머힐, 그리고 노동민주주의는 모두 상호 관련된 부분들이다.

라이히와 닐에게 있어 교육과 양육은 자유롭고 자율적인 개인이 성장하도록 격려하는 것을 목표로 하는 것이었다. 그들은 법이나 정치적 자유 앞에서의 '자유'라는 자유주의적 의미가 아니라, 슈티르너주의적인 자아소유의 의미에서 자유를 사용하고 있다. 사람은 죄에서 해방될 때 진정으로 권위에서 해방된다고 말하고 있다. 라이히와 닐은 아동의 실제 정신적 성장을 자유의 문제에 둠으로써 아나키즘적 교육에 새로운 차원을 제시하였다.

***

1) A. S. Neill, "The Man Reich," in *Wilhelm Reich*, by A. S. Neill, Paul and Jean Ritter, Myron Sharaf, Nic Wool (Nottingham : The Ritter Press, 1958), p. 21.

2) Sigmund Freud, *Civilization and Its Discontents* (London : Hogarth Press, 1949) 를 보라.

3) Wilhelm Reich, *The Discovery of the Orgone : The Function of the Orgasm* (New York : Farrar, Straus and Giroux, 1970), p. 133.

4) *Ibid.*, p. 53.

5) Wilhelm Reich, *The Mass Psychology of Fascism*, p. 19.

6) *Ibid.*, pp. 19–34.

7) Reich, *The Discovery of Orgone*, pp. 114–130.

8) *Ibid.*, p. 124.

9) *Ibid.*, pp. 143–163.

10) *Ibid.*, p. 156.

11) *Ibid.*, p. 158.

12) *Ibid.*, p. 153.

13) Wilhelm Reich, *The Invasion of Compulsory Sex-Morality* (New York : Farrar, Straus and Giroux, 1971), p. 146.

14) Wilhelm Reich, *The Sexual Revolution* (New York : Farrar, Straus and Giroux, 1962), p. 72.

15) *Ibid.*, p. 77.

16) *Ibid.*, p. 79.

17) Reich, *The Mass Psychology of Fascism*, p. 32 · pp. 55–59.

18) *Ibid.*, pp. 68–74.

19) *Ibid.*, p. 61.

20) Reich, *The Sexual Revolution*, p. xiv.

21) *Ibid.*, pp. 153–160.

22) *Ibid.*, p. 240–247.

23) Reich, *The Invasion of Compulsory*, pp. 9–10.

24) Reich, *The Sexual Revolution*, pp. 243–246.

25) *Ibid.*, p. 236.

26) *Ibid.*, p. 237.

27) Reich, *The Mass Psychology of Fascism*, p. 377.

28) Wilhelm Reich, *The Murder of Christ* (New York : Farrar, Straus and Giroux, 1971).

29) A. S. Neill, *The Problem Child* (New York : Robert M. McBride, 1927), p. 18 · p. 114.

30) *Ibid.*, p. 52.

31) A. S. Neill, *The Problem Family* (New York : Hermitage Press, 1949), p. 17.

32) A. S. Neill, "The Man Reich," pp. 24–25.

33) Neill, *The Problem Child*, p. 100.

34) *Ibid.*, pp. 211, 231-232.

35) A. S. Neill, "Authority and Freedom in the School," *The New Era*, 16:23 (January, 1935), pp. 22-25.

36) A. S. Neill, *The Problem Teacher* (New York : The International Press, 1944), pp. 19-32.

37) *Ibid.*, p. 27.

38) A. S. Neill, *Hearts Not Heads in the School* (London : Herbert Jenkins Ltd., 1944), pp. 31-34.

39) *Ibid.*, p. 21.

40) Neill, *The Problem Family*, p. 177.

41) *Ibid.*, p. 173.

42) *Ibid.*, p. 151.

8_
가족과
아동기로부터의 해방
그리고 키부츠 운동

라이히와 닐은 핵가족의 도덕적 구속으로부터 아동해방을 생각하긴 했지만, '아동기childhood'라는 개념 자체로부터 아동을 해방시키는 것을 고려하지는 못했다. 그들이 제시하는 해결책은 단순히 아동양육 과정을 핵가족에서 아동공동체로 옮기는 것이었다. 이는 아동기와 청소년기를 영속화하는 것으로, 이 기간에 아동들은 오히려 사회의 주요한 사회·경제적 힘으로부터 격리되어 계속 종속상태에 머물러 있게 된다. 닐은 아동기와 청소년기에 대한 근대적 개념에 사로잡혀 핵가족에 의한 통제를 제거하여 다른 통제제도로 대체시켜야 한다고 생각한 것이다. 그가 '서머힐'에서 발견한 해결책은 다음과 같은 문제들을 해결하지 못했다. 즉, 제아무리 심오한 자유에 대한 개념일지라도 집단적인 아동양육 행위가 핵가족보다 더 해롭거나 핵가족만큼 해로울 것인지의 여부, 핵가족의 문제가 아동기와 청소년기에 대한 근대적 개념들의 한계 내에서 파괴만으로 해결될 수 있는지의 여부 등 아동의 행동과 행위들을 아마도 포함해야만 할 것이다.

아동과 가족과의 관계문제를 접근하는 한 방법은 이를 역사적으로 변천하는 아동기와 청소년기의 개념에 비추어 생각해보는 것이다. 아동을 아동기에 대한 근대적 개념 및 핵가족에서 해방시키는 데 대한 몇 가지 중요한 논의 가운데 하나로 필립 아리에스Philippe Aries의 근대적 고전인 『아동기의 세기Centuries of Childhood』를 들 수 있다. 그는 아동기, 가정 및 학교라는 개념 발전의 상호연관성을 추적했는데 아동기의 개념은 서구문화 속에서 극히 최근에 등장한 것이라고 주장했다. 중세에는 남자아이건 여자아이건 기저귀를 벗자마자 성인세계에 통합되어 놀이와 사회생활, 그리고 복장 등을 같이 하였다. 아동은 격리되지도, 특별한 부류로 규정되지도 않았다. 그 당시 가족은 작은 핵가족 단위로 존재하지도 않았으며, 결혼에도 별다른 의미를 부여하지 않았다. 결혼은 원래 가문의 이름과 재산을 넘겨주기 위한 경제적 제도였다. 무엇보다 중요한 것은 공동체였다. 공동체는 사회활동의 중심이었으며 사회화를 위한 중요한 장소였다. 각 연령층으로 구성된 바로 이 공동체에 아동이 들어가 통합되었던 것이다.

중세 이후 아동의 개념, 핵가족의 중요함, 그리고 학교의 역할이 모두 나란히 발전하면서 서로 강화 작용을 해나갔다. 학교는 아동기라는 특별한 연령기간을 구분 짓게 하였고, 가정은 아동의 복지에 각별한 주의를 기울여야 한다고 가르쳐졌다. 아동은 성인사회에서 떨어져 나와 성인과는 다른 별개의 기대와 사회생활로 이루어진 특별한 위치에 편입되었다. 가족은 작고 독립된 핵 단위로 스스로를 규정짓기 시작했다. 아리에스는 다음과 같이 결론짓는다.

"우리의 세계는 아동기의 육체적·정신적·성적인 문제들에 사로잡혀 있고, 가정과 학교는 동시에 아동을 성인사회에서 떼어놓았다. 가정, 교회, 도덕주의자 및 행정가의 우려 때문에 아동은 그들이 이전에 성인사회에서 누렸던 자유를 박탈당했다."

근대적 가족제도가 확립되기 이전에는 개인의 사회적 관계가 주로 넓은 공동체 안에서 이루어졌기에 이곳에서 더욱 현저한 사회성이 형성될 수 있었다. 반대로 아리에스는 오늘날 개인주의를 지향하는 경향을 현대의 핵가족 제도의 발달과 관련시키면서 다음과 같이 언급한다.

"사회성과 가족이란 개념은 양립되지 않기에 서로의 희생을 통하여 발전한다고 결론 내리는 경향이 있다."[1]

아리에스의 연구에서 제시하려고 하는 것은 우리가 이런 유형의 가족구조를 진실로 바꾸고 싶어 한다면, 아동을 어떤 특수한 도덕적 또는 사회적 이념 속에 짜 맞추는 제도가 필요하다는 생각이나 지금까지의 아동기의 개념을 버리지 않으면 안 된다는 것이다. 이 말은 아마도 '학교의 폐지'를 의미할 것이다. 그럴 경우 우리는 아동들이 독립된 존재로 발달하며 사회구조 속에 통합되어가는 것을 볼 것이다.

사춘기와 청소년기 문화에 대한 최근의 연구들은 가정, 학교, 그리고 특정 연령층간에 상관관계가 있음을 뒷받침해준다. 이 연구들은 아리에스가 충분히 생각하지 못한 문제인데, 어떤 장래의 계획에 상당한 의미를 가지는 것으로 아동기와 청소년기라는 개념의 변화에 미치는 산업조직의 영향을 역시 다루고 있다. 이러한 연구는 아동기와 청소년기라는 개념이 산업 과정 내에서 이 연령층이 차지하는 가치의 변화와 직접 관련이 있음을 보여준다. 19세기의 하층계급 아동들은 미국이나 영국과 같이 산업화가 진행 중인 나라에서 중요한 공장 노동력의 공급원이 되었다. 하층계급의 아동들은 어린 나이에 공장 작업장으로 들어가서 아동기를 갖지 못했다.

한편 화이트칼라 수요 증가와 관련하여 중시된 중산층의 아동들은 학교에서 특별한 훈련을 받아야 했다. 이 때문에 그들은 노동시장에 편입되지 않고 계속 가족에 복속되었다.[2]

19세기 후반 미국에서는 몇 가지 요인이 결합되어 보다 많은 아동들이 노동시장으로부터 벗어나게 되었다. 기술의 변화로 공장에서 아동을 더 이상 필요로 하지 않았으며, 값싼 아동노동이 유입되어 임금수준을 떨어뜨렸다고 노동조합이 우려하였고 또한 화이트칼라 노동자가 점차 필요해졌기 때문이었다. 1920년대로 들어서면서 노동생산성이 높아지자, 많은 청소년들이 노동시장에서 밀려나고 이에 따라 고등학교 입학자가 상대적으로 늘어났다. 이는 경제체제가 점차로 기계에 의존하게 되면서 젊은이들이 그다지 필요하지 않게 된 결과였다.

이러한 변화들은 그 자신의 고유한 심리와 문화 형태를 지닌 청소년기라는 개념을 발달시키는 데 영향을 끼쳤다. 이러한 측면들은 소위 청소년 문제의 심화 속에 반영되고 있다. 1920년대의 '청소년 문제'는 재즈 세대로 특정지워졌고, 1930년대에 소위 '잃어버린 세대'라고 불렸고, 2차 대전 후에는 '비트족 운동'의 형태를 취하였으며, 1960년대는 '히피', '이피Yippies'와 관련되었다.[3]

이 같은 변화의 또 한 가지 중요한 결과는 가정에 대한 아동의 의존도가 더 커졌다는 것이다. 대부분의 사람들은 학교가 핵가족을 위협한다고 생각하지만 실제로는 그 반대가 맞을 것이다. 아동과 청소년이 노동시장을 떠나 학교에 자리 잡게 됨에 따라 오히려 이들은 더욱더 오랜 기간 가정에 의존하게 되었다. 금세기의 중반에 이르러 미국의 많은 가정에서는 이러한 종속상태가 대학 다닐 나이까지 연장되었다. 학교교육체제는 가정이 아동을 학교에 보내는 장소로 계속 남아 있기를 요구했다. 학교가 가정의 기능을 어느 정도 넘겨받음으로써 가정을 약화시켰다기보다는 오히려 아동과 청소년의 의존도가 커짐으로써 가정의 역할이 강화되었다 할 것이다.

아동기라는 개념의 역사적 발전과 핵가족에의 의존경향을 고려할 때 서머힐의 집단 아동양육 방식은 다소 다른 측면을 보이고 있다.

첫째, 아동양육의 중요한 책임이 '서머힐'과 같은 공동체로 떠넘겨진다는 점에서 집단 아동양육 방식은 틀림없이 가정을 약화시킬 것이다. 그러나 아동의 부모가 사춘기 또는 그 이후의 시기까지 자식을 보살펴줄 책임을 맡아야 한다면 집단 양육은 가족구조에 어떤 영향도 미치지 못할 수 있다. 이런 상황은 자식들을 학교 기숙사에 보내는 중류층 가정과 흡사할 것이다. 가정은 아동이 사회적으로 규정된 성인의 단계에 이를 때까지 여전히 법적·경제적 제도로 남아 있을 것이다. 따라서 부모가 자식이 아주 어릴 때 그에 대한 법적·경제적 책임을 지지 않게 되면 학교는 핵가족을 약화시키는 효과를 실제로 갖게 될 것이다.

둘째, 집단 아동양육 방식은 여성의 사회적 역할에 중대한 영향을 미칠 것이다. 자녀양육의 책임으로부터 짐을 덜은 여성들은 노동시장에서 남성들과 좀 더 동등한 관계로 대우받을 수 있을 것이다. 여성해방은 라이히와 닐에게 중요한 관심거리였고, 또 오늘날의 탁아소 같은 집단 아동양육 방식의 발전을 가져다준 주요한 힘 중의 하나이다. 그러나 이것은 어머니가 자식에 대한 법적·경제적 책임에서 벗어날 수 있을 경우에만 의미를 가질 수 있다.

셋째, 집단 아동양육 방식이 아동을 가정으로부터는 해방시켰지만 바로 아동기라는 개념에 내포된 종속 상태를 해방시키지는 못한다. 이 경우 아동은 지역사회, 학교 또는 국가에 종속된다. 이런 상황은 상당히 역설적이다. 아리에스에 의하면 아동기 개념의 발전은 현대 가정을 발전시키는 데 있어서 주요한 힘이었다. 집단 아동양육이 가정을 공격하지만 그것이 존재하게 된 중요한 요인들에 대해서는 문제 삼지 않았다.

이러한 관점에서 보면 집단 아동양육은 아동보다는 부모에게 더 유리하다고 할 것이다. 라이히와 닐의 희망 중에 하나는 아동들이 가정의 도덕적 구속에서 해방될 경우 비권위주의적인 성격구조가 발달된다는 점이었다. 하지만 과연 그것이 그렇게 될 것인가는 중요한 의문거리이다. 집단적 아동양육이 정부의 통제 아래 놓인 채 공교육이 전통적 목표만을 지향한다면 그렇게는 되지 않을 것 같다. 이런 의문들은 이스라엘 키부츠의 집단 아동양육에 대한 최근의 연구들에서 확인된 바 있다. 키부츠는 성적 평등과 가정의 문제를 집단적 방식을 통해 해결하려 하였다. 그것은 이 문제의 내적 역동성을 보여주는 좋은 예이며, 이러한 집단 아동양육에 바탕을 둔 해결책은 비저항적이고 전적으로 집단생활에 순응하는 성품을 형성한다는 것을 암시해준다.

키부츠 운동은 구성원 모두에게 평등을 부여하는 사회를 발달시키는 데 있어 20세기의 가장 중요한 실험들 중의 하나이다. 그것은 생산도구의 공유와 민주적 통제구조를 갖춘 농업공동체를 수립하였다. 키부츠 운동 과정에서 경제적·직업적 평등을 유지하려는 시도는 계속 있었다. 집단 아동양육 방식은 발전되었으나 핵가족은 강조되지 않았는데, 이는 부분적으로 성적 평등을 확립하여 여성들을 아동양육의 부담에서 해방시키기 위해서였다.

키부츠 내의 성적 평등, 변화하는 가정 유형 및 집단 아동양육 방식의 발전과 이들의 상호 관련성은 인류학자 스피로Melford E. Spiro의 저서 속에서 1950년 초 미국에서는 최초로 주목을 받았다. 1951년, 그는 1920년대 초부터 시작된 키부츠에서 살았다. 초기에 그것은 유럽 청소년운동에서 유래되었는데, 전통적인 유대인 관습을 근본적으로 배척하는 목가적 낭만주의를 추구한 폴란드 출신 유대인 청년들이 창설하였다. 이들은 농업공동체의 고된 작업을 위해 도시생활을 포기할 것을 강조했다. 또 이들은 전통적인 유대인 가정을 협동생활의 형태로 대체하려고 애썼다.[4]

키부츠가 설립되었을 당시 주된 관심사 중의 하나는 여성해방이었다. 결혼의 중요성과 강제성은 감소되었고 성관계는 개인적인 일로 간주되어 가문과 출신을 따지는 결혼도 공동체의 인가를 받는 마지막 절차도 필요 없게 되었다. 결혼관계는 같은 방을 쓰고자 하는 한 쌍이 요구할 경우 성립되었고 이혼할 때는 딴 방을 쓰자고 선언하면 되었다. 1950년대에 이르러 키부츠가 이스라엘의 일부분이 될 경우 결혼한 부부 사이에서 아이가 태어나야만 시민권을 얻게 되었다. 따라서 키부츠에서의 공식적인 결혼은 임신을 통하여 이루어졌다.

결혼의 중요성이 감소되자 남성에 대한 여성의 사회·경제적 의존이 감소되었다고 생각되었다. 결혼식의 폐지는 남성에 대한 여성의 종속이 폐지된 것을 의미했다. 여성은 남성의 성姓을 따르지 않을 뿐만 아니라 그녀의 법적 지위도 '그 남자의 아내'가 아니었다. 이 키부츠 안에서는 남편이 훌륭한 노동자이거나 뛰어난 지도자라는 사실로 인해 여성의 위신이 올라가지는 않았다. 재산의 공유로 인해 여성은 남성에게 경제적으로 의존하지도 않았다. 성에 따른 전통적 분업은 무너졌고 남자와 여자는 비슷한 직업적 역할을 담당하였다. 그러나 스피로는 여성의 '생물학적 비극'으로 인해 성적 평등의 이념이 큰 손실을 입었다고 밝히고 있다.

오랜 기간의 발전을 거치면서 노동은 성을 바탕으로 분화되었다. 이는 부분적으로 노동이 고된 탓이기도 했었지만, 그보다 중요한 원인은 오히려 임신한 여자들이 들판에서 오랫동안 일을 할 수 없고 또 젖먹이는 탁아소 가까이에서 일을 해야 했기 때문이었다. 결론적으로 스피로가 생활했던 키부츠에는 88%의 여자들이 서비스직에 종사하고 있었는데, 이 중 대부분이 교육과 세탁 등의 일을 했다.[5]

결혼의 중요성이 차츰 감소됨에 따라 가정의 역할도 덜 강조되었다. 전통적인 형태의 가정의 기능도 집단적 방법으로 개편되었다. 한 가지 중요한 진전은 공동식당의 설립이었다. 이리하여 구성원들은 전통적으로 가정의 통합 기능을 수행해왔던 식사시간에도 핵가족으로 나누어지지 않게 되었다. 사실 전통가정의 식사는 키부츠 구성원들이 배척하려 했던 모든 가치를 대표한다. 즉 아버지가 가족의 가부장적 지도자로서 앉아 있는 동안 여성은 음식 시중을 드는 하녀의 역할을 떠맡았다. 공동식당에서는 남성과 여성들이 취사와 설거지를 분담했고, 식사 그 자체도 가정의 일이 아니라 공동체의 일이 되었다. 실제로 아동들은 그들대로 따로 떨어진 곳에서 식사했다.

또한 아동의 집단교육과 함께 가정에 대한 강조가 줄어들었다. 키부츠에서의 집단교육은 산모와 아기가 병원에서 나오는 생후 4일째부터 시작되었다. 아동은 이 나이에 '아동사회'로 들어가 고등학교를 졸업하고 키부츠에 선발될 때까지 그곳에 남게 되었다. 아동은 성장함에 따라 계속 여러 '집'에서 살게 된다. '유아의 집'은 생후 4일부터 대략 1살까지의 아이들을 최대한 16명까지 수용한다. 이들은 공동체에 대한 노동 제공이 면제된 보모 1명과 조수 3명의 보살핌을 받는다. 유아들은 생후 6개월이 될 때까지 부모의 손에 넘겨지지 않도록 되어 있기 때문에 대부분의 개인적 욕구는 보모가 충족시켜준다. 유아들은 수유시간이나 평일 오후와 토요일로 정해진 부모의 방문에 한하여 부모와 같이 있을 수 있다. 생후 6개월이 되면 아동들은 하루에 1시간 정도 '유아의 집'을 떠나 부모의 방을 방문할 수 있게 된다. 한 살이 되면 이것이 하루 두 시간으로 늘고, 아동들은 유아의 집에서 '걸음마하는 집'으로 옮겨진다. 거기서 이들은 새 보모의 보호 아래 차츰 대소변 가리기를 연습하고 제 손으로 음식 먹는 법을 배운다. 이들은 같은 또래 아이들과 함께 노는 법을 배운다. 걸음마하는 집의 집단규모는 약 8명이다. 4, 5세가 되면 아동들은 이 집단을 떠나 유치원으로 들어간다. 이 시기의 아동집단 규모는 16명으로 늘어나는데 여기에서 고등학교가 끝날 때까지 함께 지낼 사회집단이 구성된다.

아동들은 이처럼 가정이 아닌 또래 공동체 속에서 성장한다. 이들은 기숙사에서 생활을 하며, 하루에 두 시간 동안 부모를 방문하고 나머지 시간은 그들 또래와 어울린다. 이 기간에 성적인 차별은 거의 없다. 사내아이와 여자아이는 같이 샤워를 하고 같은 화장실과 방을 사용한다. 그들은 함께 활동하면서 서로의 몸을 보는 데 익숙해진다. 성에 관한 문제들은 매우 공개적으로 토론되고 아동들에게 숨겨지지 않는다. 그렇지만 성행위 자체만은 개인

이 키부츠에 들어갈 때까지 억제된다.[6]

키부츠 교육의 중요성은 아동양육 과정에서 핵가족의 중요성을 소멸시킴으로써 여성해방을 실현하려는 의식적인 시도를 한 데 있다. 여성해방은 성적 평등이 실시되고 어머니의 사회적 역할이 제거된 집단교육으로 보장되리라 기대했다.

그런데 이 과정에서 반드시 제기될 문제가 있다면 그것은 또래집단에서 형성되는 심리적 결과에 관한 내용일 것이다. 이 같은 아동양육 형태가 한 사회 내의 권력과 권위 관계에 비추어 어떤 의미를 가지는가? 이에 대하여 키부츠에서 아동양육의 심리적 영향에 대한 전문가들의 다양한 연구가 있었다.[7] 아동양육 방식과 사회구조 간의 관계에 관한 가장 중요한 저작은 아마 베텔하임Bruno Bettelheim의 『꿈꾸는 아동들The Chidren of the Dream』일 것이다.

베텔하임의 주장에 따르면 집단 아동양육의 중요한 효과 중의 하나는 집단적 초자아 또는 집단적 의식, 즉 슈티르너가 말했던 내면화된 권위의 '유령'을 발달시키는 것이다. 그는 키부츠 내에서의 이러한 의식의 발달이 다른 서양문화에 대하여 많은 의미를 주고 있음을 인정했다. 키부츠 내에서 초자아의 본질적 원천은 이제 부모가 아니고 '아동들의 사회'이다. 이는 확실히 미국과 같은 다른 서구사회에서 일어나는 경향으로, 그곳에서도 부모의 역할은 감소되고 또래집단의 중요성이 증가한다. 그는 "만약 이런 경향이 계속되면 우리 사회 내의 초자아도 키부츠에서 이미 사실로 드러난 바와 같이 점점 더 또래집단과의 협동에 필요한 도덕성에 기반을 두게 될 것이다"라고 말했다.[8]

베텔하임이 볼 때 또래집단의 산물인 초자아는 두려움을 적게 주고 보다 친근감을 주며 또한 회피할 수 없는 것이기도 하다.

중류층 가정에서의 권위로 근원은 신神이라든지 경찰과 같은 다른 유형의 권위로부터 도움을 받는 부모이지만, 키부츠에서는 초자아가 집단적 요구의 산물이기에 위협으로 나타나는 경우가 극히 드물다. 키부츠의 개인은 또래집단의 일원으로서 직접 자신의 초자아 형성에 참여한다. 개인의 자아가 초자아의 형성을 돕기 때문에 이 두 가지가 분리되어 갈등으로 발전할 가능성은 매우 적다. 초자아의 요구를 충족시키는 것이 곧 공동체의 요구를 충족시키는 것이기 때문에 여기에는 죄의식이나 불안 등이 없다. 다른 사회에서는 도덕성, 특히 성적 도덕성의 경우, 실제 사회생활과는 아무 관계도 없는 요구를 하여 개인에게 갈등을 자아내기도 한다. 그러나 키부츠 사회에서의 집단적 초자아는 주변 상황의 요구를 반영하기 때문에 그만큼 갈등이 덜하다.

베텔하임은 핵가족의 폐지가 개인의 정서적 갈등을 감소시킨다는 면에서 상당히 긍정적인 효과를 지니게 될지도 모른다고 주장한다. 그러나 한편으로는 그것이 어쩌면 훨씬 더 강력한 통제를 낳을 수도 있다고 본다. 중류층 아동들은 그들의 부모로부터 떨어져 나와 어느 정도 거리를 유지할 수 있다. 그러나 키부츠의 아동들은 또래의 감시의 눈을 절대로 피할 수가 없다. 더구나 키부츠의 개개인은 그 통제체제의 한 부분을 이루고 있다.

"우리는 우리 자신이 그것의 아주 의식적인 일부분인 통제체제로부터 절대로 몸을 숨길 수가 없다." 키부츠 아동에게 있어서 명령은 더 이상 피할 수 없는 것이다. 왜냐하면 자신의 의심이나 반대를 받침해주는 비판의 소리가 아무 데도 없기 때문이다.[9]

아동공동체에서 길러지는 경우 어떤 사람의 개별 자아가 집단의 것으로부터 분리되기란 어렵다. 키부츠에서는 사사로운 감정이나 정서에 시간이 거의 주어지지 않고 그것들을 강조하지도 않는다. 아동은 혼자 있을 기회도 거의 없고 집단의 통제를 벗어날 수도 없다.

베텔하임에 따르면, "집단이 부과하는 제재는 집단에서 벗어날 길이 없기 때문에 훨씬 효과적으로 작용한다. 따라서 집단의 거부를 피할 길이 없다."[10]

누가 집단의 요구를 거역한다 해도 이 같은 반항을 지지해줄 가치도 없고, 또 집단의 가치를 벗어날 장소도 없다. 아동공동체에서 성장하게 되면 자신을 집단에서 분리된 존재로서 체험할 기회도 극히 드물다.

키부츠의 아동들은 또한 정서적 깊이가 없어서 가슴 깊숙한 곳에서 우러나는 느낌을 표현할 줄 모르는데, 베텔하임은 이것을 집단 아동양육의 과정과 연결시킨다.

첫째, 집단교육은 개인적인 정서나 한두 친구와 은밀하게 나누는 감정을 체험할 기회를 거의 주지 않는다.[11] 게다가 사적인 경험은 누구의 동조도 받지 못한다.

둘째, 흔히 집단생활은 강한 정서적 감정의 표출을 억제할 것을 요구한다. 이는 성 관계가 키부츠에서 허락되지 않은 채 사춘기 소년·소녀들이 방, 화장실, 그리고 샤워를 함께 하고 쓰는 경우에 특히 그러하다. 이러한 상황은 성적 자극을 크게 증대시켜놓고 동시에 그 같은 충동을 억제할 것을 요구한다.

셋째, 정서적 체험의 가능성과 영역을 집단 아동양육 과정에만 제한시킴으로써 아동은 핵가족에서보다 집단 속에서 훨씬 더 안정감을 느낀다. 가정에서는 부모가 신神의 역할을 한다. 그러나 키부츠에서는 집단이 곧 개인이 의존하는 신의 역할을 한다. 이 때문에 신이다. 자기의 안정 기반을 혹 상실하지나 않을까 하는 불안 따위는 절대 느끼지 않는다. 베텔하임의 논의에 의하면, 중류층 아동이 부모에게 종속되어 자신을 상실할지도 모른다는 두려움 때문에 아동에게는 부모를 사로잡으려고 내면화하는 심리적 투사 과정이 일어난다. 심리적 투사 과정은 아동이 타인의 역할들을 가정하면서 다양한 생활방식을 생각해낼 수 있는 능력을 훈련한다. "당신이 도시에서 태어나서 자랐다면 키부츠 생활에 대하여 어떻게 느꼈으리라 생각합니까?"라는 질문을 키부츠 젊은이들에게 해보면 "나는 그런 데서 성장하지 않아서 그 질문에 답할 수 없습니다"라는 식의 대답을 들을 것이다. "자신의 바깥으로 나와서 그것을 본다는 것이 이 젊은이들에게는 익숙한 태도가 아니었다."[12]고 베텔하임은 말한다.

집단 아동양육의 효과에 대한 베텔하임의 묘사는 몇 가지 매우 흥미로운 의문을 제기한다. 예를 들면 세 사람으로 이루어진 핵가족은 권위주의적 인물에 종속되는 원천으로 간주될 수도 있고, 반면 아동을 사회와 격리시켜 개인적 자아를 계발할 기회를 제공할 수도 있다. 가정이란 제도적 장치를 통해 자아를 이렇게 격리시킨다는 것은 긍정적으로도, 부정적으로도 볼 수 있다. 부정적인 것은 가정이 낳는 개인주의가 사회적 협동과 배치되는 이기적 개인주의로 흐를 수 있다는 점이다. 이것은 사회적 협동을 촉진한다는 점에서 키부츠의 집단교육을 옹호하는 주장 중의 하나이다. 긍정적인 측면에서는 핵가족이라는 환경은 사회와 분리되어 반항의 구조를 잉태시키는 기본 조건도 가지고 있다고 하겠다. 가정에 대한 반항은 사회의 통제를 벗어던지려는 첫걸음인 것이다.

이런 관점에서 집단 아동양육과 집단적 초자아의 발달에 따르는 주된 문제는 이 초자아가 모든 것에 통제를 행사함으로써 개인적 거부나 반항의 장치들을 제공하지 않았다는 것이다. 집단적 소유와 통제가 행해지는 키부츠에서는 이것이 별로 중요하지 않을 수도 있다. 그러나 발전된 산업국가에서는 집단 아동양육 제도의 확대가 반드시 전반적인 사회체제의 개혁을 내포하는 것은 아닐 것이다. 예전의 경험에 따르면, 학교는 항상 '사회의 불평등'을 반영하는 경향을 지녔다.

'키부츠'에 대하여 제기됐던 의문들은 '서머힐'에 대해서도 역시 제기될 수 있다. 닐이 서머힐 학교를 사회주의 사회의 일부분으로 생각했던 것은 확실하다. 이것은 어쩌면 이러한 집단 아동양육을 정의로운 사회의 일부분으로 만드는 셈이 될 것이다. 그러나 현재 서구사회가 집단 아동양육을 활발하게 추진하고 있는 것은 아동의 해방을 추구하는 것이 아니라, 가정이란 덫으로부터 여성을 해방시키는 방향에서 진행되고 있다는 점을 인식해야 할 것이다. 이런 맥락이라면 집단 아동양육은 아동에 관한 한 기존 사회형태를 '제도화'하는 것에 불과하다. 탁아소를 운영하는 공립학교를 생각한다는 것은 서글픈 일이다. 만약 그렇게 된다면 학교 교육과정이 최종적으로 승리한 것일 것이다.

이는 또한 현행의 집단 아동교육의 추세가 '여성해방'이 아니라, 단지 가정이라는 굴레로부터의 탈출에 대비하는 것은 아닐까 하는 의문을 제기시킨다. 골드만 같은 페미니스트들은 사회가 현재의 조직 형태를 견지하는 한 여성해방이란 있을 수 없다고 주장한다. 20세기 초에 쓴 저서에서 그녀는 여성이 사무실에서 타자나 치고 열악한 노동환경에서 저임금을 받으며 재봉틀이나 밟아야 하거나 백화점 계산대 뒤에 서 있어야만 하는 것은 조금도 영광스런 '독립'이 아님이 분명하다고 주장한다.

골드만에 따르면 이런 성격의 직업은 허울 좋은 '독립'에 지나지 않는 것으로 누군가가 청혼을 하기라도 하면 당장에 그러한 직업을 팽개칠 충분한 이유가 된다는 것이다. 여성을 해방시킨다는 것은 기존 사회·경제체제로부터 사회를 해방시킴을 의미한다.[13]

이러한 모순의 한 가지 해결책은 가정에서 아동을 해방시키고 아동을 위한 제반 지배제도의 종속에서 해방시킨다는 측면에서 그 문제를 뒤집어 생각해보는 데서 나올 수도 있을 것이다. 키부츠의 집단교육에 수반되는 문제는 그것이 한 가지 특수한 목적에는 도움이 되지만 집단에서 분리된 개인의 자아발달은 허용하지 않는다는 점이다. 만약 키부츠 학교를 없애고 초년에 아동을 성인사회의 공동체 속으로 통합시킨다면 그것이 부분적으로 해결될지도 모른다. 키부츠에 정규학교가 존재한다는 사실은 중류층 사회의 문화적 잔재로 보인다. 키부츠 설립자들의 생각으로는 학교는 당연히 전체 사회조직의 일부였다. 그러나 여성의 권리신장을 위해 해결책으로 학교교육을 확대하는 것이 최선책이라고 할 수는 없다.

이 논의는 아동기라는 현대적 분류에서 아동을 해방시키고 기간이 연장된 아동양육의 짐으로부터 여성을 동시에 해방시킬 수 있는 해결책으로 연결된다. 이 해결책은 우리가 취할 수 있는 두 가지 가능한 방향을 제시한다. 첫 번째의 가능성은 어린이를 포함한 모든 사람이 유용한 사회적 역할을 담당하도록 사회를 조직하는 것이다. 20세기에 들어 학교교육의 발흥과 조기 정년퇴직의 증가는 더욱 높아진 생산성과 진보된 기술에 직접 연결되어 있다. 본래 우리 경제는 어린이나 늙은이가 더 이상 소용없다고 말하고 있다. 어린 사람들은 학교에 떠밀려 들어가고 늙은 사람들은 퇴직사로 밀려난다. 이런 세계를 변화시킨다는 것은 아동을 성인기의 모든 권리와 지위가 부여된 작은 어른으로 본다는 것을 의미한다. 아리에스가 중세시대에서 그런 경우를 찾아냈듯이 아동은 성인의 활동에 참여하여 성인으로 취급되어야 될 것이다.

두 번째로 가능한 방향은 어떤 연령집단을 위해서는 우리 사회에 존재하는 생산과 소비의 분리, 즉 아동과 청소년이 생산자가 아닌 소비자로 기능하게 된다는 사실을 인정하는 것이다. 물론 지금 당장에는 이런 상황은 의존성만을 더 높일 것이다. 그렇지만 여기 제시한 해결책에서는 아동과 청소년들이 어떤 연령, 이를테면 21세까지 후원 기관에 나갈 필요 없이 어릴 때 집을 떠나 살 수 있을 정도의 수입을 보장받을 수 있을 것이다. 젊은 사람들은 그들이 선택하는 방식대로 그 수입을 쓸 수 있을 것이다. 이렇게 되면 아동이 가정과 학교에 의존하는 상태는 무너질 것이고 여성이 장기간 아동양육을 떠맡을 책임도 사라질 것이다. 이 제안은 아동과 청소년에 대한 산업 과정에서의 착취를 피할 수 있다는 점에서 첫 번째 방식보다 이로운 점이 있다.

물론 여기에서는 아동들이 국가에 재정적으로 계속 의존해야 하는 단점도 있다.

비록 위의 제안들이 관념적인 것에 불과하긴 해도 이것들은 가능한 목표를 제시하고 있다. 핵가족의 폐지가 여성해방을 위한 필수적인 논의라면, 아동이 학교교육을 통해 통치체제에 종속되기보다는 그 과정에서 해방되는 것이 더 나을 뿐만 아니라 결국에는 그것이 필수적일 것이다. 이러한 해방은 먼저 아동기에 대한 근대적 개념이 지닌 장벽이 극복될 것을 요구한다. 가능하면 어린 나이에 아동은 현재 성인들에게 주어지는 모든 권리와 특권을 행사하는 작은 어른이 되어야 한다.

사회가 아동기에 대한 근대적 개념을 깨뜨려나감으로써 몇몇 아나키즘적 목표가 달성될 것이다. 근대적 개념들은 아동을 사회화 과정의 주체가 아니라 객체로 취급한다. 아동이 영향을 받는 객체로 간주되면 아동은 이념과 이데올로기를 강요받는 표적이 된다.

우리는 20세기에 미국이 빈곤과 성병을 비롯한 제반 사회문제의 해결을 위해 학교에서 아동의 성격 변화를 반복해서 시도하는 것을 목격했다. 아동이 객체로 파악되기 때문에 아동기는 사회문제의 해결책으로 제시된 수많은 시도들의 쓰레기장이 되어왔다. 아동이 사회의 건설에 주체자와 참여자가 되면 이들이 역사 창조의 행위 주체가 될 것이다. 파울로 프레이리가 말했듯이, 인간이 되는 것이 짐승처럼 되는 것과 다른 차이점은 의식 각성이 되어 역사 창조에 주체로서 참여하는 것이다. 객체로 취급되는 아동은 짐승으로 취급되는 것과 마찬가지이다. 주체로 대우받아야만 아동은 비로소 인간으로 취급받는다고 할 수 있다.

***

1) Philippe Aries, *Centuries of Childhood : A Social History of Family Life*, translated by Robert Baldick (New York : Vintage Books, 1962), p. 441.

2) Frank Musgrove, *Youth and the Social Order* (London : Routledge and Kegan Paul, 1964).

3) Clarence J. Karier, Paul Violas, and Joel Spring, *Roots of Crisis* (Chicago : Rand McNally, 1973).

4) Melford E. Spiro, *Kibbutz* (New York : Schocken Books, 1970).

5) *Ibid.*, p. 226.

6) *Ibid.*, p. 121-122.

7) David Rapaport, "The Study of Kibbutz Education and its Bearing on the Theory of Development," *American Journal of Orthopsychiatry*, XXVIII(1958), pp. 587-597과 Melford Spiro', *Children of the Kibbutz* (New York : Schocken Books, 1965)를 보라.

8) Bruno Bettelheim, *The Children of the Dream : Communal Child-Rearing and American Education* (New York : Avon Books, 1970), p. 145.

9) *Ibid.*, p. 144.

10) *Ibid.*, pp. 137-147.

11) *Ibid.*, p. 281.

12) *Ibid.*, pp. 188-193.

13) Emma Goldman, *Anarchism and Other essays* (New York : Dover Publication, Inc., 1969), pp. 214-225.

마치는 말

이 책에서 다루어온 교육이론들은 아동의 정신을 어떻게 조정할 것인가라는 문제를 둘러싸고 19~20세기에 걸쳐 전개된 여러 노력들의 한 측면을 보여주고 있다. 이렇게 제시된 여러 이론들의 가치와 의미에 대해서는 기존 교육제도와 교육 목표를 통하거나 교육기술적 방법을 통해 사회변혁의 현실적 가능성을 평가하려는 부류들과는 다른 입장에서 고려되어야만 한다. 진보적 교육이론들은 최근의 현대사회에서 공통되는 하나의 가정, 즉 한 사회의 구성하는 주요 요인들 중의 하나가 교육제도와 아동양육의 문제라는 것에 기초하고 있다. 미래의 사회구성원들을 성격짓는 것은 바로 이러한 제도이다.

그렇기 때문에 근본적인 차이점은 교육 기술을 뛰어넘는 문제이다. 이것은 바로 사회 변화의 본질이 무엇이냐 하는 것을 의미한다. 교육이론들은 사회가 어떻게 변해야 하는가에 대한 전반적인 이론적 전망을 제시해주는 매우 중요한 측면 가운데 하나이다. 우리들은 상이한 교육방법을 통해 사회 변화를 이루려는 이론적인 전망들에 각각 근본적인 차이가 있음을 알 수 있다. 여기에는 뚜렷이 구별되는 두 개의 모형이 있다. 하나의 모형은 좀 더 질서정연한 사회계획과 효율성 증진을 통해 사회발전을 추구하려는 기술적이고도 합리적인 방향을 들 수 있다. 이 모형은 20세기의 이데올로기적 노선들에 영향을 미치는 경향이 있다. 즉 자유주의자들, 파시스트와 공산주의 국가들이 모두 이를 신봉해왔다. 이 모델은 생산성의 증진과 '사회 안정'에 최우선의 관심을 둔다. 사회는 효율적인 운영을 지향하는 하나의 제도라고 보고, 국민은 사회조직에 원활하게 기능함으로써 그 가치가 규정되는 '인적 자원'이라는 것이다.

이 모델에서의 아동은 사회를 위해 형성되고 기능하는 대상물로 취급된다. 필자가 다른 책에서 밝힌 바와 같이 이것은 20세기 미국의 공립학교 조직에 파급된 '건전한 사회'의 모형을 보여준다. 근대의 고등학교, 직업 안내소, 각종 시험들은 모두 사회조직의 효율을 높이는 수단으로 이해되고 있다. 이러한 체제 아래서 아동이라는 인적 자원은 선별되어 주형되며, 학교를 떠나 적당한 일자리로 보내진다.[1]

이 책에서 고려된 교육철학은 사회 변화의 다른 모형의 본질을 탐구하고자 하였다. 여기에서의 관심사는 질서와 효율이 아니라 개인의 자율성을 높이는 데 있다. 사회 변화와 목표는 개인의 참여를 증대시키고 사회체제를 제어하는 데 있다. 이 모형은 근대사회 제도의 막대한 권력의 정당성과 권위를 사람들이 기꺼이 받아들이느냐 하는 신념 여하에 달려 있다. 이와 같은 맥락에서 볼 때 이는 개인을 사회제도에 어떻게 맞추느냐가 아니라, '왜' 사람들이 개인적인 만족을 느끼지 못하면서 노동을 하고, 개인의 자유를 제한하는 사회적 권위를 기꺼이 받아들이느냐 하는 문제를 제기한다. 이와 같은 것을 받아들일 수밖에 없는 조건들은 이 책에서 논의했던 바대로 기본적으로는 아동들의 정신 속에 들어 있는 이상, 신념과 이데올로기들이 빚어낸 결과이다. 결국 개인은 자신의 필요와 욕망과는 무관한 모종의 선한 일을 위해 일하는 것이 의무라고 믿는다. 그렇기 때문에 아나키스트 모델의 목표는 권위에 복종하기를 거부하고 최대한의 개인적 자유와 자기통제를 허용하는 사회조직을 요구할 수 있는 비권위주의적 개인을 고무하고 지지해주는 교육방법이다.

이 책에서 논의된 이론들이 함축하고 있는 가정은 교육방법과 아동양육방법을 변화시키면 사회의 급진적 변혁에 기여할 수 있다는 것이다. 이와 같은 가정은 현재 우리 사회에서 이러한 이론들이 얼마나 가치가 있느냐 하는 의문을 제기하게끔 한다. 사회 변화의 수단으로서 교육의 변화를 지향하는 것이 힘의 낭비가 아니냐는 것이다. 우리가 제반 사회경제 변혁에 집중하고 이에 뒤따라 교육의 변화도 일어나도록 해야 하는가? 교육체제는 항상 주변 사회의 거울인가?

이와 같은 질문에 접근하는 한 가지 방법은 19세기와 20세기 미국에서 공교육 제도를 사회적으로 이용했던 사례를 고찰해보는 일이다. 우선 교육제도가 주변사회를 '정확하게' 반영한다고 확신하는 것은 순진무구한 생각이다. 사회가 항상 동질적이었을 때도 이해가 대립되지 않았던 때는 결코 없었다.

공교육의 목표와 방법이 일치했던 적도 결코 없었다. 실제의 교육 목표와 방법들은 사회권력을 잡고 있는 사람들의 목표와 이익을 반영해왔다.[2]

이 상황은 공교육이 무엇보다도 사회문제를 해결하는 데 하나의 보수적인 힘으로 사용돼온 것을 의미한다. 사회의 어떤 근본적인 변혁 없이 마치 선을 행하고 기도하는 것처럼 사회개량의 한 도구로서 공교육은 이용되었다. 19세기와 20세기에는 학교에서 아동에게 적절한 태도와 작업 습관을 가르침으로써 교육이 가난과 범죄와 도시의 무질서를 종식시킬 수 있는 수단으로 여겨졌다. 이것은 남자든 여자든 개인 자신의 문제이지 사회체제가 변화되어야 한다는 것을 의미하는 것은 아니었다. 누구나 기존 사회조직을 위협하지 않으면서 학교의 깃발 아래 뭉칠 수 있다는 것이다. 확실히 이것은 1960년대의 상황이다. 이때 존슨 대통령은 민권운동의 요구를 문화적 결손 이론으로 해석하고 가난과 인종차별로부터의 구제는 교육제도의 개선에서 찾을 수 있다고 주장했다. 1970년대에 와서 교육제도가 인종차별이나 가난을 제거하지 못했다는 사실이 환기되자, 사람들은 교육이 사회 변화에 별 도움이 되지 못했다는 점을 주장하기 시작했다.[3]

교육의 역할이 프레이리가 말한 은행저축식 교육제도, 즉 기존사회의 경직성을 떠받쳐주는 데 있다고 한다면 위의 결론은 옳다. 그러나 이 책에서 고려된 여러 이론은 분명 교육에서의 변화를 사회의 계속적인 변혁을 위한 프로그램과 관련시키고 있다. 여하한 사회 변화도 사람들이 그 사회를 구성하는 일에 참여하지 않으면 별 의미가 없다는 것을 부분적으로 강조하고 있다. 이 이론은 아동들에게도 마찬가지로 적용된다.

혁명적인 사고와 진보적 교육학의 결합은 20세기의 혁명적인 사회경제적 변화들이 전체주의 국가를 낳는 결과를 가져왔다는 심각한 비관론에 그 뿌리를 두고 있다. 예를 들어서 소련 같은 나라는 혁명적인 충격이 있은 후에 보수적 독재가 뒤를 이었다. 왜 이와 같은 혁명적인 노력이 실패하였는가? 라이히와 닐과 프레이리 같은 사람들의 해답은 모든 사람을 혁명운동에 끌어들여 혁명의 객체보다는 참여하는 주체가 될 수 있는 새로운 진보적인 교육 및 사회화 수단을 마련하지 못했다는 데 있다.

이러한 관점에서 진보적 교육이론은 전체적인 혁명적 노래의 일부분으로서 보아야만 의미가 있다. 아나키즘적 형태의 교육이 현재 또는 앞으로 진전되면서 직면하게 될 가장 심각한 문제들 중의 하나는 위험하게도 교육방법을 정치적·경제적 이데올로기에서 분리시키려는 것이다. 교육에 있어서의 진보적인 실험 사례들이 그 발전 속도만큼이나 빨리 보잘것없는 것으로 사라지는 경향이 있다. 파울로 프레이리의 방법들이 평화봉사단에 의해 채택되었고, 서머힐의 자유학교 방법들이 그 기저에 깔려 있는 진보적인 이데올로기와 아무 관련도 맺지 않고 공립학교의 학급에 도입되었다. 급진적인 운동으로 시작한 것이 기존 체제에 쉽게 흡수된 것이다. 새로운 방법들이 도입되었지만 실제로는 통제와 규율의 낡은 목표들을 달성하는 데 이용됐을 뿐이었다. 공립학교 교실의 현장에서 서머힐 방식으로의 접근은 그 성과가 보잘것없었다. 그 이유는 비록 따뜻하고 자유로우며 애정이 넘치는 방법이 사용되었지만, 이전과 동일한 교과목을 가르치는 상태에서 동일한 성격구조를 양성하는 데 교육의 목적을 두었기 때문이다.[4]

이 과정의 뚜렷한 한 예가 탁아소 운동이다. 탁아소를 권위주의적인 성격과 국가통제에서 사회를 해방시키고 가족을 변화시키는 운동으로부터 일단 분리시켜놓으면, 그것은 전 주민을 길들이는 일종의 도구가 된다. 탁아소는 이제 새로운 제도적 가족구조를 조성하거나 복지혜택을 받는 어머니를 일하도록 함으로써 가난한 자들을 통제하는 하나의 수단으로 사용되고 있다. 탁아소는 사람들을 권위주의적 가족구조에서 해방시켜주는 것이 아니라 결핍되었다고 생각되는 가족구조를 보완해주기 위해서 마련되었다.

어떤 진보적인 교육 노력도 교육방법을 아나키즘적 관점과 어떻게 관련을 짓느냐에 그 미래가 달려 있다. 사회적 비판, 그리고 계획과 방법이 모두 종합되어야 한다. 확실히 존 듀이의 위대함은 인간성의 심리학적 정의를 전체적인 사회철학과 연결시켜 인간성 개념을 기반으로 사회철학이 중심이 되는 교육방법을 개발했다는 점에 있다. 교육상의 모든 방법과 내용은 성격과 행위에 영향을 미친다. 따라서 모든 교육방법은 모종의 이데올로기적 입장을 반영한 것이다. 예를 들면 프레이리의 읽고 쓰는 교육은 그것이 교육에 있어서 가장 '정치적인 행위'가 될 수 있음을 분명히 보여주었다. 만약 교육이 의식적인 차원에서의 진보적 전망 없이 추구된다면 이것은 현존 사회질서의 보전에 이바지하는 것이 될 뿐이다.

사회에 진보적인 영향을 미치는 교육의 잠재력에 대해서 말할 때 두 가지 특징적인 방법이 있음을 분명히 이해해야만 한다. 하나는 프레이리식의 교육 방법으로 개인이 진보적인 사회 변화를 창출할 수 있는 실천에 참여하여 그들을 해방시키는 방법이다. 다른 하나는 마치 탁아소가 가족구조를 약화시키는 것처럼 교육제도 그 자체가 사회에 직접 영향을 미치는 경우이다. 두 접근 방법이 모두 한 제도 안에서 결합될 수가 있다. 닐의 서머힐 학교와 같은 것은 가족을 약화시키고 '자율적인 개인'의 창출을 지향하였다.

　위의 주장들은 사회를 근본적으로 변화시키는 데 의미 있는 역할을 할 수 있는 진보적 교육이론이 있는 것처럼 보여주지만, 다른 사회 영역의 변화에 힘을 집중하는 것보다 교육의 혁신에 힘을 집중시키는 것이 더 가치 있는지 어떤지에 대해서는 해답을 주지 못하고 있다. 물론 누구라도 우리의 이론가들이 강조했듯이 교육적 변화가 어떤 진보적 운동에서 차지하는 본질적인 역할을 강조할 수는 있다. 그러나 이런 해답은 자기 자신의 목적을 위해 비판을 용해시킴으로써 어떤 교육방법을 이용하려는 효과적인 기제를 지닌 매우 강력하고 복잡하며 거대한 교육제도가 현실에 도사리고 있음을 회피하고 있다. 그렇다고 해서 교육체제를 조종하는 어떤 음모 집단이 있음을 암시하려고 하는 것은 아니다. 만약에 이런 일이 사실이라면, 문제는 훨씬 더 간단해질지도 모른다. 사실 이러한 교육 편제는 종종 경쟁 집단들로 이루어진 복합적인 거미줄이다. 미국에서의 이들 집단은 전문직 교사단체와 교원 노조에서부터 행정기구, 교육학부와 출판사, 각종 검사 기관들에 걸쳐 주 입법자, 국가정책 집단, 그리고 연방정부까지를 망라하고 있다.

　진보적 교육학을 진보적인 사회·정치 운동의 일부분으로 만들겠다는 어떠한 시도도 이런 교육편제를 어쩔 수 없이 받아들여야 한다. 교육제도를 바꾸려는 시도를 소홀히 하는 것은 학교의 보호·통제하에 묶여 있는 세대를 무시하는 것이다. 더구나 정치적·사회적 운동들이 교육의 혁신에 힘을 기울이는 것은 매우 좋은 사례가 될 수 있다. 왜냐하면 학교는 국방성 다음으로 많은 정부예산 투자 부문이기 때문이다. 만약 우리가 사회제도의 변혁에 대해서 말한다면, 분명히 사회변혁에 가장 크게 장애가 되고 있는 것들의 어느 하나라도 무시할 수 없다. 사실상 학교는 사회의 모든 성원들과 가장 많은 접촉을 하는 공공기구인 것이다.

간단히 말해서 학교는 무엇보다 먼저 정치적·사회적 제도로 이해되어야 한다. 진보적 교육이론에 구체적인 의미를 부여하기 위해서는 가능한 우리는 구체적 현실과 관계를 맺기 시작해야 한다. 진보적 교육이론의 주요한 결함은 현행 교육제도의 현실을 제대로 파악하지 못하고, 이 이론이 어떻게 실행될 수 있는지에 대해 무지했다는 점이다. 예를 들면 닐이 서머힐과 같은 하나의 모형을 설립한 것은 훌륭한 일이었으나 그것이 사회 전반에 걸쳐 실현될 수 없는 한, 별 의미가 없는 것이다.

닐은 전체 교육체제를 서머힐 모델로 전환시키는 전략에는 그다지 도움을 주지 못했다. 1960년에 많은 자유학교들이 실패한 이유는 그들이 공립학교의 정치적 작용들을 구체적으로 평가하지도 못했고, 공립학교에 맞서거나 그것을 변화시킬 수 있는 전략을 개발하지 못했기 때문이다. 이러한 학교 가운데 대부분은 돈과 힘이 없어 쇠락하고 말았던 것이다. 즉 진보적 교육을 하나의 급진적인 운동의 일부분으로 전환시키고자 한다면 그것은 마치 진공 상태에서 하나의 새로운 교육제도를 설립하는 것과 같아 실천에 옮길 수가 없다는 것이다. 그러므로 기존 교육체제의 정치적 현실들에 맞서는 새로운 전략이 개발되어야 한다.

미국의 공교육을 진보화할 때 이용이 가능한 몇몇 전략들을 생각해보자. 의미 있는 교육의 혁신을 이루려면 여하한 계획도 전체 교육 권력구조에 영향력을 행사해야 한다. 이를 위해서는 대안을 제시할 때 교육 모델뿐만 아니라 교육법 개정운동, 교육기금체제 변혁운동, 아동의 권리에 대한 이해 촉구,

여성의 권리 및 가족구조 개혁 촉구, 그리고 주요 대학에서 이루어지는 교육학 연구의 방향을 전화시키는 운동 등이 동시에 이루어져야 한다.

우리가 취해야 할 조치 중의 하나는 의무교육의 폐지일 것이다.[5] 의무교육법의 반대운동은 법원을 통해서나 주 입법의원들을 통해서 실현되어야 한다. 모든 아동들이 주 정부가 인정하는 학교에만 다니도록 요구한다면 어떤 급진적 교육계획도 진정으로 개발될 수 없다, 그러나 의무교육법 조항들에 대한 비판과 아울러 의무교육이 원래 사회적 문제, 즉 아동의 노동과 청소년 비행을 해결하기 위해 개발되었다는 것도 인식해야 한다. 의무교육은 아동을 경제적 착취로부터 보호해주고 시간을 보내게 하는 보호기능을 수행한다. 그러므로 의무교육의 목표에는 청소년들의 재정적 독립을 허용하는 경제체제의 변혁이 뒤따라주어야만 할 것이다.

이런 특징을 지닌 경제적 변혁은 가정에 직접적인 영향을 미칠 것이다. 학교교육 기간이 늘어났기 때문에 자녀들의 가정에 대한 의존도도 연장되었다. 가장은 딸린 식구들, 말하자면 아이들이나 그 밖의 돈을 벌지 않는 식구들을 부양하기 위하여 개인적으로 필요한 것보다도 더 많은 수입을 올려야 한다. 가족에 대한 경제적 의존도를 줄이기 위해 가장의 잉여 수입은 자녀들에게 다른 통로를 통해 투여되어야 한다. 아동을 부양하기 위해 어른들에게 세금을 부과하는 계획을 생각해볼 수도 있다. 이에 따른 경제적 변화는 아동의 법적 권리도 변화시킬 것이다. 예를 들면 아동들은 12세나 13세까지 가정의 보호 안에 머물 수도 있다. 그때까지 아동이 국가로부터 받는 자금은 하나의 교육적인 증표로 이용될 것이다. 아동과 가정은 그 돈이 교육 목적을 위해서 어떻게 사용되어야 하는지에 대해서 결정을 내릴 것이다. 이렇게 되면 공교육체제의 독점을 깨뜨릴 것이고, 선택 가능한 학교에 다닐 수 있게 될 것이다. 13세나 15세의 젊은이들은 가정으로부터 법적 독립을 인정받을 것이고, 원한다면 집을 떠나도 좋다는 허락을 받게 될 것이다. 21세까지는 주 정부로부터 수입을 보장받을 것이다. 13세나 14세 이전의 아동들은 견딜 수 없는 가정환경에서 구제해달라고 법원에 요청할 수도 있다.

경제적인 독립이 되면 젊은이들에게 영향을 미치는 다른 법률들을 바꿀 수도, 아동노동법을 폐지할 수도 있을 것이다. 왜냐하면 젊은이들은 더 이상 노동시장에서 쉽사리 착취당하지는 않을 것이기 때문이다.[6] 이렇게 되면 젊은이들은 흥미와 배우고자 하는 욕망에 따라 직업을 택할 수 있을 것이다. 청소년기의 성 자유를 보장하는 캠페인도 있을 수 있다. 금지된 법률이 모두 제거될 뿐 아니라 산아제한 기구들과 정보도 제공받을 것이다. 경제적인 독립과 법적 변화들이 있으면, 라이히가 말하는 '주택문제'도 바람직하게 해결될 것이다. 젊은이들은 독립주택을 이용할 수도 있을 것이다. 단적으로 말해서 청소년들의 성 활동의 합법성을 사회가 인정할 수도 있을 것이다.

젊은이들의 경제적 독립은 여성해방에 있어서 중요한 진전을 의미한다. 전통적으로 소녀들과 젊은 여성들은 남성들보다 더 오랜 기간을 가족의 통제 하에서 보낸다. 어린 나이에 결혼을 한다고 해도 한 가장의 통제에서 다른 가장의 통제로 옮기는 결과밖에 되지 않는다. 여성이 가족에 의존하는 주요한 이유는 경제적 독립을 마련해주는 직업을 쉽게 접할 수 없기 때문이다. 이 경제적 문제와 아울러 여성들이 가정의 보호를 받아야 하고 남성들이 이들에게 사회적인 독립을 부여해서는 안 된다는 전통적인 태도가 있는 것이다. 만약 여성들에게 동등한 독립을 부여해주면 그들에게 남성들과 똑같은 사회적인 자유와 발전을 할 기회가 마련되리라고 낙관할 수 있을 것이다.

의무교육을 없애고 교육비를 학교의 부담에서 개인 부담으로 옮기면 교육에서의 관료주의 세력이 무너질 것이다. 미국에서는 학교를 통제하는 권한이 실제 지방교육위원회에 있지 않다는 것을 인식해야 한다.[7] 교육과정과 교과서의 내용, 교사자격증의 요건들과 같은 중요한 교육적인 문제들이 IBM과 같은 새로운 학습회사와 교육검사 기관들은 말할 것도 없이, 전문

기구들과 주州 관리들, 대학교, 출판사들을 포함한 얽히고설킨 '교육 관료주의' 속에서 결정되는 것이다.

이 교육 관료주의의 세력을 약화시키는 한 가지 방법은 돈을 어떻게 쓸 것이냐에 관한 결정을 완전히 개인에게 맡겨 교육비 지출에 대한 여하한 감독도 피하는 것이다. 이것은 자녀들이 12세나 13세가 될 때까지 부모가 감독하는 것을 의미한다. 이후에는 젊은이들 스스로 돈의 소비에 절대적인 통제권을 행사하게 될 것이다. 만약 그 소비를 감독하기 위해서 한 정부 부서가 설립된다면, 그것은 학교를 둘러싸고 있는 동일한 사회적·경제적 영향권 아래로 떨어질 가능성이 많다. 우리는 그런 것과는 다른, 통제권을 개인의 수중에 두는 민주적 제도를 개발할 수 있을 것이다. 자유를 누리는 법을 배우는 데 있어 자유의 행사는 가장 좋은 연습이다. 현재의 교육구조 내에서 낭비되거나 쓸데없이 쓰인 돈의 양에 비해 개인 차원에서 소비된 돈은 아무 것도 아닐 것이다. 미국에서의 정부 통제와 규제의 역사는 소위 '가진 자들을 위한 사회주의'를 조장하였다. 우리는 미국인들이 전통적으로 정부조직을 지배층의 힘이 발현되는 근원이라고 생각하여 불신했음을 파악하고 우리의 믿음을 개개인의 행동에 두어야 할 것이다. 학교라는 개념이 현대와 같은 전문 기술공학 사회에서는 시대에 뒤떨어진 것임을 인식함으로써 현존 교육구조는 종식될 것이다. 19세기의 학교들은 사회통제의 원천일 뿐 아니라 모든 학습자료와 책과 교사들이 한쪽으로 집중된 중심체였다고 볼 수 있다. 대중매체와 도시생활이 있는 오늘날, 한 사람이 지역사회에서 성장하고 상호작용하면서 기초적인 읽기, 쓰기와 산수를 배우지 못할 이유는 없는 것이다. 일리히의 저서 『학교 없는 사회』는 확실히 이 방향에 개척자적인 시사를 하였다.

학교제도가 폐지된다고 가정했을 때 제기될 수 있는 즉각적인 질문 중의 하나는 가난한 사람들은 어떻게 될 것인가이다. 학교는 그들의 유일한 희망이 아닌가? 빈곤의 문화 속에서 성장한 그들은 어떻게 배울 것인가? 학교가 없으면 오히려 더 큰 사회계층적 격차가 생기지 않을까? 여기에 대한 해답은 학교교육이 과거에도 가난을 제거해준 일이 없고 미래에도 제거해주지 못할 것임을 분명히 알아야 한다는 것이다. 빈곤문제를 해결하기 위해서 학교를 이용하는 것은 빈곤을 창출한 사회적인 구조를 직접 변혁시키지 않고 보수적인 해결책을 찾는 것과 같다. 사회적 선발 체제의 하나로서 학교교육은 현존하는 사회계층구조를 강화하는 데 이바지해왔음도 인식되어야 한다. 그러나 학교를 없앤다고 해서 결코 가난이 제거되지는 않는다. 환언하면, 학교를 그대로 두느냐 마느냐는 그리 큰 차이가 없을 것이다. 왜냐하면 학교가 빈곤문제 해결의 핵심이 아니기 때문이다. 그러나 학교가 없어지고 동시에 아동과 청년들에게 경제적 독립이 주어진다면, 빈곤문제에 직접 대항해나갈 수 있을 것이다. 지금은 중간계층의 전유물인 여러 특권들을 추구하거나 즐길 수 있는 충분한 돈을 가난한 아이들도 지니게 될 것이다.

다음 의문은 빈곤의 문화가 그 부모들과 청년들이 이룩한 선택의 형태를 방해하거나 제안하지 않을까 하는 것이다. 해답은 물론 '그렇다'이다. 그러나 그 '그렇다'는 두 가지로 나누어 말할 수 있다. 첫째, 가난한 사람들은 교육 관료주의에 젖어 있는 전통적인 지도자들보다 그들의 교육비가 어떻게 소비되어야 할지에 대해서 더 좋은 판단자가 될 것이다. 둘째, 의무교육과 교육 투자에 반대하는 합법적인 운동이 주요 대학에 있는 교육학도들을 진보화시킴으로써 수행될 것이다. 여기에 프레이리의 방법과 같은 것에 근거한 지역사회 교육 프로그램을 활용하고, 또 집단적 심리치료 기술을 개발함으로써 빈곤의 문화로 제기된 문제들을 직접 다루는 센터를 설립할 수 있을 것이다.

교육학 교수들의 진보화는 그들 자신의 역할에 대한 기존의 생각을 완전히 바꾸는 일도 포함할 것이다. 교육자들은 전통적인 교육이론에서 취해온 것들과는 전혀 다른 새로운 일련의 질문들을 제기해야만 할 것이다. 라이히가 1920년대에 제안한 대로 개인적인 차원으로 처리하면 아무런 성과도 이룩할 수 없다. 억압이 사회에 광범위하게 존재하면 그 해결책은 개인적인 처리방법이 아니라, 억압을 야기시키는 사회적인 조건들과 제도들을 변혁시킴으로써 가능한 것이다. '개인적인 치료'는 문제의 근원을 파악치 않고 내버려두기 때문에 본질적으로 보수적이다. 학교와 그 학교에 근무하고 있는 교수들에게도 똑같은 난점이 존재한다. 사회적인 문제들을 개인적이며 보수적인 차원에서 취급하려는 경향이 그동안 있어왔다. 아동을 학교의 테두리 안에서 교육함으로써 빈곤의 문화를 극복하겠다는 시도가 있을 수 있다. 그러나 진정한 해결책은 한 개인이 사회 속에서 학습하고 성장하는 것을 가로막는 사회적인 조건들과 직접 대결하는 일이다.

교육자들을 진보화시키는 데 있어서 주요한 장애물 중의 하나는 제도교육의 관계일 것이다. 교육학자들은 그들의 일차적 기능을 교사 배출과 이에 관련된 용역 제공에 둠으로써 공교육의 요구에 기여해왔다. 종종 교육학을 연구하는 대부분의 대학교수들은 공립학교 과정을 거쳐왔기 때문에 교육학과를 공교육체제의 현장으로 간주한다. 역사적으로는 그것이 사범학교와 사범대학을 설립한 이유이다. 이런 결과 의미 있는 교육과정의 연구와 개발에 대해서 엄격히 제한이 가해졌다.

이런 편협한 시각이 결과적으로 교육의 여러 교과과정에 반영되었다. 오늘날 이러한 교과과정들은 모두 제도교육에 봉사하는 방향을 지향하고 있다. 교사훈련에서는 공립학교 교실 안에서 우선 표준과목들을 가르치도록 되어 있다. 교육과정의 성격은 국가의 인가를 받기 위한 요구조건에 의해 좌우되고 있다. 교육학의 한 분야로서 교육심리학은 학급경영의 심리학에 초점을 두는 경향이 있다. 그것은 그 자체를 학생들을 붙잡아놓고 수업을 듣게 하는 과학적인 도구를 공급하는 것으로 본다. 연구 및 강의의 내용은 모두 다 교실이란 상황에서 학습에 집중되어 있다. 교육사회학도 같은 경향을 띠면서 교실과 학교의 사회적 상호작용, 그리고 학교 내에서의 문화적 차이의 처리에 집중되어 있다. 공립학교에 있어서 교육사 강의는 미국사처럼 대체로 이런 사상과 신념을 팔고 있다. 교육철학은 공교육의 목적을 정의하고 명료화하는 과정에서 헤매어온 셈이다.

진보적인 집단과 학생들 및 교수진은 교육학부에 압력을 가하기 시작하여 미국 교육의 방향을 다시 세워보려고 하였다.[8] 이 압력은 각 교수의 수업 및 연구를 통해, 또 다양한 형태의 교육 프로그램에 대한 학생들의 요구를 통해 부분적으로 적용될 수 있을 것이다. 대안학교alternative school와 같은 외부 단체들은 대학이 이전에 지식과 정보를 공교육체제에 제공해준 것과 같이 그들에게도 지원을 하도록 압력을 가할 수 있다. 대학교가 오직 공교육체제의 필요에만 봉사하는 것이 아니라, 하나의 넓은 문화적 배경의 테두리 안에서 교육과정을 보기 시작해야 한다는 요구가 제기될 수 있을 것이다.

첫째로, 가능한 것은 교사자격증 요건과 교사훈련을 분리하는 일이다. 그렇게 되면, 이 일은 교사훈련에 있어서 별개의 두 연구과정을 제안하는 일을 우선 포함할 것이다. 그중 하나는 교사자격증을 향한 것이며, 또 하나는 프레이리와 같은 방법의 개발 및 실천을 향한 것이다. 이 두 번째 연구과정은 자료수집과 지역사회 참여를 위해, 요원들의 훈련 근거지를 마련해야 할 것이다. 프레이리 같은 방법에 의해 훈련된 교사는 사회의식을 개발하기 위해 빈민 지역으로 가서 공교육체제 밖에서 교육 프로그램을 설정할 수 있을 것이다. 교사훈련 프로그램은 또한 프레이리 방법이나 다른 방법으로 토착 미국인들과 흑인들 같은 소수집단 지도자들에게도 훈련을 위한 교육시설을 제공할 수 있을 것이다.

교육사회학과 심리학 등은 라이히가 말하는 근본적인 치료를 위해 협조할 수도 있을 것이다. 이들 두 학문은 우리 사회 내에 살고 있는 사람들이 왜 학교의 권위주의적 구조에 종속되지 않고서는 학습을 할 수 없는가라는 문제를 파악할 수 있게 한다. 만약에 그러한 종속성이 없다면 우리들은 학교를 안심하고 놔둘 수 있으며, 누구나 자신을 믿고 자기 방식대로 성장하고 배울 수 있을 것이다. 그러나 사람들은 이 단계에서는 자유롭게 독립적인 학습을 하기에는 아직 많은 장애가 있지 않을까 하는 의문을 가질 수 있다. 그런 일이 빈곤의 문화권에서는 올바른 소리일지 모른다. 심리학과 사회학이 해야 할 일은 학습과정에서 종속 상태를 조성하는 장애물들이 무엇인지를 알아내는 일이 될 것이다. 즉 라이히의 말처럼 문제가 주로 핵가족의 존재를 둘러싸고 집중되어 있는가? 그 문제는 빈곤의 경제적 조건들에 더 직접적인 관련을 갖고 있는가? 이것은 우리의 현대적인 도시환경의 구조 및 조건들의 결과인가? 이런저런 의문들이 떠오른다. 그렇게 되면 사회학과 심리학은 사람들이 학교의 권위주의적인 통제를 받지 않고 성장할 수 있도록 해줄 사회적 조건들을 계속 찾아낼 수 있을 것이다. 그것들은 우리 사회에서 주요한 변화를 일으킬 하나의 근본적인 치료법을 개발할 수 있을 것이다. 만약에 아동들이 배울 수 없다고 해도 우리는 그들이 당면한 문제를 극복하도록 돕는 일만이라도 중지해서는 안 된다. 우리는 아동의 학습을 방해하는 사회적 상황들을 밝혀내어 직접 공격을 하지 않으면 안 된다.

교육사회학은 교육에서의 통제와 경제적 착취의 성격을 연구하는 또 하나의 짐도 떠맡을 수 있을 것이다. 지역적인 수준에서 지역의 엘리트들과 교육 통제 간의 관련성에 대한 연구들도 수행될 필요가 있다. 그와 같은 연구들은 학교의 이데올로기와 한 특수 사회계층과의 연결을 맺으면서 카운츠 George Counts가 일찍이 학교 이사회의 인적 구성에 대해 연구한 전통을 따르게 될 것이다. 게다가 지역 학군의 재정처리 사례들을 연구하고, 가능한 이해 갈등을 살피기 위해 학생들이 동원될 수도 있다. 국가적 차원에서 해야 할 일은 교육에서의 권력 엘리트 연구이다. 이런 일은 설립 재단들과 출판사들,

대학교, 교육기관들과 연방교육 사이를 쉽게 이동하는 교육 지도자들에 대한 연구도 포함하게 될 것이다. 이 권력 엘리트의 이데올로기와 교육에 대한 그들의 영향력을 연구하는 것은 흥미 있는 일이다.

교육사와 교육철학은 이데올로기와 전체 사회화 과정을 내포하는 교육 실천과의 관계를 연구하기 시작할 수 있을 것이다. 사회화 과정에 대한 어떤 이론도 인간 본성의 개념에 기초해야 하며, 해야 할 일에 대한 비전을 제시해야 한다. 가족, 지역사회, 학교, 도시계획, 기타 관련된 사회화 과정에 관한 이론들은 그 저변에 깔려 있는 이데올로기의 측면에서 조명될 것이다. 역사와 철학은 이러한 이데올로기적 가정들에 대해 그 역사적인 맥락과 현재 나타난 사실들을 서로 검토하면서 명백하게 밝힐 수 있을 것이다. 이 두 학문은 교육방법이 그들의 정치·사회적 기반으로부터 분리되지 않도록 해야 한다.

이상에서 말한 모든 전략들은 시험적이긴 하나, 내실 있는 진보적 교육을 위하여 고려해야 할 몇 가지 실천적인 점들을 제시한 것이다. 현대사회에서 이 이론이 어떻게 실천되어야 하는가에 대한 정통한 연구가 있어야 한다. 수년간 미국 교육자들은 존 듀이의 교육철학이 공교육체제하의 일상수업에 왜 그렇게도 영향을 미치지 못했는가를 궁금하게 생각해왔다. 그 해답의 일부는 듀이 자신의 저서에서 발견된다. 듀이는 확실히 자기 철학을 교실현장으로 해석해 옮겨놓은 반면에, 자신의 방법을 실천으로 옮길 수 있도록 교육제도가 어떻게 어떤 방법으로 변경되어야 하느냐 하는 방법은 결코 제시하질 못했다. 듀이의 방법은 토론의 주제는 되었으나 실제적인 실천적 수단은 되지 못했다. 마찬가지로 진보적 교육론도 그것이 현존하는 교육체제에 정치적으로 접근하지 않는 한, 단지 토론의 주제 정도에 지나지 않을 것이다.

백 년 전에 많은 사람들에게 교육제도를 바꾸는 것이 정치적·경제적 변혁을 이룩하는 데 필수적인 부분이라고 확신시키는 것은 쉽지 않았다. 오늘날도 이것은 마찬가지다. 왜냐하면 사회 경제력에 의해 학교가 핵심적인 사회 통제기관으로 변했기 때문이다. 그러므로 학교는 사회변혁을 위한 시도의 일부분으로 전환되어야 한다. 그러나 이것이 학교교육의 확장을 뜻하는 것은 아니다. 오히려 그것은 학교교육의 제한이나 폐지를 뜻할 수도 있다. 명심해야 할 일은 대중교육이 계획된 사회화를 위한 주요한 제도 중에 하나로 될 수 있었던 것은 특정한 역사적 세력의 부산물이라는 것이다.

또 생각해야 할 점은 '학교교육'과 '교육'의 구별이다. '학교교육'은 제도적인 통제체제를 통해서 말 잘 듣는 노동자들과 시민들을 양성하기 위하여 설계된 하나의 '계획된 사회화'의 방법이었다. 다른 한편 '교육'이란 사람이 세계를 변형시키고 개인의 자율성을 극대화하는 지식과 능력을 얻는 것을 뜻할 수 있다. 교육은 '개인 해방'의 근원이 될 수 있다. 현재의 제도교육 체제 내에 내포된 내재적 모순의 하나는 이러한 '교육'과 '학교교육' 간의 차이점과 관계가 있는 것이다. 현대의 노동자들은 기본적인 기술과 사회에 대한 어느 정도의 이해를 필요로 한다. 따라서 일정한 정도 교육을 받아야 한다. 이 교육이 의식화되어 사회화와 학교교육에 대항하여 폭동을 일으키는 일도 자주 발생한다. 이런 일은 지난 십 년간 개인의 자유와 권리의 보호를 위한 학생들의 저항과 요구로 유발되었다. 불행하게도 이런 일은 아직도 얼마쯤의 '교육' 흔적이 좀 있는 중류층 학교에서 주로 발생했다. 가난한 아이들은 우선 '더욱 학교화'되었지, '잘 교육'되지는 못했다.

지금 미국에서는 '직업교육'을 옹호했던 모든 교육적 잔재들을 제거하려는 운동이 있다. '직업교육 운동'은 모든 학습이 어떤 미래의 직업 수요를 향해서 계획되어야 한다는 신념에 기초하고 있다. 학습은 미래의 사회적 역할과 학교의 사회화 과정에 종속되어가고 있다. 지식은 사회·경제적 세력을 비판적으로 분석하고 이해하는 수단이기는커녕, 기존 사회구조에 인간을 종속시키는 수단이 되었다. '직업교육'은 학교교육을 통제하는 세력이 궁극적

으로 무엇을 생각하고 있는가를 보여주고 있다.[9]

앞으로 우리가 추구해야 할 교육제도는 각 개인으로 하여금 현존하는 제반 사회를 이해할 수 있도록 그들의 의식 수준을 고양시키는 제도가 되어야 할 것이다. 이를 위해서는 이런 교육제도가 용납될 수 있는 사회가 건설되어야 할 것이며, 이에 합당한 이론과 실천이 추구되어야 할 것이다. 그러나 이 과정은 그에 적당한 목적과 수단을 둘러싼 관계 당사자들의 끊임없는 대화를 통해서 추구되어야 할 것이다. 이때 교육은 이러한 진보적 노력의 중심에 위치해야 할 것이다.

***

1) 20세기의 교육 발전에 있어서 이러한 모델이 끼친 영향에 대한 연구는 Joel Spring, *Education and the Rise of the Corporate State* (Boston : Beacon Press, 1972)와 Clarence Karier, Paul Violas and Joel Spring, *Roots of Crisis* (Chicago : RandMcNally, 1973)에서 발견할 수 있다. 고등교육의 발전에 있어서 이러한 모델의 효과는 Edward Krug, *The Shaping of the American High School*, Vol. I (New York : Harper & Row, 1964)에 상세히 기술되어 있다.

2) 계급이해가 교육에 어떻게 반영되는가에 대해서는 Michael B. Katz, *The Irony of Early School Reform* (Boston : Beacon Press, 1970)과 Spring, op. cit 참조.

3) 빈곤에 기초한 전쟁의 기본적인 주장들을 소개하고 교육을 빈곤과 차별의 해결과 관련시켜 보는 가장 중요한 정부 문서는 "The Problem of Poverty in America," *The Annual Report of the Council of Economic Advisers* (Washington, D. C. : U.S. Printing Office, 1964).

4) 급진적인 학교 실험들을 평범하게 보는 것으로는 Jonathan Kozol, *Free Schools*(Boston : Houghton Mifflin, 1972)를 참조.

5) 의무교육에 대해서는 William F. Rickenbacker, eds., *The Twelve Year Sentence* (Lasalle, Illinois : Open Court, 1974) 참조.

6) 이런 관점에 대해서는 John Holt, *Escape From Childhood* (New York : Dutton, 1974)에 분명하게 언급되고 있다.

7) James Koerner, *Who Controls American Education?* (Boston : Beacon Press, 1968)을 보라.

8) 이런 방향에서의 최근의 변화상을 보여주는 것으로는 the Association for Supervision and Curriculum Development가 발행한 연감이 있다. 이 연감은 James Macdonald와 Esther Zaret이 편집한 것으로 제목은 *Schools in Search of Meaning*이다. 이 책에는 공공교육기관과 매우 강한 연결을 맺어왔던 한 집단이 발표한 학교교육에 대해 매우 비판적인 급진적 논문이 실려 있다.

9) 직업교육의 지도적 옹호자는 전직 교육국장인 Sidney P. Marland가 있다. 이 주제에 대한 그의 생각을 보려면 그의 논문 "The School's Role in Career Development," *Educational Leadership*, 30, No. 3 (December 1972), pp. 203-205와 "The Endless Renaissance," *American Education*, 8, No. 3 (April 1972), p. 9를 보라.

아나키즘과 진보교육의 전망

심성보(부산교육대 교수)

　우리의 국가주의 교육과 권위주의 교육방식 등은 세계적으로 그 유례를 찾아보기 어렵다. 정보화의 첨단을 달리고 있는 나라임에도 유독 교육의 영역에서는 다른 나라에서는 상상도 할 수 없는 엄청난 지식이 강제로 일률적으로 주입되고 있으며, 그런 주입식 교육으로 입시경쟁에 목을 맨다. 최근에 논란이 되고 있는 일제고사가 대표적이다. 교사의 자발적 참여 없는 보여주기 식 전시행정이나 시범학교 수업, 자율화의 탈을 쓴 타율적 교육행정 등 현재의 교육정책은 과거의 근대적 방식인 하향식 관료주의 방식으로 시행되고 있다. 우리의 어린이들은 스스로 공부하는 능력을 상실하고 놀이를 잊어버리고 있으며 자율성과 자치 능력을 상실하고 있다. 입시경쟁으로 정서는 메말라 학생은 더욱 이기성을 보이며, 인간성이 피폐해지고 있다. 협력은 없고 오직 경쟁만 있을 뿐이다. 수험경쟁으로 상징되는 오늘의 한국교육은 인간이 아니라 기계나 노예를 만드는 교육으로 치닫고 있다. 학생들은 고분고분한 노동자, 방관적 소비자, 그리고 수동적인 시민이 되도록 교육된다. 일단 교육을 받으면 권력구조를 지탱하도록 사회화된다. 다시 말해, 하나의 이념이나 체제에 순응하도록 길들이기 교육을 하고 나면 비판적 사고를 포기하고, 사회 질서에 순응하고, 성스러운 질서 유지를 위해 필요한 이데올로기로 구성된 내용만을 받아들이는 착한 학생이 되어간다. 결국 학교는 교화기관, 즉 순종을 강요하고 독립적 사고의 가능성을 저해하기 위한 기관으로 전락하고, 통제와 억압 시스템 내에서 운영되는 하나의 제도적 역할만 하게 된다.

이런 교육체제를 극복하기 위해서는 우선 비판적 탐구정신을 함양해야 한다. 교사는 권위를 버리고 학생을 인간적으로 대우해야 한다. 학교의 비민주화는 국가의 전체주의적 운영의 첨경이기에 이를 제어해야 한다. 더욱더 자주적이고 자치적인 교육을 해야 한다. 학생들이 자유롭게 놀고, 즐겁게 말하고, 생각하고, 느끼게 해야 한다.

이런 문제의식을 가진 사람이라면 아나키즘의 목소리를 경청할 필요가 있다. 아나키즘은 기존 사회에 대하여 비판을 제기하는 사상이고, 바람직한 미래사회의 전망이고, 그리고 한 사회에서 다른 사회로의 이행수단이기 때문이다. 아나키즘은 개인의 자율성을 증진시키는 사회체제의 형성에 관심을 보이므로 그 자율성을 파괴하는 국가를 부정하고, 대표민주제를 포함한 특권계층을 위한 정치체제가 착취를 정당화하는 정치적 이익의 수단화가 되는 것을 부정한다. 21세기의 이념적 대안으로 등장하고 있는 아나키즘적인 일련의 흐름은 획일적인 중앙집권적 사고방식에서 탈피하여 다양한 지방분권적 사고방식과 힘의 균형을 주장하고 있다. 나아가 권위적 학교제도를 부정한다. 이는 제도 자체에 대한 전면적 부정일 수 있으나, 대체로 기존의 학교를 대체하는 새로운 배움터를 주장하는 것으로 볼 수 있다. 아나키즘은 자기 결정을 할 줄 아는 자유로운 인간의 교육을 올바른 교육이라고 생각한다. 아나키스트들은 학교가 지배 엘리트의 이익을 위해 국민의 도덕적·사회적 신념을 형성해내는 수단으로 이용되고 있다고 비판한다. 아나키스트가 비판 대상으로 삼는 것은 권위주의 교육, 관료주의 교육, 국가 주도 공교육, 교사중심주의, 획일적 능력주의, 교재중심주의 등이다.

　교육의 중요한 목적인 자율성은 자신의 행동 선택에 책임을 지는 것을 뜻한다. 교육의 자율성은 강요된 도그마로부터 자유로운 선택을 할 수 있음을 뜻한다. 이는 인간이 자신의 행동을 자유롭게 결정하기 위하여 자신의 가치와 목표를 정립하는 것을 뜻한다. 아나키즘이 강조하는 자유는 모든 인간이 타고난 권력과 능력 그리고 재능을 완전히 발전시켜 사회에 득이 되게 하는 데 있다. 따라서 개인을 일정한 방향으로 만들려고 하는 모든 사상이나 제도(교육도 포함하여)는 거부된다. 그런 의미에서 아나키즘은 권위주의 국가의 존재를 부정한다. 곧 권위주의 국가는 개인의 행동을 규제하는 법률을 통하여 개인의 자율성을 파괴하기 때문이다. 국가주의 교육은 그 통제권을 쥔 사람들의 정치적·경제적 이익을 위해 봉사하는 교육이다. 교육은 기존 제도를 지지하고 유지하기 위해 국가가 시민의 성격과 의지를 방향 짓고 조작하기 위하여 이용하는 권위를 무기로 이용한다.

　이러한 국가주의 교육을 어떻게 극복할 것인가? 아카키스트들은 그 해답을 모든 아동에 대한 민주적인 능력별 교육, 그리고 교사와 학생은 동등하기에 유능한 교사는 아동 스스로 살아가도록 그들의 자율성 신장을 도와주어야 한다는 데서 찾는다. 공포와 억압이 아니라 자유와 평등 속에서 공동생활을 통하여 스스로 인간관계를 배우는 것이다. 아나키스트들이 주창하는 자율·자주·자치·자연 교육은 멋대로 방치하는 '방목' 교육이 아니라, 현재의 학교제도교육의 중심 틀을 근본적으로 바꾸는 것을 뜻한다.

　자유의 박탈이 우리나라 교육 풍토의 일반적인 모습이라면, 아나키즘 교육을 우리의 학교 현실에 적용하는 것이 불가능한 환상처럼 여겨질지 모른다. 특히 교사가 인간으로서 당연히 누려야 할 결사의 자유, 교육과 학문의 자유, 양심과 사상의 자유, 노동의 자유 등과 같은 시민적 자유조차도 보장되지 않는 한국사회에서는 꿈과 같을지 모른다. 국가주의 교육이 체질화된 우리 현실에서 자율·자주·자치·자연 교육을 도입한다는 것은 그 실현 여부를 장담할 수 없을지 모른다. 그렇지만 학생을 대상으로 동물 실험하듯 교육을 '실험'한다는 말은 있을 수 없겠으나, 실험정신에 입각한 과감한 사고 발상의 전환을 위하여 이미 선진국 등에서 모색된 자율·자주·자치·자연 학교를 적용해보는 것은 우리 교육의 산적한 문제를 해결하는 데 작은 돌파구를 열 수도 있을 것이다. 특히 무엇보다 개인의 다양성과 창의성이 중요한 다품종 소량생산 체제의 현대사회에서, 자칫 테크놀로지로 인해 인간의 설 자리마저 빼앗겨버릴 위태로운 상황에서 인간 존중과 협동 그리고 상호부조라는 더불어 살아가는 의미들을 일깨우는 교육이 절실하다. 그리고 인간에 의해 파괴되어가는 생태계의 소중함과 보호의 필요성을 강조하고 또한 직접 실천하는 교육이 필요하다. 그런데 기존의 교육사는 공교육 중심의 제도사에 지나지 않으며, 그 제도 속에 살고 있는 주체들의 자발성을 배제하고 있다. 이런 문제의식을 가진 공교육에 대한 비판, 특히 국가주의적 권위주의에 대한 근본적 비판은 18세기의 고드윈 이래 20세기의 페레, 닐, 일리히, 프레네, 프레이리 등에 이르는 아나키즘 사상가들에 의해 주도되어왔다. 하지만, 한국교육사에서는 그들의 생각이 중요하게 다루어지지 않고 있으며 우리에게 별로 알려져 있지 않다.

아나키스트들은 교육의 주체가 국가 주도에서 벗어나 다양한 대안, 즉 공교육 안의 작은 학교 만들기 등 새로운 학교 만들기와 함께 탈학교, 대안학교, 홈스쿨링 등 공교육 바깥으로의 확산을 제안한다. 그뿐 아니라 아나키즘은 국가 주도의 학교교육에 대한 근본적인 문제를 제기하고, 보다 인간을 존중하는 교육, 인간과 자연이 공생하는 교육, 공동체적 삶을 중시하는 교육사상과 그 실천운동을 강조한다.

그렇다면 오늘날과 같은 탈근대 사회에서 자율·자주·자치·자연의 가치를 지향하는 아나키즘적 교육은 더욱 절실하다. 아동과 청소년을 대상으로 교육 내용이나 방법에 대해 아나키스트들이 직접 학교를 세워서 아나키즘이 바라는 이상적인 인간을 키우기 위한 치열한 노력은 경외스럽다. 교사와 학생의 자율·자주·자치·자연을 핵심적 가치로 하는 아나키스트들의 목소리는 비록 작지만, 그것의 울림은 오늘날 교육의 사상과 운동에 지대한 영향을 미칠 것이다. 특히 강압적인 국가주의 교육체제가 강화되는 현실 속에서는 아나키즘의 목소리가 더욱 힘을 얻을 것이다.

아나키즘은 번역상의 문제로 인하여 흔히들 무정부주의라는 의미로 알려졌다. 때로는 무질서와 혼란 상태를 지칭하기도 했고, 테러리즘 또는 니힐리즘으로 오해되기도 하였다. 그러나 그리스어 '아나코anarchos'에 뿌리를 두고 있는 아나키anarchy는 '지배자가 없는', '키잡이가 없는 선원' 또는 '권력이나 정부가 없는' '지배자가 없는'이라는 뜻으로서, '권위의 부재'와 '통치의 부재' 또는 '권력의 부재'를 의미한다. 그것은 '무정부주의'라기보다도 굳이 번역하자면 '자율주의'라고 부르는 것이 더욱 정확하다.[1] 그것은 곧 '국가주의'와 대립된다. 아나키즘은 강압적인 권위와 통치를 부정하는 것으로 오히려 인간의 절대적 자유를 갈망하고, 기존 사회에 대한 비판을 제기하면서 자연적인 질서 회복과 사회의 조화를 재창출하여 바람직한 미래사회를 전망한다. 그 궁극적인 목표는 사회변혁을 통하여 자유를 실현하는 데 있다.

1_ 'Anarchy'에서 'an'은 없다, 아니다라는 뜻이고, 'archy'는 우두머리, 강제권, 전제 따위를 의미하는 말이다. 따라서 'Anarchy'는 '무정부'의 의미보다는 '권력의 부정'이라는 의미가 더 강하기에 반강권주의, 반패권주의라고 부르기도 한다.

아나키즘은 어느 유명한 사상가에서 비롯된 것이 아니라 이름 없는 민중 속에서 그 실마리를 찾는다. 일반적으로 역사의 흐름은 '상호부조'의 흐름과 '권력주의'의 흐름으로 크게 나뉘는데, 소수 권력자들은 권력을 토대로 민중을 억압하고 통치하는 흐름을 이끌어온 반면, 기층 민중들은 인간 본성의 무한한 가능성을 신뢰하고 개개인의 자유를 추구하는 가운데 서로 어우러져 상호부조하면서 더 나은 역사의 발전을 도모해왔다. 아나키스트들은 그들이 지향하는 사회가 다양함에 따라 그 유형도 다양하다. 그렇지만 그들은 결코 독단과 체계화 혹은 교주처럼 행사하려고 하지 않는다. 그 이유는 개인의 절대적 자유 즉, 개인의 자유로운 판단과 자율적 행동의 중요성을 무엇보다 우선시하기 때문이다. 법·도덕·종교·교육 등이 인간을 소외시킨 원천으로 파악되고 있으며, 진정 개인의 자율성을 회복하기 위해 일체의 권위적이고 억압적인 제도와 조직도 허용하지 않는다.

또한 아나키즘은 인간이 사회적 동물로서 상호 결합하는 능력이 뛰어남을 강조한다. 동물들 사이에서 이루어지는 자발적 협동이 오히려 치열한 생존경쟁보다 더 중요한 역할을 하듯이, 인간생활에서도 경쟁만을 일삼는다는 다윈Charles Darwin의 적자생존보다 크로포트킨Peter Kropotkin[2]의 '상호부조' 습성이 공동체의 연대성을 가져와 더 나은 사회로의 발전을 모색한다고 본다. 따라서 아나키즘이 지향하는 사회는 작은 규모의 지역사회로서 자급자족이 가능하며 필요한 것들은 서로 연맹하여 해결할 수 있는 자치적 공동체인 '코뮌commune'을 구상한다. 아나키즘은 개인의 자유를 최대한 실현시키려 한다는 점에서 '자유주의'와 비슷하고, 자본주의의 경제적 모순을 배척하고 만인의 평등을 추구한다는 점에서 '사회주의'와 비슷하지만, 다양한 관점과 해석의 틀을 가진 사상이기에 고정되어 있는 완결된 사회적 체계가

2_ 크로포트킨은 1892년 『빵의 쟁취』에서 19세기의 계급화된 교육을 비판했다. 나아가 학교 제도에 의해 우둔하게 되고 평생 과거에 예속되어 옛 문헌만 뒤적이는 태도를 비판한다.

아니라 인류의 역사적 발전을 끊임없이 도모하는 일정한 사조라고 볼 수 있다. 아나키즘은 인간의 자유와 존엄성을 구속하는 모든 굴레로부터 인간해방을 역설하는 교리로서 기존 사회에 대한 비판을 제기하고, 나아가 바람직한 미래 사회를 전망하는 한 사회에서 다른 새로운 사회로의 이행 수단을 제시한다고 볼 수 있다.

2_
아나키즘의
사상적 지향

아나키즘은 그 범위가 넓고 함유하고 있는 의미들이 복합적이고 애매모
호해서 한마디로 정의하기가 곤란하고, 또한 그 유형이 다양하여 특징들마
저 복합적이고 포괄적이다. 아나키즘의 사회인식 체계는 아나키스트들의 사
유 틀이 무엇이고 지향하는 가치가 무엇이며, 그리고 이들이 지니는 기질의
특성은 어떤 것인가 등을 살펴봄으로써 유추해볼 수 있다. 아나키스트가
보여주는 근본적인 지향은 개인의 자유를 억압하는 권위에 대한 저항, 개인
의 자율성을 존중하는 자주인, 상호부조와 협력의 자치 공동체, 근대의 극
복과 인간과 자연의 조화에서 찾아야 할 것이다.

1) 개인의 자유를 억압하는 권위에 대한 저항

유사 이래 사람들의 눈을 어둡게 하고 있는 편견 중에서 통치기구에 대
한 편견보다 더 심한 것은 없다고, 아나키스트들은 주장한다. 18세기 후반

과 19세기 초반의 서구사회는 군주제에서 공화정으로 이행하는 긴장상태에 놓여 있었다. 이때 고드윈William Godwin은 정부형태가 변한다고 하더라도 그것이 통치집단의 이익을 위해 이용되는 한 아무런 의미가 없다고 보았다. 프루동Pierre Joseph Proudhon은 "통치기관이 정의의 사도로서, 약자의 보호자로서, 사람들의 마음속에 비추어지고 있기 때문에" 통치기구에 대한 잘못된 환상을 갖는다고 비난한다. 슈티르너Max Stirner에 따르면 모든 통치기구는 전제적이다. "통치기구는 언제나 국경을 설치하고, 개개인을 통제하여 전체적 목표에 복종시킨다는 하나의 목적밖에 가지지 않는다. ……통치기구는 검열·감시·경찰을 동원하여 자유로운 모든 활동을 방해하고, ……통치기구의 사상과 일치하는 경우를 제외하고는 그런 경우가 아니면 침묵을 강요한다." 그리고 이러한 억압을 자신의 의무라고 생각한다.[3] 바쿠닌Mikhail Aleksandrovich Bakunin은 점점 전체주의화되는 통치기구에 대해 침통한 전망을 보인다. 거대한 예산과 상비군, 관료정치로 지탱되고 있는 현대의 중앙집권 세력이 초래할 전 세계적인 반혁명적 힘을 절대적이고 위협적이며 압도적인 것으로 내다보고 있다.

이처럼 아나키스트들은 국가권력을 개인의 자유를 억압하는 모든 악의 근원으로서 최대의 강제적인 권력이라고 본다. 이러한 관점은 부르주아 민주주의뿐만 아니라 권위주의적인 사회주의에서도 마찬가지이다. 바쿠닌은 권위주의적 사회주의에 대하여 다음과 같이 비판하고 있다.

"공산주의는 사회의 모든 권력과 재산을 국가로 집중하고 흡수했다. 그것은 도덕화와 문명화의 구실하에 사람들을 항상 종속시키고 억압하고 착취하고 퇴폐시켜왔다."

그리고 공산주의에서 말하는 과도적 독재는 특권과 불평등한 국가에 의

3_ Daniel Guerin, 『현대 아나키즘』, 하기락 옮김(부산: 신명, 1993), p. 56.

해 모든 억압이 부활하고, 공동의 복지 또는 국가안보라는 명분으로 착취와 강제를 다시 시작할 것이라고 보았다.[4] 그리하여 포르Sebastian Faure는 "국가, 정부, 종교, 사유재산제와 같은 가시적인 제도뿐만 아니라 권위를 부정하고 그것과 싸우는 자는 누구나 아나키스트이다"라고 할 만큼 강력한 저항을 촉구하였다. 골드만Emma Goldman은 인간 노예화—인간의 행동을 지배하는 정부, 인간의 정신을 지배하는 종교, 인간욕구를 지배하는 사유재산—로부터의 해방을 투쟁 목표로 삼았다. 슈티르너는 일체의 신성한 것에 의해 속박되지 않기 위해 무수한 우상을 파괴할 것을, 말라테스타Enrico Malatesta는 인간에 의한 인간의 지배와 착취에 대한 철저한 파괴를 역설했다.

아나키즘은 개인의 절대적 자유를 추구하기에 이를 방해하는 권위적이고 강권적인 기구들을 배격한다. 그중 국가의 존재를 강력히 부정하고 타도할 것을 주장하는데, 이는 국가의 본질이 강권적 폭력이기 때문이다.[5] 경찰과 군대와 법은 결정적인 순간에 언제나 소수의 지배자를 위하여, 폭력과 강제력으로 다수의 인간을 지배하고 파괴하는 수단으로 이용되어왔다. 이 같은 국가의 폭력화 현상은 조직범죄, 성폭력, 아동·노인 학대, 소수 인종 차별 등의 형태로 사회에 확산되고 있다. 크로포트킨은 국가의 교육이 우리의 두뇌를 왜곡시켜 그 결과 우리 안에 자유의 개념 자체가 무너지고, 노예의 개념으로 대체되었다고 비판한다.

4_ 아나키즘의 자유 개념이 편협하고, 괴상하고, 국가의 정신이 침투된 교육을 통해 습득한 개념의 범주에 포함되지 않는다는 이유로 공산주의 혁명가들은 아나키스트들과 적대적이었다. 그러나 아나키즘은 본래 인간에 의한 착취를 폐지할 것을 목적으로 하는 '사회주의자'와 동일한 노선을 취한다. 아나키스트라면 누구나 사회주의자이지만, 사회주의자라고 해서 반드시 아나키스트인 것은 아니다.

5_ 아나키스트들은 국가를 타도하는 데 있어 정치혁명도 부정한다. 정치혁명은 단지 권력의 교체에 불과하다고 보기 때문이다.

2) 개인의 자율성을 존중하는 자주적 개인

아나키스트들은 국가가 자신과 인류의 삶을 보장해줄 것이라는 기대를 버리고, 스스로가 삶의 주인이 되어 삶을 만들어나가려는 '자주인(自主人, libertarian)'이 되기를 갈망한다.[6] 전통적으로 아나키스트들의 주된 공통 관심은 개인의 자율성을 증진시켜야 한다는 것이다. 이때 자율성이란 강요된 도그마로부터 자유로운 선택을 할 수 있고, 자신의 행동 선택에 책임을 지는 것을 의미한다. 이는 인간이 자신의 행동을 자유롭게 결정하기 위하여 자신의 가치와 목표를 정립하는 것을 뜻한다.[7] 언뜻 보기에 자율성이라는 목표가 급진적으로 보이지는 않지만 이것이 내포하고 있는 의미를 생각해보면, 그것은 근대사회에 이미 확립되어 받아들인 대부분의 제도들에 대해 의문을 제기하고 있다.

아나키스트들은 개인의 자율성을 파괴하고 최대의 강권을 행사하는 국가 자체를 부정하며, 나아가 법마저 정치적·경제적 엘리트를 비호하기 위해 존재한다고 비난한다. 그리고 개인의 귀중한 권리를 다수에게 또는 그 대표자에게 떠맡기는 대의민주주의도 반대한다. 개인에게 특정한 가치관과 사상을 주입해, 그 개개인들을 일정한 방향으로 이끌려고 하는 학교와 교회도 거부한다. 이들은 개인의 성격을 일정한 틀에 맞추고 개인이 갖는 궁극적인

6_ 고드윈은 자신을 결코 아나키스트라고 부르지 않았다. '아나키'라는 용어에는 프랑스혁명 당시의 논객들이 붙여준 부정적 의미가 있었기 때문이다. 그들에게는 아나키즘이 모순이 없고 체계가 선 정치적 정의를 구현하는 정부를 파괴하는 '무질서'로 보였다. 그래서 고드윈은 '자주인'libertarian로 불리길 원했다(조지 우드코크, 하기락 옮김, 『아나키즘』, 형설출판사, 1972, p. 68). 그는 'anarchist'는 'libertarian'의 동의어로 사용하고 아나키스트들의 교육을 'libertarian education' 'libertarian pedagogy'로 호명한다(M. P. Smith, *The Libertarians and Education*, George Allen & Unwin, 1983).

7_ 박홍규, 「아나키즘과 자유교육」, 구승회 외, 『아나키·환경·공동체』(서울: 모색, 1996), p. 235.

자율성을 제한하는 제도이기 때문이다. 개인의 자율성·자주성에 대한 강조는 모든 아나키스트들이 공통으로 하고 있지만, 특히 '개인주의적' 아나키스트들에 의해 집요하게 주장되었다. 다른 것과 바꿀 수 없는, 고유한 가치를 지닌 개개의 인간을 찬양했다. 이는 오랫동안 아나키즘 사상의 권내에서조차 유별난 존재로 인정되었다.

프루동은 '개인주의'를 인간성의 본래적 사실로, 연합을 그 보완적 귀결로 보고, 개인과 사회 간의 힘의 균형을 중요시했다. 바쿠닌은 자유는 오직 자유에 의해서만 지켜질 수 있으며, 또 지켜지지 않으면 안 된다고 보았다. 그리고 자유를 지킨다는 구실 아래 자유를 침해하려고 하는 것은 큰 위험이라고 보았다.[8] 뿐만 아니라 모든 사람을 배반하고 남들의 희생 위에 자신의 물

8_ 칸트에 따르면 도덕적 자율은 자유와 책임이 결합된 것이다. 다시 말해 도덕적 자율은 자신이 스스로 제정한 법에 복종하는 것이다. 자율적인 사람은 다른 사람의 의지에 좌우되지 않는다. 그는 다른 사람의 명령에 따를 수도 있으나, 그렇게 할 것을 명령받았기 때문이 아니다. 따라서 그는 정치적인 의미에서 자유롭다고 할 수 있다. 행위에 대한 책임은 선택행위의 결과이기에 책임지지 않거나 회피할 수 있다. 그런 도덕적인 상황을 고의로든 실수로든 인식하지 못함으로써 도덕적 책임을 인정하려고 하지 않을 수 있다. 사람들은 살면서 가끔 자신의 행위를 책임지기를 거부하기도 한다. 그런가 하면 어떤 사람들은 언제나 책임을 회피함으로써 어른다운 모습보다는 볼썽사나운 어린아이의 모습만을 보여준다. 도덕적인 자율이란 자신의 행위에 완전히 책임을 지는 조건인 까닭에 사람들은 자신의 의지에 따라 스스로 자율을 상실할 수도 있다. 말하자면 사람들은 명령받은 것이 올바른지 또는 현명한지를 스스로 판단하려 하지 않고, 다른 사람의 명령에 무조건 복종하려고 할 수 있다. 아나키즘을 옹호하는 볼프R. P. Wolff는 칸트의 개념에 따라 개인이 갖는 최상의 의무를 도덕적으로 자율적인 것으로 본다. 도덕적 자율은 스스로 도덕적 결정에 이르는 것, 즉 마땅히 해야 하는 행위에 대한 최종적 결정을 스스로 내리는 것을 말한다. 따라서 인간은 개인의 자율적 의사와 상치되는 국가의 권위에 복종할 도덕적 의무가 없다고 주장한다. 만약 개인이 국가의 법률이나 명령에 복종해야 할 의무가 있다면 그것은 그가 해야 하는 행위의 최종 결정을 국가가 내리도록 허락하는 것이 된다. 따라서 본질적으로 복종의 의무를 명령하는 국가의 권위(명령하는 권리, 상대방에게 복종을 요구하는 권리)와 도덕적 자율은 일치할 수 없다. 이처럼 적법한 정당한 권위는 도덕적 자율과 상충함으로써 정당성을 상실하며, 이와 같은 권위와 자율 간의 충돌은 정당한 국가를 불가능하게 하기 때문에 아나키즘을 옹호하게 된다(로버트 폴 볼프 지음, 임홍순 옮김, 『아나키즘-국가권력을 넘어서』, 2001, pp. 37-57. 145-146).

질적 안락만을 구축하는 부르주아적 이기주의도 용납하지 않았다. 다만, 그가 강조하고자 한 바는 인간이 자신의 자유로운 개성을 실현할 수 있는 것은 자신을 둘러싸고 있는 모든 사람들의 도움을 받는다는 사실이다. 이처럼 바쿠닌은 인간을 가장 개인적이면서도 가장 사회적인 동물이라고 보았다.

3) 상호부조와 협력을 통한 자치적 공동체 건설

다윈은 생태계가 치열한 경쟁에서 이기는 자만이 살아남는다는 적자생존을 주장하였다. 비록 후년에는 종 내부의 협동이 진화의 요소로 무시되어서는 안 된다고 하지만, 그가 제시하는 투쟁은 헉슬리 등 신다윈주의자에 의하여 더욱 강조되었다. 이에 반하여 크로포트킨은 일찍이 진화의 협동적 측면에 관심을 기울였다. 그는 황야의 동물생활을 관찰한 결과 동종 개체 간의 투쟁보다 협동의 증거를 더 많이 발견하고, 연대와 공동의 노동이 자연의 생존 싸움에 있어서 종을 강화한다는 '상호부조'의 이론을 제시했다. 과거에 발전과 진보의 요소로 혹은 인류의 지식교육과 도덕교육의 무기로 사용되던 모든 것은 상호부조의 실천으로부터, 그리고 사람들 사이의 평등을 인정하고 서로 연합하고, 생산과 소비를 위해 단결하고, 공동의 방어를 위해 조합을 결성하고, 그들 사이에 발생한 분쟁의 해결을 위해 중재자에게 요청하던 관습으로부터 유래하였다.[9] 상호부조는 보다 번영하고 있는 종들에게서는 법칙적으로 나타나고, 실제로 진화에 있어서도 가장 중대한 요소라고 주장하였다. 상호부조가 이루어지는 공동체 생활은 가장 약한 동물로 하여금 그들이 두려워하는 맹수로부터 그들을 보호하고 저항할 수 있도록 한

9_ 포트르 크로포트킨, 백용식 옮김, 『아나키즘』, 개신, 2009, p. 56.

다. 뿐만 아니라 공동체 생활은 정력의 낭비를 가장 적게 해서 자손을 기르고, 비록 출산율이 낮다 하더라도 종의 수를 유지할 수 있다. 이처럼 어떤 환경이든지 간에 사회성은 생존경쟁의 최대의 무기가 될 수 있다고 보았다. 단결의 방법을 가장 잘 알고 있는 동물은 다른 동물보다 지적 능력을 제외하고 여타의 능력이 부족할지라도 생존의 가능성과 다시 진화할 수 있는 기회를 가장 많이 갖고 있다.

이와 같은 고찰은 인간에게도 마찬가지로 적용된다. 크로포트킨은 원시인이 생존을 위하여 닥치는 대로 투쟁을 했다고 하는 헉슬리의 견해에 반대한다. 오히려 실제의 원시사회는 강압적인 법률 대신에, 종족이나 씨족의 협동과 상호부조라는 관습의 테두리 안에서 생활이 이루어져왔다고 본다. 즉 인간은 언제나 공동체 안에서 서로 돕고 협력하였던 본디 사회적 동물인 셈이다.[10] 아나키스트들이 주장하는 공동체는 단순한 지역공동체 사회 이상의 것이다. 공동체는 인격적 친밀도, 정서적 공감, 도덕적 처신과 사회적 응집, 시간적 연속성 등 모든 형태의 사회관계를 포괄하는 용어이다. 이러한 공동체의 가치는 공동의 인류애에 대한 자각에 기반을 두고 있다. 즉 소규모의 자발적·자치적·협동적 지역 공동체들이 상호 자유롭게 연합하는 사회가 아나키스트들이 추구하는 목표였다.

한편, 아나키스트의 국가에 대한 반대와 권위주의적 사회주의에 대한 혐오감은 공동체적 삶의 지향의 문제로서 '자주관리'에 대하여 관심을 기울게 하였다. 프루동은 거대한 국가를 대신하여 자율적 '코뮌'을 제시하였다. 코뮌은 세금 부과와 소유물 및 소득 분배 문제, 학교 설립과 운영, 그리고 교사 임명권까지 자치권을 가지고 직접 행사한다. 이때 코뮌은 일체의 구속과 강제를 물리치고 오직 자기 스스로의 제한밖에 받지 않는다. 코뮌의 자주관

10_ 조지 우드코크, 『아나키즘-자유인의 사상과 운동의 역사』, 하기락 옮김, 형설출판사, 1981, p. 240.

리는 권위주의적 통치기구와 양립할 수 없고, 위로부터 아래로 향해 군림하는 권력과 공존할 수 없다. 아나키스트들은 이상화한 미래와 더불어 이상화한 과거를 중시한다. 그것은 조직된 정부 아래서가 아니라 협동에 의하여 존재했던, 혹은 존재했다고 상상되는 온갖 사회를 가리킨다. 그 사회들은 권위와 강압이 부정되고, 공동생활과 재산의 공유가 이루어졌으며, 평화적인 삶을 누리고, 만장일치 등 개인의 의견들이 모두 존중된 공동체들이다.

오늘날 자본주의적 경쟁사회나 사회주의적 계획사회의 신화가 착취와 억압의 메커니즘에 불과하다는 인식이 확산됨에 따라 공동체 추구 경향은 새롭게 대두되고 있다. 특히 전 지구적으로 확산되고 있는 관료제적 통제는 인간의 내면적 자아와 인간의 삶 자체를 분열시키고 소외시키는 현상을 초래하였다. 이러한 문제점을 인식한 사람들은 "작은 것이 아름답다"는 믿음과 함께 협동하고 참여하는 즐거움의 새로운 의미를 추구하고 이를 실천하려는 노력들이 광범위하게 일어나고 있다. 이제 사람들은 스스로 삶을 개척해 가는 자주적 인간으로 성장하여 다른 성숙한 자주인들과 공동체를 형성해서 개인의 행복과 공동체의 발전을 이끌어 갈 것이다. 이처럼 개인이 자주인으로 성숙함과 공동체 지향은 별개의 상반된 내용이 아니라 서로 필요충분 조건으로 작용한다.

4) 근대의 극복과 인간과 자연의 친교

아나키스트 학파들이 가지각색의 다양한 형태를 띠지만, 그들의 공통적인 철학은 자연주의적 세계관이다.[11] 아나키스트들은 인간이 천성적으로 선

11_ 위의 책, p. 25.

하고, 본래부터 사회적인 존재라고 믿는다. 그것은 인간이 동물계에서 진화함과 더불어 자연적으로 사회 속에서 생활하는 성향을 지니기 때문이다. 프루동에 따르면 인간은 본래 사회적인 존재이기 때문에 자발적으로 생동하고 성장하는 사회는 사실상 자연스런 사회가 된다고 한다. 이와 더불어 크로포트킨도 다음과 같이 자연스러운 사회를 이상적으로 그리고 있다. 구성원들의 상호관계가 과거의 억압과 횡포의 유산인 법률에 의해 규제되지 않고 또한 일체의 권력자—그 권력이 선거에 의해 얻어졌건 상속권에 의해 얻어졌건 간에—에 의해서 규제되는 일 없이, 오로지 자율적으로 성립한 상호의 합의에 의해서, 또 자율적으로 승인된 관습이나 풍습에 의해서 규제되는 그런 사회이다. 관습이나 풍습은 과학의 진보와 발명 및 보다 높은 이상에 따라 끊임없이 발전하고 끊임없이 재편성되는 사회이다. 그때에는 어떠한 지배적인 권위도 없다. 인간에 의한 인간의 통치도 없다.[12] 인간은 본질적으로 사회적인 존재라는 점을 강조하고, 만일 권위가 파괴되는 상황이 발생할지라도 이를 충분히 감당해낼 수 있을 뿐만 아니라 자유롭고 자연적인 인간의 우애적 결속은 강력한 윤리·도덕적 충동에 의해 사회를 유지할 수 있다는 것이다.[13]

이렇게 아나키스트는 사회를 늘 쇄신하려 하고, 책임감을 가지고 사회적 균형을 자연스런 방향으로 조정하려고 노력한다. 이들의 직접행동과 참여의 밑바탕에는 자연에 대한 인식, 즉 자연의 유일성·화합성·무위성·자율성에 대한 신뢰가 있으며, 개인의 자유와 질서정연한 사회생활과의 조화가 이루어질 것이라는 믿음이 깔려 있다. 그들은 개인의 이익과 사회의 이익 사이에 권위적인 사회적 제도(특히 국가)가 간섭하지 않는다면, 자연적 조화는 이룩될 것이라고 본다. 아나키즘의 자연주의적 세계관은 자연과의 합치를 주장

12_ Peter Kropotkin, 『현대과학과 아나키즘』, 하기락 옮김(부산: 신명, 1993), p. 65.

13_ 방영준, 「아나키즘의 이데올로기적 특징」, p. 59. 재인용.

한 자연론적 정의관과 인간 이성의 믿음에 바탕을 둔 근대적 자연권 사상이 서구의 휴머니즘적 전통 및 유토피아적 전통과 맞물려 생성된 것으로 본다. 그래서 아나키즘의 자연스러운 사회 형성의 관점은 근대화의 발전과 함께 인간을 둘러싸고 있는 자연환경이 파괴되어가는 문제를 심각하게 받아들이게 되고, 생태계 보존에 대한 관심을 표명한다. 소로Henry David Thoreau[14]는 여타의 사회적 경험과는 달리 자연을 접함으로써 얻어지는 경험은 창조적 상상력에 촉진제의 역할을 하고, 더불어 도덕적 의지를 형성하는 데 필요한 단련과 수양의 역할을 한다고 보았다. 그래서 인간과 자연의 친교와 합일은 동료 인간과의 다른 어떤 관계보다도 더욱 근본적인 것이라고 생각하였다.

최근의 사회생태학적 '에코아나키즘'은 인간 위주의 자연 지배에 대해 윤리적 비판을 제기하면서, 자본주의 사회를 창조적으로 재구성하여 비계급적인 생태사회의 동적 균형 또는 '에코토피아'를 추구한다.[15] 공동체에서 식량을 자급적으로 생산하는 탈중심적 방식은 생태계를 효율적으로 만들고 지속적으로 유지할 수 있다는 것 말고도 인간, 땅, 동물, 식물, 태양, 바람과의 관계를 더욱 친밀한 것으로 환원해준다는 점에서 대안적 생산방식이 될 수 있다. 신사회운동이 추구하는 생태주의는 지금까지 인류의 주된 생존방식이었던 자연의 정복과 지배를 당연시하는 인간중심주의, 개발지상주의, 산업주의의 논리를 강력하게 비판한다는 점에서 근대 이후부터 형성된 인식의 근본적인 변화와 전환을 요구한다. 인간과 자연 간의 합치 혹은 조화를 추

14_ 소로는 『시민 불복종』에서 최소한도로 통치하거나 혹은 전혀 통치하지 않는 정부가 최상의 정부라고 주장한다. 역사는 오늘날 우리가 누리고 있는 자유와 노동권 그리고 환경 조건들이 결코 영향력 있는 소수의 사람들이 가져다준 것이 아니라, 보통 사람들의 투쟁을 통해, 즉 시민 불복종을 통해 얻은 것들이라는 사실을 말해준다.

15_ 역사적으로 아나키즘은 자연 회귀적인 낭만주의romantism 운동이나 생명철학으로 표출되었으며, 그 사상적 연원을 동양의 노장사상과 불교에서 발견하고 있다. 에코아나키즘은 크로포트킨의 공동체주의, 탈도시화, 산업의 탈중심화, 대안적 기술, 유기농업, 성장의 억제, 새로운 자연주의적 감수성을 토대로 한다.

구하고 내면화하는 아나키즘은 이러한 생태주의의 이념적 기초를 제공한다고 볼 수 있다. 근대사회가 인간의 자유를 억압하고 통제하며, 획일성과 원자화된 개인을 양산하고, 개발과 성장 위주로 자연환경을 파괴해왔다면, 이제 포스트모던 사회에서는 개인과 공동체의 자율성을 억압하는 권위에 대한 저항을 촉구하고 있으며, 개인의 존중과 공동체 실현, 나아가 인간과 더불어 자연 생태계가 존중되어야 함을 주장하고 있다.

3_
아나키스트의
교육사상

앞서 살펴보았듯 여러 아나키스트들은 권위에 대한 저항, 자주적 개인의 출현, 상호부조적 자치공동체의 건설 등을 주장하였다. 오늘날 아나키스트들은 톨스토이나 간디의 평화주의 노선을 따라 반핵·반전 운동, 무기휴대 금지 운동, 성폭력 퇴치 운동, 소수 인권 보호에 적극 나서고 있다. 이러한 가치를 지향하는 아나키스트들의 교육사상이 구체적으로 어떻게 나타나고 있는지를 살펴보기로 한다.

1) 고드윈: 자발성을 통한 교육

영국의 고드윈(1756~1836)은 비국교도 신자로서 종합대학에 들어갈 수 없는 상황이었음에도 소속 단과대학에 입학하였다. 국가 주도의 공교육을 최초로 비판한 영국의 비국교도 목사인 고드윈은 처음에는 천직이라고 생각했던 목회직이 차츰 자기에게 맞지 않다는 것을 느꼈다. 이후 무신론자가 되어 수필가의 삶을 살기 시작한다. 실용적 목적보다 사회의 본질과 교육의 일반적 기능에 복무하는 사립학교의 건립에 대한 제안서를 제출하여 당국으로부터 승인을 받고자 하였으나 단 한 명의 학생도 모이지 않아 포기하기도 하였다.

고드윈은 프랑스혁명(1789년)의 영향으로 고무되었으나 차츰 폭도의 지배와 폭력 양상을 보이자 '자주인'의 노선을 걷는다. 이를 계기로 1793년 집필한『정치적 정의와 도덕 및 행복에의 영향』은 공교육 초창기에 그것의 국가화에 대한 비판을 최초로 시도한 것이다. 이후 그는 국가가 정치권력을 통해 특정 이데올로기를 학교에서 주입하려 한다고 비판한다. 이 시대의 대부분의 개혁가와 혁명가들이 학교교육이 개인의 자유를 북돋아준다는 신념으로 국가교육을 지지했던 때에, 고드윈의 지적은 20세기 나치 독일의 학교교육의 문제점을 앞서 예견하였던 것이다. 그는 국가에 의한 여론 조작의 기초를 국가 숭배를 전제로 하는 국가주의적 공교육 교육제도에서 찾고, 그것은 저지되어야 한다고 주장한다. "청년에게는 진리를, 또 그들이 자주적으로 진리에서 연역한 것과 일치하는 한에서만 헌법을 준수하도록 교육되어야 한다." 그는 소규모 토론집단과 같은 소규모의 독립된 학교가 바람직하다고 보았으며, 개체적 교육의 우월성을 주장했다. 고드윈은『탐구자』에서 교육의 목적은 행복을 창출하고 비판정신과 독립심을 육성하는 데 있으며, 오늘날의 탈학교론자들deschooler처럼 권위주의적인 교육제도를 없애고 학생 스스로의 학습욕구를 바탕으로 그들이 원하는 속도와 방법을 고려한 교육이 이루어져야 한다고 주장했다.[16] 고드윈은『탐구자』에서 루소가『에밀』에서 아동의 자발성을 존중하여 성인의 적극적인 명령이나 지시를 부정하고 있다고 말하지만, 사실은 그 자발성 역시 교사가 은폐된 통제에

16_ P. Marshall(ed.), *The Anarchist Writings of William Godwin*, London, Freedom Press, 1986, p. 20.

의해 조작하는 것이라는 점에서 기만적이고 허위적이라고 비판했다. 그는 교육의 목적은 성인이 자신의 의도대로 아동에게 학습을 강제하거나 아동을 조작하여 배움에 이르게 하는 것이 아니라, 아동에게 학습의 동기를 심어주어 아동을 학습자로 자립시키는 것이라고 주장했다.

물론 모든 교육은 권위적인 속성을 어느 정도 지니기 마련이다. 암묵적인 복종을 전혀 요구하지 않고 어린아이를 교육하기란 사실상 불가능하다. 어린아이들을 가르칠 때는 "저곳에 가라, 이것을 해야, 읽어라, 써라, 일어서라, 앉아라"와 같은 용어들을 사용하는 것이 필요하다. 그렇지만 현대교육은 어린아이들을 가혹한 속박 상태로 몰아넣어 그들의 마음을 부패시킬 뿐만 아니라 알쏭달쏭한 전문용어를 남발하면서 이해하든 말든 전혀 관심을 기울이지 않음으로써 결국에는 그들의 이성을 손상시킨다.[17]

교사의 현학적인 태도나 성급한 기질이 학습 욕구를 방해하는 요인으로 나타날 수 있다. 교사가 진리를 반만 가르치고 반은 숨기면서 지식을 자랑하거나 진부한 태도를 일삼거나 미온적인 태도로 어린 학생을 격려한다면 이는 인간의 지성을 모욕하는 것이나 다름없다. 교사가 권위적인 태도를 취하면 학생들이 그를 친구처럼 생각할 가능성이 거의 없다. 학생들의 관심과 신뢰를 얻으려면 실력은 물론 솔직한 모습으로 친구처럼 다가가려는 자세가 필요하다. 그래야만 교사의 체계적인 방법이 우연적인 방법보다 더 큰 학습효과를 거둘 수 있다는 확신을 불러일으킬 수 있다.[18]

고드윈은 학습에 대하여 아동의 내면에 심어주어야 하고, 나아가 아동이 지식을 추구하도록 자극하고, 이어 지식을 추구하고 싶다고 생각하면 언제나 바로 그가 직면하는 어려움을 제거해주어야 하며, 따라서 교사는 절대로

17_ 윌리엄 고드윈 지음, P. 마셜 엮음, 강미경 옮김, 『최초의 아나키스트』, 지식의 숲, 2006, p. 240.
18_ 위의 책, p. 232.

아동을 처벌해서는 안 되고, 심지어 분노의 표정을 짓거나 비난을 해서도 안 된다고 주장했다.

고드윈은 모든 인간들은 태어날 때의 마음이 백지와 같은 상태이며, 육체적·도덕적으로 평등하다고 보았다. 그의 사상은 인간 이성이 가져올 진보에 대한 계몽주의적 믿음의 테두리 안에서 이해될 수 있는데, 인간은 항상 이성에 따라서 행동하므로, 덕과 행복을 누리려면 교육을 통하여 이성의 힘을 향상시켜야 한다고 보았다. 그리고 인간의 이성에 의해 지배받는 자율적 공동체가 형성되면 사람들은 필요에 따라 분배를 하고, 진실한 대화와 토론으로 다수가 설득되므로 폭력과 조직이 더 이상 필요하지 않은 인간해방을 실현할 수 있다고 보았다.

피교육자에 대한 강제나 조작은 교육자의 우월성과 피교육자의 의존성으로 성립되는 상하 관계를 전제로 한다. 이에 비해 피교육자에 대한 강제와 조작의 배제는 교육자가 피교육자를 독립된 개인으로 인정하는 양자의 '평등한 관계'를 전제로 한다. 이러한 교육의 인간관계를 추구하는 고드윈의 교육관은 그의 청년론에서도 나타난다. 그에 의하면 청년은 '노예의식' 때문에 불행하다. 흔히 청춘을 찬양하나, 아동이 통제되고 억제되는 시절을 보내는 것과 마찬가지로 노예의 감각으로 보내는 청년 시절을 행동한다고 하는 것은 모독이고 슬픈 무지에 불과하다고 본다.

이에 반하여 진정한 환희와 행복의 원천은 자신이 이 세상에 도움이 된다고 하는 의식이다. 그러한 의식을 심어주기 위해서 성인은 청소년 자녀를 여전히 아이로 취급하거나 부당한 권위를 강요하려고 해서는 안 되고, 평등한 인간으로 대우해야 한다. 청년들 스스로 자신들이 소중한 존재라고 느끼도록 성인과 동등하게 그들을 대우해야 하고, 그들의 행위를 도덕적이고 지적인 자유의지의 행위로 보아야 한다. 이러한 평등한 인간관계는 솔직함과 성실의 인간관계이기도 하다.

고드윈은 로크처럼 생득 관념과 본능을 거부하고 "인간의 성품은 외적 환경에서 비롯한다"라고 주장했다.[19] 이는 인간은 그가 처한 환경의 산물이며 유전형질의 영향력은 매우 미미하다는 뜻이다. 고드윈은 이를 논거로 삼아 인간은 공통된 본성을 지니고 있으며, 또 실질적인 평등을 공유한다는 신념을 이끌어내었다. 이는 기존의 불평등한 상황이 전적으로 인위적인 사회질서의 산물일 뿐, 노예제도나 신분차별을 뒷받침하는 자연적인 근거가 존재하지 않는다는 뜻이다.

19_ P. Marshall(ed.), *The Anarchist Writings of William Godwin*, London, Freedom Press, 1986, pp. 26-27. 고드윈은 인간 존재를 다음과 같이 사회적 존재, 이성적 존재, 진보의 존재로 본다.

첫째 인간은 사회적 존재이며, 사회를 통해 최상의 능력과 동정심을 발휘할 수 있다. 하지만 고드윈은 인간이 저마다 개성을 지닌 존재임을 간과하지 않았으며, 참된 행복을 얻기 위해서는 대중에 편승하거나 다른 사람들에게 의존하기보다 각자 지닌 개성을 지키는 것이 중요하다고 강조했다.

둘째, 인간은 이성적인 존재로서 진리를 인식하고 그에 따라 행동한다. 인간은 단지 수동적으로 움직이는 물체가 아니다. 정신과 물질은 서로 영향력을 주고받는다. 인간은 정신을 가지고 있기 때문에 자발적인 존재, 즉 행동을 의식적으로 결정할 수 있는 능력을 지닌 존재다. 고드윈은 인간의 행동을 관찰하면서 자발적 행동과 비자발적 행동이라는 두 가지 범주로 구분했다. 비자발적 행동은 느닷없이 쏟아지는 눈물처럼 예측하지 못한 상태에서 일어나는 행동을 말한다. 이와는 달리 자발적 행동은 독재에 대한 저항이나 자선행위와 같이 의식적인 동기에 의해 유발되는 행동으로 결과에 대한 예측과 더불어 발생한다. 인간의 자발적인 행동은 생각에서 비롯되기에 생명이 없는 단순한 기계처럼 원인을 알지 못하고 행동하는 상태에서 벗어나 자발적인 행동의 범위를 확대하는 것이 가장 바람직한 상태라고 했다.

셋째, 인간은 진보하는 존재다. 고드윈은 인간의 자발적인 행동은 생각에서 비롯하며, 진리가 오류를 극복하고 승리하는 것이 불변의 법칙이라는 논리를 근거로 '인간의 완전성'이라는 개념을 확립했다. 건전한 이성적 추론과 진리는 올바르게만 전달된다면 항상 오류를 극복할 수 있다. 건전한 이성적 추론과 도덕적 결함은 교정이 가능하다. 인간은 완전할 수 있다. 다시 말해 인간은 영속적인 진보를 꾀할 수 있다. 악덕은 무지에서 비롯하며 행동은 생각에서 비롯하기 때문에 교육과 계몽을 통해 인간을 자유롭고 선하며 현명한 존재로 얼마든지 만들 수 있다. 인간은 환경의 산물이지만 또한 환경을 바꿀 수 있다. 인간은 스스로의 운명을 상당 부분 새롭게 창조할 수 있다. 고드윈이 말한 인간의 완전성은 인간이 완전한 상태에 도달할 수 있다는 것이라기보다 스스로를 무한히 발전시킬 수 있는 능력을 지니고 있다는 뜻이다.

아울러 고드윈은 심리학에서 말하는 이기주의, 즉 인간의 행동은 항상 이기심에서 비롯한다는 이론을 거부했다. 그는 이타적인 행동의 가능성을 강조하는 한편, 그런 행동이야말로 가장 큰 기쁨을 가져다준다고 덧붙였다. 처음 태어난 인간은 선하지도 않고 악하지도 않다. 성장 환경과 교육에 의해 이타적인 사람이 되기도 하고 이기적인 사람이 되기도 한다. 고드윈은 물리적인 평등에서 도덕적인 평등을 이끌어냈다. 즉 인간은 공통된 본성을 지니고 있기 때문에 똑같이 존중되어야 하며 한 사람에게 바람직한 것은 다른 사람에게도 바람직하다는 것이 그의 도덕원리였다. 고드윈은 인간의 본성은 원래 유순하다고 주장하면서도 동시에 일정한 특성을 지닌다는 점을 부인하지 않았다. 어린아이들은 우리의 손에 쥐어진 일종의 재료, 즉 부드럽고 유연한 물질과도 같다. 우리가 원하는 대로 어린아이들을 순응하게 만들지 못하는 이유는 고질적인 어리석음 때문에 그러한 교육의 힘을 십분 활용하지 못하는 탓이다. 하지만 그에 못지않은 또 하나의 결정적 잘못이 있다. 그것은 부적절한 주제 선택이다. 그 경우 모든 노력에도 불구하고 결국 진리가 아닌 거짓을 가르치는 셈이 된다. 이 경우 교육의 힘은 반감될 수밖에 없다. 물론 잘못된 교육이 이루어진다고 해도 궁극적으로는 교정이 가능하다. 그 이유는 우리의 잘못에도 불구하고 이성에 의거한 올바른 추론 습관이 정착되기 마련이기 때문이다. 이성에 의한 추론은 교육의 참된 과정이며 진리는 지성의 본질을 구성하는 핵심 요소다. 따라서 알맹이가 없는 조잡한 교육방법을 사용하는 교사는 결과적으로 곤란에 처하게 될 것이고, 체계적인 기만을 통해 편파적이고 불투명하고 그릇된 진리를 줄곧 배워온 학생이라도 나중에는 교사가 의도했던 것과는 다른 모습으로 자라날 가능성이 얼마든지 있다.[20]

20_ 윌리엄 고드윈 지음, P. 마셜 엮음, 강미경 옮김, 『최초의 아나키스트』, 지식의 숲, 2006, pp. 232-233.

교육은 아동의 마음에다 어떤 형을 눌러 찍는 과정이라고 하는 루소의 교육관에 대해 고드윈은 아동의 정신을 고무하고 그 자연의 경향에 따라 발전시키기 위해 교사와 아동 간의 상호작용이 더 중요하다는 생각을 가졌다.[21] 왜냐하면 고드윈이 비판했듯이 루소의 '아동의 자발성'이란 어디까지나 교사의 수비 범위 내에 있는 것이고, 교사에 의해 조작된 자발성에 불과하기 때문이다.[22]

또한 고드윈은 공교육의 내용이 애국심 고취나 국가의 정치·경제적 권력의 명령에 순응하고 따르는 데에 이용된다고 보았다. 즉 근대 자본주의 국가의 등장과 시민을 양성하는 국가교육체제의 발전은 인간 이성을 교조적으로 통제하고 압살하는 상황을 낳았다고 말했다. 고드윈은 정의란 모든 국민이 이성을 자유롭게 행사할 때 이루어지는데, 이성의 영역에서 벗어나 국민을 이해시키기보다는 지도하려고만 하고, 특정 사회집단의 이익만을 대변하는 국가주의 교육은 정의에 어긋난다고 비판하였다.

국가교육제도인 공교육에서 비롯된 첫 번째 해악은 모든 공적 제도에 함축되어 있는 영구적인 속성이다. 그것은 공적 제도가 무엇이든 사회에 이익이 되는 것을 안전하게 유지하고 확산하려는 노력의 결과다. 공적 제도는 처음 도입될 당시에는 실질적인 효과를 발휘하지만, 시간이 지날수록 그 효용성은 점점 줄어들기 마련이다. 동시에 공적 제도들은 이성의 활동을 제한하며 이미 오류로 드러난 짓을 끝까지 고집한다. 대학을 비롯한 각종 교육기관에서 가르치는 지식은 속박과 편견에서 벗어나는 자유시민 사이에 존재하는 지식에 비해 크게 뒤떨어진다. 하지만 공교육은 편견을 수호하는 데

21_ 조지 우드코크, 앞의 책, p. 72.

22_ 윌리엄 고드윈 지음, 피터 마셜 엮음, 앞의 책, p. 240. 여기서 박홍규 교수는 루소의 교육 사상이 중세 이래의 교사 중심 교육관을 학생 중심으로 바꾼 혁신적인 것이라는 종래의 믿음을 제고할 필요가 있다고 주장한다(박홍규, 『아나키즘 이야기』, 2007, p. 266).

온 힘을 기울인다. 즉 공교육이 학생들에게 가르치고 있는 것은 모든 명제를 실험대에 올리는 용기가 아니라, 과거에 확립된 믿음을 변호하는 기술이다. 이런 현상이 모든 공교육 기관에서 공히 관찰된다.[23]

공교육의 두 번째 해악은 지성의 본질을 무시하는 데서 비롯한다. 각 개인을 피동적인 상태로 몰아넣지 말고 스스로를 위해 일할 수 있도록 독려하는 것이 지혜로운 태도라고 할 수 있다. 하지만 정치제도가 개입하여 개인의 자리를 정해주기 시작하는 순간, 모든 일은 무기력과 무관심 속에서 진행될 것이다. 공교육 제도는 거듭 오류로 드러나 비판을 받아온 가설, 즉 국가가 후원하지 않는 진리는 인류를 계몽하는 목적에 이바지할 수 없다는 가설을 끝까지 고수하려 든다.[24]

공교육의 세 번째 해악은 중앙정부와의 결탁 관계 때문에 항상 교육에 방해를 받는 것이다. 정부가 교육을 책임지면 그것을 이용해 자신의 힘을 더 강화하고 기존 제도들을 영속화하려 들 것이 분명하다. 정부가 교육의 고삐를 잡고 있는 한 그들의 입김이 교육현장에 그대로 반영될 것이 틀림없고 공교육을 이용할 기회를 놓지 않을 것이다. 이는 과거에 이루어졌던 교회와 국가의 결탁보다 더욱 막강한 힘을 발휘한다. 다시 말해 정치인들이 그들의 행동을 옹호하기 위해 내세우는 견해가 교사들을 통해 학생들에게 전달될 것이다. 국가의 헌법이 아무리 탁월하다고 해도 학생들에게 무작정 그것을 숭배하도록 가르쳐서는 곤란하다. 무엇보다도 만일 독재가 기승을 부리는 시기에 공교육 제도가 채택되었다면 학생들에게 진리에 대한 존중심을 심어주는 것이 영원히 진리의 목소리를 묵살하는 도구로 사용되게 놔두어서는 안 된다. 공교육은 그러한 오류를 영속화하여 모든 사람의 생각을 획일화시키

23_ P. Marshall, *ibid*, p. 146.

24_ P. Marshall, *ibid*, pp. 146-147.

려는 성향을 강하게 띨 수밖에 없다.[25] 오늘날 중앙정부와 공교육의 결탁관계를 비판하는 사람들이 동의하고 또 주장하는 바, 공권력의 본질은 고압적이고 위계적인 제도를 관리하는 것이며, 이러한 제도의 궁극적 기능은 사회적 불평등을 영속화하고 젊은이들을 세뇌시켜 조직체계 속의 특정한 자리를 받아들이게 하는 것이다.[26]

2) 슈티르너: 자아소유를 위한 교육

독일의 슈티르너(1806~1856)는 베를린 대학에서 철학을 공부했고, 헤겔의 강의를 들었다. 헤겔의 강의는 청년 슈티르너를 반항적으로 만든 결정적 계기가 되었다. 청년 헤겔파들은 그들의 스승인 헤겔의 학설을 토론하고 수정하고 마침내는 반박하였다. 슈티르너는 당연히 헤겔 좌파(포이어바흐, 마르크스, 프루동 등)로부터 격렬한 도전을 받았다. 프러시아의 고등학교 교사자격시험에 간신히 합격하여 베를린 왕립실과학교에서 교사의 길을 걸었다. 자유인을 선호하는 슈티르너는 젊은 부인들을 위한 아카데미에서 유화적이고 인내력 있는 교사로 비쳤다. 그의 대표작인『자아와 그 소유』는 결혼한 지 1년이 지난 후인 1845년의 저작이다.

슈티르너는 모든 절대자나 제도를 부정하고 개개 인간의 '자아소유'에만 기초를 두는 교리를 제기함으로써 헤겔주의를 벗어난 정반대의 입장으로 나아갔다. 슈티르너의 아나키즘은 개인주의적 경향을 보였다. 이런 경향은 다른 아나키스트들과는 전혀 다른 모습이다. 그는 모든 자연적인 법이나 공통적 인간성을 부정하는 점에서 니힐니즘과 실존주의적 경향을 보인다. 이

25_ P. Marshall, *ibid*, pp. 14-148.

26_ C. 워드 지음, 김정아 옮김,『아나키즘, 대안의 상상력』, 돌베개, 2004, p. 133.

를 두고 '에고이스트'라고 호칭되기도 한다. 그가 말하는 에고이스트란 집단 및 다른 개인과 투쟁하는 데서 자기를 실현하는 인간이고, '만인에 대한 만인의 투쟁'에 있어 여하한 수단을 사용하는 데도 주저하지 않는 인간이고, 모든 것을 자기 자신의 행복이라는 입장에서 무자비하게 판단하는 인간이다. 같은 의견을 가진 사람과 함께 규칙이나 규제 없이 공통의 이익을 조정하기 위한 '에고이스트 동맹'에 가입하는 그러한 인간이다. 이런 자주인적 개인은 권위주의적 반개인적 성격에 대한 반발에서 나왔다.[27]

역사적으로 개인적 자유의 요청은 르네상스와 종교개혁 이후부터 논의되면서 처음 종교적 자유로부터 제기되었고, 차츰 경제적·정치적 자유의 요구로 확충되어갔다. 이러한 자유주의가 갖는 이상은 교육에 있어서도 개인에 대한 구속이 없는 상태에서 개성의 자유를 강조하는 것이 되었다. 즉 각자의 소질과 흥미에 따라 생각하고 발표하고 자아를 발전시키도록 옹호하는 교육사상이 된 것이다. 특히 19세기 후반에 획일적 주지주의 교육의 반동으로 나타난 루소의 교육사상은 자유주의·자연주의에 기반을 두고 있다. 루소에게 있어서 인간의 최고 덕목은 자유이며, 개인은 오직 공동의 필요에 봉사함으로써 자신의 개성을 가장 훌륭하게 실현한다고 생각했다. 루소는 과학이 사회 진보에 아무런 도움을 주지 못할 것이라고 주장하고, 오히려 진정한 행복은 자연과 가까이하려는 소박한 삶을 통해 실현된다고 믿었다. 이와 같은 루소의 사상은 아나키즘의 교육사상에 많은 영향을 끼쳤다.

앞에서 살펴본 바와 같이 자율성이란 강요된 도그마로부터 자유로운 선택과 그 선택에 책임을 지는 것을 말한다. 아나키즘은 그 무엇보다 개인의 자율성을 증진시키는 사회경제체제의 계발을 목표로 한다. 개인의 자율성

27_ 조지 우드코크, 앞의 책, pp. 107-108.

이 보장되지 않은 사회에서는 결국 강압과 통제만 존재한다고 보고, 그런 맥락에서 아나키스트들은 그들의 자율성을 침해한다는 이유로 학교와 교회를 거부한다. 국가의 감독 안에 들어간 학교교육은 기존 제도를 지지하고 유지하기 위해 국가가 일률적으로 규정한 바람직한 시민의 성격을 강제적으로 이끌어 오는 데 이용되기 때문에 무서운 무기가 될 수 있다.[28]

슈티르너는 진정한 자유를 획득하기 위해서 몇 가지 교육방법을 제시하였다. 첫째, 자신의 필요와 욕구에 따라 신념과 지식을 선택할 수 있는 권리를 허용해야 한다. 그러기 위해서 자신이 가지고 있는 특정 관념과 신념을 제거할 수 있는가 하는 문제가 따른다. 개인이 스스로 제거하지 못할 때, 개인이 무엇을 해야 하는가를 말해주는 도덕적 명령을 슈티르너는 '머릿속의 톱니바퀴'라고 불렀다. 그는 "자아를 소유한다"는 참된 의미가 바로 '머릿속의 톱니바퀴'를 제거하는 것이라고 하였다.[29] 개인에게 주어진 자유란 국가의 직접 통제로부터의 자유와 국가의 법에 따라 행동할 자유를 말한다. 근대 국가의 권력은 정신의 지배를 중요하게 여기고, 사람들로 하여금 법률에 복종할 자유만을 허용했다. 그리고 공교육을 통하여 법률을 내면화시킴으로써 불복종을 없애고자 하였다. 즉 국가권력의 지배는 이데올로기의 내면화뿐만 아니라 개인의 충성심을 사로잡는 도덕적 명령인 이념과도 관련된다. 효율적인 지배를 위해서 필요한 교육방법은 일상생활을 통하여 지도하는 것과 이념을 주입하는 방법이 있다. 먼저 대부분의 사람들은 그렇게 하도록 교육받았기 때문에 일상생활에서 무의식적으로 교회에 다니고, 세금을 지불하며 살아간다. 그리고 애국심이나 종교적 열정 등 이념에 사로잡힌 사람들은 조국을 위해 자신을 희생하도록, 예수처럼 살도록, 실현될 수도 없는 목표를 위해 현재의 자신을 포기하도록 강요당하고 있다. 그래서

28_ Joel Spring, 「무정부주의와 교육」, 심성보 외 옮김, 『현대교육의 위기』, 한길사, p. 259.
29_ Joel Spring, 심성보 옮김, 『교육과 인간해방』, 사계절, 1985, p. 54.

개인들은 무엇이 되어야 한다는 당위로 둘러싸인 세상 때문에 자기 자신을 결코 찾지 못하고 있다. 지배제도의 이념이 바로 사회의 도덕적 명령이 된 것이다. 이처럼 과거에는 교회가 그의 시녀인 성직자와 함께 지배적인 제도가 되었다면, 19세기에는 국가가 그 전파자인 교사와 함께 지배적인 제도가 된 것이다.

둘째, 참된 자신을 소유하기 위해서는 학교교육을 통해서가 아니라 의지의 작용을 통해 신념을 획득해야 한다. 이것은 어린 시절에 종교 교리문답을 배우는 것과 성장하고 난 후 자신이 교회에 나가는 것을 선택하는 문제와 관련이 있다. 어린 시절에 종교를 신봉하는 것은 머릿속에 잘 없어지지 않는 톱니바퀴를 집어넣는 것과 같다. 그러나 올바른 지식을 바탕으로 이성의 훈련을 거친 후 종교를 선택할 경우 그 믿음은 그 사람에게 점유되었다고 할 수 있다. 만약 사람들이 어떤 사상을 점유했다면 그것은 제거할 수도 있다는 뜻이다. 이는 사상이 개인을 소유하는 것이 아니라 개인이 사상을 자율적으로 점유한다고 볼 수 있다.

셋째, 지식은 자아소유의 매개체이고, 사람들에게 유용한 것이 무엇인지를 선택하게 하는 도구가 된다. 사회조직체와 제도들은 개개인의 필요에 기초를 두는데, 그것이 각 개인에게 유용하지 않으면 그 제도들은 아무런 쓸모가 없어진다. 이 교육방법은 국가문제의 해결책이 될 수 있는데, 슈티르너는 이를 통해 국가를 '개인주의자의 연방', 다시 말해서 자유로운 개인들의 사회조직체로 대체할 수 있다고 보았다.

넷째, 슈티르너와 후대의 아나키스트들은 도그마와 도덕적 명령들로부터 자유롭게 목표와 목적을 스스로 선택하고 결정할 수 있는 정신을 계발하는 이념이 교육의 중심에 위치해야 한다고 주장한다. 이와 같은 방식으로 얻은 지식은 의지를 확장시키려고 꾀하는 자기 정향의 산물이라고 보았다. 점차 개인들은 가르침을 받기보다는 스스로를 가르치려 하기 때문에, 결국 지식의 습득은 개인적인 욕구의 결과로서 개인의 의지와 직접 관련될 수밖에 없다는 것이다.

슈티르너는 우상 파괴와 도덕적 편견에 뿌리박힌 성도덕에 대한 공격, 그리고 옛 속담이나 익히고 늙은이의 장황설을 암송하는 학교에 대하여 반대함으로써 개개인의 생각에 주입되는 잘못된 것들을 파괴할 수 있다고 보았다. 그는 개인의 참된 자유가 보장될 때 가장 위대한 사회로 이행한다는 것을 일깨워주고 있다. 사회가 자유로워질 수 있느냐의 문제가 스스로 자유로운 행위를 통해 사회를 만들어가는 자유로운 개인에게 달려 있다는 점은 엄연한 진리이다. 각 개인이 참된 자유를 얻기 위해서는 자신을 먼저 찾아야 한다. 즉 자아를 회복해야 한다. 여기서 자유는 누군가에 의해서 주어지거나 인정된 자유가 아니라 강권으로부터 스스로 탈환한 진정한 의미의 자유가 되어야 한다고 본다. 아울러 개인의 옳고 그름을 평가하는 것은 판사가 아니라 오직 자신밖에 없음을 일깨워준다. 또한 개개인의 필요와 욕망만이 각자의 자아실현을 위한 유일한 행동기준이 된다. 슈티르너는 개인의 고유한 가치를 강조하면서, 자신을 해방하기 위해 개인은 부모와 교사에 의해 주입받은 지식을 선별하는 우상 파괴 작업, 부르주아 도덕의 파괴를 실시해야 한다고 주장한다. 그에 의하면 학교란 '옛 속담을 익히는 곳'이고, '늙은이의 장황설을 암기하면 성년'으로 인정된다. 그리고 자기계발을 중시하는 교육을 주장한다.[30]

30_『독일 이데올로기』에서 마르크스는 슈티르너를 비판했으나, 슈티르너는 강요된 노동과 소비라는 이유에서 마르크스를 비판했다.

3) 페레: 교조적 가르침으로부터의 해방

스페인의 페레(1859~1909)는 당시 학교교육에 대한 교회의 통제에 도전하여 바르셀로나에 종교적인 색채를 띠지 않는 학교를 여럿 설립했다. 교회에서 관장하는 학교는 부유층의 자식, 그것도 남자아이들만 다닐 수 있었던 반면, 페레의 학교는 중간계급과 노동계급의 자식들을 위한 남녀공학이었다. 철저한 아나키스트였던 페레에게 자신의 정치적 지향과 어린이의 행복에 대한 관심을 접목시킬 수 있는 최적의 공간이었다. 페레의 학교는 '모던 스쿨Escuela Moderna'이라는 이름으로 알려졌는데, 학생들은 두려움이 아닌 호기심을 학습 동기로 삼고 직접적인 관찰과 경험에 따라 스스로 사고하는 법을 익혔다. 페레는 중앙 통제식 의무교육이야말로 엘리트 집단이 나머지 사회 구성원을 통제하는 주요 방법이라고 주장했다. 페레는 『근대학교의 기원과 이상』에서 당시 교육체제를 이렇게 평가했다.

"아이들은 사회를 지배하는 정론에 따라 순종하고 믿고 사고하도록 교육받는다. 아이들이 자신의 재능을 자연스럽게 계발하거나 그 재능으로 자신의 육체적·지적·도덕적 욕구를 자유롭게 충족시키는 것은 상상조차 할 수 없다. 교육은 기성 개념을 아이들에게 강요하고, 기존의 사회제도를 유지하는 데 필요한 사고만 하도록 억압한다."

그리고 나서 페레는 이렇게 결론짓는다.

실제로 학교에서 전달하는 지식은 대부분 쓸모가 없다. 개혁론자들은 헛된 희망을 품고 있을 뿐이다. 학교가 이상을 지향하기보다는 지배계급의 목적을 달성하는 강력한 도구로 전락했기 때문이다. 현실적으로 볼 때 교육이란 지배와 교화에 불과하다.[31]

31_ 크리스 메르코글리아노, 『살아 있는 학교는 어떻게 만들까』, 민들레, 2005, p. 49.

페레는 망명했던 스페인으로 돌아와 1901년 바르셀로나에서 '모던 스쿨'의 문을 열었다. 이후 1901~1909년에 이와 같은 학교 109개를 직접 세웠으며, 자신의 교육이념을 도입하여 교회의 영향을 배제하려는 308개의 학교에 대한 지원활동을 전개하였다. 루소, 페스탈로치, 프뢰벨, 톨스토이의 전통을 계승한 페레는 아이의 타고난 호기심과 배움에 대한 욕구를 굳게 믿었다. 페레의 '모던 스쿨'은 성공에 대한 보상도 실패에 대한 처벌도 하지 않았고, 학생들의 실력을 측정하거나 등급을 매기기 위해 시험을 치르지도 않았다. 나아가 페레는 스페인 학교가 가톨릭의 불합리하고 비과학적인 교리에 기반을 두었다고 주장하며 학교의 권위주의와 근본주의에서 벗어나고자 하는 운동을 지지하는 글을 열심히 써냈다. 페레는 당시 스페인의 가톨릭 교회가 교육조직 전체를 관장하여, 어린이들이 9세가 되면 무조건 가톨릭을 주입당하게 된다는 문제를 심각하게 인식하였다. 아나키스트 교육자 페레에게는 교조적인 가르침으로부터 어린이를 격리하는 것이 무엇보다 중요하게 여겨졌다. 그는 모든 도그마로부터 어린이를 격리하기 위해 무엇을 가르쳐야 할 것인지에 대해 고민하였다.

심리학과 생리학의 발전에 따라 교육방법도 변화해야 한다. 이제 아이들을 이해하는 일이 더 쉬워졌으므로 교사는 자연의 법칙에 더 부합하는 방식으로 가르쳐야 한다. 이러한 움직임은 더 큰 자유로 이어지리라 믿는다. 폭력은 무지한 자들의 수단이기 때문이다. 교육자라는 직함이 부끄럽지 않으려면 교사는 모든 행동을 자연스럽게 유도할 줄 알아야 한다. 또한 아이의 욕구를 잘 알고 그 욕구를 최대한 충족시킴으로써 아이의 계발에 이바지할 줄 알아야 한다. 진정한 교육자는 자신의 생각과 의지를 아이에게 강요하지 않고 아이 스스로 힘을 발휘하도록 유도한다.[32]

32_ 크리스 메르코글리아노, 앞의 책, p. 50.

이러한 페레의 신념에 따라 '모던 스쿨'은 개인의 자유와 독립적 사고에 큰 의미를 부여했으며, 교육을 학생들이 자신의 신념과 가치관을 형성하는 과정으로 보았다. 당연히 스페인 군주체제는 이러한 생각을 받아들이지 않았다. 페레는 1909년 폭동을 일으켰다는 누명을 쓰고 체포되었다가 얼마 뒤 처형을 당한다. 페레는 스페인 정부와 가톨릭 교회에 최대의 위협적인 인물로 떠올랐고, 결국 바르셀로나 지방에서 일어난 반전폭동 사건은 그를 사형으로 몰고 갔던 것이다. 페레의 죽음으로 스페인의 근대학교 운동은 막을 내리고 만다. 그렇지만 페레의 사형 소식은 세계의 양식 있는 사람들의 공분을 일으켰다.[33]

33_ 미국의 골드만은 문명인의 한 사람으로서 분노와 적개심을 표현했다. 그녀는 젊은이들을 파괴적인 제도, 곧 부르주아 학교로부터 구해내지 않으면 사회악은 계속 존재하게 될 것으로 인식했다. 사회주의 교육을 자본주의 교육 이상으로 '권위주의적' 국가교육이라고 공박하였다. 그녀는 1911년 이스트사이드에 페레의 학교를 모델로 삼아 새로운 학교를 세웠다. 곧이어 20개 남짓한 단체가 같은 취지로 학교를 설립하면서 페레의 근대학교 운동은 대서양을 건너 미국 전역에 확산되었다. 골드만은 여성해방 선구자로서 페레와 같이 남녀공학을 선구적으로 주장하였다. 그녀는 1923년의 『러시아에 대한 나의 환멸』에서 비판적 탐구와 사상의 자유를 압살한다는 이유에서 러시아 교육을 비판했다. 그녀는 대중을 수세기 동안 국가 숭배·규율·복종에 단련되고, 가정·학교·교회·언론의 권위에 굴복하고, 늘 국가에 의해 이용된 존재로 인식했다. 그래서 골드만은 대중을 영합의 대상이 아니라 교도敎導의 대상으로 규정했다. 사회혁명은 이러한 대중을 통해서가 아니라 소수 지식인의 열정과 용기와 비타협적 결단을 통해서만 이루어질 수 있다고 보았다. 그녀가 해야 할 일은 지식인들에게 창조적 소수가 될 것을 촉구하는 것과 이들이 창조적 소수로서 역할을 할 수 있도록 육성하는 작업이었다. 구체적으로 현대연극과 근대교육 운동이 추진되었다. 골드만은 개성을 완전히 발현하는 사람을 아나키즘의 이상적 인간형으로 보았는데, 이는 교육을 통해서 실현될 수 있다고 보아 더욱더 교육을 강조하게 되었다. 그렇지만 골드만은 철저히 기존 학교교육 기능에 대해서 부정적이었다. 학교교육은 무기력하고 순응적이며 획일적인 대중을 양산한다는 것이다. 기존 교육의 궁극적인 기능이 노예정신을 체계적으로 주입해 계급구조를 지속시키는 데 있기 때문에 앞으로 전개될 새로운 교육운동은 기존 교육의 문제점을 비판하고 극복하는 작업을 전제해야 했다. 1906년 골드만은 교육이 무엇인가 의미를 지니려면 어린이들의 내재적인 역량과 취향의 자유로운 발전을 중시해야 한다고 전제한 후, '모던 스쿨'은 자유로운 개인과 자유로운 공동체를 기대할 수 있다는 견해를 피력했다. 모던 스쿨에서 교육이란 교육자 중심이 아니라 피교육자 중심으로 이루어지는 과정으로, 아동을 자연스럽게 성장할 수 있도록 자

그러나 페레의 희생은 세계의 급진적 운동가와 사상가들의 마음을 사로 잡았다. 페레가 추진해온 근대학교 운동은 1936년 스페인 혁명 운동에 영향을 끼쳤고, 근대학교의 졸업생들은 혁명 중에 중요한 역할을 수행하였다. 또한 이탈리아, 벨기에, 프랑스, 영국 등지에서 페레에 대한 기념사업 추진 움직임이 태동하였으며, 진보사상에 뒤처진 미국에서조차 그의 전기 발간과 전국 각지의 '모던 스쿨' 설립을 목표로 '페레 협회'가 창립되었다.

인생살이에서 최고의 경험은 학교이다. 학교에서 중요한 교훈을 배우지 못한 사람을 좀 열등한 사람이라고 볼 수 있다. 그러나 조직적인 제도와 경험에서 계속 실수를 범하고 아무것도 배우지 못하는 사람에 대해 모두 당연하다고 우리는 묵인한다. 어린이에게는 극복해야 할 전통이나 인습이 없다. 어린이의 마음은 과거의 이념으로 짓눌려 있지 않고, 어린이의 가슴은 계급적 차별에 멍들지 않은 상태다. 아이는 조각가가 점토로 조각품을 만들 듯 선생님이 만들기 나름이다. 결국 어린이라는 미완의 세계가 예술작품이 되느냐, 아니면 별 볼일 없는 모조품이 되느냐는 가르치는 교사의 창조적 힘에 달려 있다. 아이들의 정신 속에 동정심과 친절함과 관대함이 얼마나 풍성하게 숨어 있는지 사람들은 잘 모른다. 참된 교육자의 노력만이 이 보물의 문을 열 수 있다.[34]

페레는 인간이 본래부터 타고난 관념이란 존재하지 않으며 자라면서 가장 가까운 사람들의 생각을 조합하여 생각을 형성하고, 그 후 스스로 관찰하고 독서하면서 그 생각을 바꾸어간다고 확신하였다. 아동은 오류를 피하기 위해 사물에 대한 실제적이고 진실한 관념을 받아들이는 것이 필요하다, 그러기 위해서는 어떠한 신념도 강요해서는 안 되고, 오직 경험한 것이나 합

유롭게 내버려두어야 하며, 교사는 아동의 욕구가 표출될 때마다 이에 응하는 민감한 도구가 되어야 한다는 것이다.

34_ 엠마 골드만 지음, 김시안 옮김, 『저주받은 아나키즘』, 우물이 있는 집, 2001, pp. 146-150.

리적인 증거가 있는 것만 인정하는 교육방식이 필요하다. 페레는 그런 교육을 통해 아동은 신중한 관찰자가 될 수 있고, 어떠한 공부도 잘해낼 수 있다고 믿었다.[35] 인간은 자신의 인격의 테두리 안에서 행동하기 마련이다. 이런 방식으로 교육받은 어린이는 자신을 자율적으로 통제함에 있어서 과학을 삶에 유일한 제어 장치로 사용할 것이다. 과학적이고 합리적인 교육은 갈수록 옳은 것으로 입증될 것이다. 과학은 인간 존재의 가장 깊숙한 심연을 통과하면서 인격에 독특한 색조를 부여할 것이다.[36]

'모던 스쿨'의 사명은 학교에 다니는 소년 소녀들이 정의롭고, 진실하며, 그리고 편견에서 해방될 수 있도록 가르치는 데 있다. 이 목적을 위하여 낡은 교조적 가르침을 자연과학을 통한 합리적 방법으로 대체할 것이다. 우리는 아동들의 자연적 능력을 자극하고, 발달시키고, 지도하여 충분한 개인적 가치를 지닌 쓸모 있는 사회 구성원이 되게 함으로써 전체 공동체의 발전에 헌신하게 될 것이다. 우리는 "권리 없는 의무 없고, 의무 없는 권리 없다"는 정당한 원리에 입각하여 건전한 사회적 의무를 다하는 젊은이들을 양성할 것이다.[37]

'모던 스쿨'의 위대한 목적을 실현하기 위하여 성 또는 계급 차별이 없는 5세 이상 양성 아동의 완전한 형제적 공동체를 형성한다. 교육 안에 우리의 미래가 움튼다. 교육 외에 다른 어떤 토대 위에 씨앗을 뿌리는 것도 사상누각이 될 수 있다. 학교란 독재의 목적에도, 혹은 자유의 대의에도 이바지할 수 있다. 학교는 어떻게 교육하느냐에 따라 야만에도 혹은 문명에도 이바지할 수 있다. '모던 스쿨'은 새로운 세대들에게 지금껏 행해져온 낡고 천박하고

35_ Francisco Ferrer, 「모던 스쿨의 기원과 이상」, 박홍규·프란시스코 페레 지음, 『꽃으로도 아이를 때리지 말라』, 우물이 있는 집, 2002, p. 157.

36_ 위의 책, pp. 167-168.

37_ 앞의 책, pp. 160-162.

파당적인 관습에서 벗어나, 진보적인 조류가 제공하는 생각과 자극을 끊임 없이 흡수할 수 있는 지성적 환경을 조성한다. '모던 스쿨'은 대부분의 학교 처럼 상업적인 기업이 아니다. 가톨릭 학교에서 보여주는 교조적이고 광적인 교육, 즉 인간의 마음에 빛이 들어오지 못하도록 가로막는 구름이 조금도 없는 시야가 드넓게 트인 지적 전망대를 세우려 한다. 가톨릭 학교에서는 기 존의 사회구조를 무조건 받아들이고, 부의 획득은 개인의 노력 여하에 달려 있다는 잘못된 신념을 가난한 사람들로 하여금 배우게 한다. 가난한 사람 에게 이러한 태도를 갖게 하는 것은 주요한 사회적 변화가 발생할 때 인간의 지의 한계와 범위를 고정시킴으로써 그 위협을 감소시키려는 것이다. 따라서 페레는 잘못된 인식을 가난한 사람들에게 주입하는 공립학교와 종교계 학 교를 개인의 자율성을 침해하는 가장 큰 위협으로 지목하였다.

페레는 경제적 요구에 의한 정부의 교육 독점을 비판하고, 그것에 의한 노예화와 억압체제의 타파를 주장했다. 그가 교조주의적 통제에서 벗어나 기 위한 교육을 실시하려고 한 것은 바로 과학과 합리주의의 구조 속에서 였다. 객관적인 과학을 가르치는 목적은 이성을 사용하기 위한 토대를 제 공하는 것이다. 교육이 선량한 시민, 종교적 인간, 심지어 착한 사람으로 만들고자 한 것은 모두 다 교조적이고 당위적인 이념을 강요하는 것이라 고 보았다. 그는 특정한 목적을 위해 교육하는 것이 아니므로 어린이들이 유능한지 무능한지를 결정할 필요가 없고, 아울러 벌 받을 내용이 아무것 도 없기 때문에 어린이에게 벌을 줄 수가 없다는 것이다.

오히려 페레는 합리적 학교가 가져야 할 교육 목표로서 인간이 한 사람 에게 예속되는 한 폭정과 노예 상태에 머물게 된다는 점을 아이들에게 보여 줄 것을 제창한다. 또한 아이들에게 널리 퍼져 있는 무지의 원인을 규명하고, 삶을 현 사회체제에 맡겨버리는 모든 전통적 관행의 기원을 배우며, 이를 경 계하도록 지도해야 한다. "지배계급은 당신을 보다 잘 착취하기 위하여 당신을 무지 속에 묶어두기를 바란다.[38] 학교는 권위적인 체제가 원하는 방향으로만 재능이 발달하도록 통제한다. 그러기 위해서 신체적으로 도덕적으로 그리고 지적으로 지배하고, 자연과의 접촉을 박탈한다. 기존 교육의 실제적인 지배와 복종이다. 지배와 복종이라는 목적을 달성하기 위하여 교사들은 늘 사회적 관리자에 의존하고 훈육과 권위에 스스로 복무하였다. 이런 교사들은 오직 한 가지의 생각과 의지, 즉 아이들은 지배적인 사회적 권위를 믿고, 복종해야 한다고 생각한다. 교사는 복종 외에는 아무것도 하지 못할 정도로 권위적인 학교조직에 의해 억압받았고, 그에 대항하기에는 무기력했다. 교사는 지배계급의 의지에 따라 의식적으로 혹은 무의식적으로 자신의 일을 수행하는 존재에 불과했다. 그들은 참혹한 세월을 보내며 배운 대로 고분고분하게 교육받고 권위적인 학문을 수용해왔던 사람들이다. 그러했기에 독재적 지배를 벗어난 사람은 거의 없었다. 이런 상황에서 아동이 자발적으로 자신의 재능을 발달시키거나, 자유롭게 신체적·지적·도덕적 요구를 충족해나가는 것을 전혀 중요시하지 않는다. 오직 아이들에게 지금의 제도를 유지하는 데 도움이 되는 기존 생각 이외에는 다른 어떤 생각도 하지 못하도록 개인을 사회적 기제에 철저하게 적응시키는 데에만 관심이 있다.

이런 교육은 결코 인간성의 진보에 어떤 영향도 줄 수 없다. 그것은 개인을 발전시키려 하지 않는 지배권력의 도구에 지나지 않는다. 그러므로 현재의 학교로부터 그 어떤 것을 기대하는 것은 소용없는 짓이다. 지금까지 해온 바를 미래에도 계속할 것이다. 그들이 다른 교육체제를 채택해야 할 아무런 이유가 없다. 그들은 자신의 목적을 위해 교육을 이용해왔으며, 그 목적을 위해서만 모든 개량 정책을 펼 것이다. 그들이 학교와 그 학교를 지배하는 권위주의적 교육 정신을 계속 보전하는 한, 모든 개혁은 그들의 이익으로

38_ 앞의 책, p. 194.

돌아갈 것이다. 우리는 이러한 사실을 자각하지 않으면 안 된다.

그래서 페레는 아동들이 교육을 받고 자유롭게 되는 것을 보고 싶어 한다. 그는 배운 자들의 입에 발린 지식과 지적인 기형보다는 아무것도 모르는 아이의 자유로운 자발성을 신뢰한다. 교육이 모든 교조주의를 제거하지 않는다면, 아동의 자발적인 표현을 존중하여 그 역량을 발휘할 수 있도록 하지 않는다면 교육은 가치가 없다. 교육의 전면적 가치는 아동의 신체적·지적·도덕적 재능을 존중하는 데 있다.[39] 교육은 지적인 훈련만 시키는 것이 아니라 정서와 의지를 포함해야 한다. 우리는 아이들의 교육에서 지적인 능력이 정서와 의지의 활력으로 전환할 수 있도록 세심한 배려를 해야 한다. 정서와 의지가 강화되면 인격에 널리 스며들어 개인의 성격에 색조를 부여하고 아이를 고상하게 만들 것이다. 젊은이의 행위는 성격을 축으로 행해지게 마련인데, 그렇게 되지 않기 위해서는 과학을 행동의 유일한 준거로 삼도록 배워야 한다. 과학처럼 사실에 근거한 교육만이 이것을 가능하게 한다. 교사는 늘 폭력을 주입하고 강요하는 경향이 있는데 진정한 교육자는 아이에게 그 자신의 생각과 의지를 강요하지 않으며, 아이 자신의 에너지에 호소한다.

이런 측면에서 보면 우리는 교육이 얼마나 안이한지, 개인을 지배하려는 자들의 짓이 얼마나 경솔한 것인지를 이해할 수 있다. 그들이 기껏해야 생각할 수 있는 방안은 보다 새롭고 효과적인 독재의 수단을 개발하는 것에 불과하다. 그러하기에 우리는 아이들이 자신을 표출하려고 할 때, 교육의 힘을 과학에 호소하여 얻어 그 발달을 촉진하고 요구를 만족시켜야 한다. 우리는 미래의 교육이 완전히 자발적인 것이 되리라고 확신한다. 지금 우리가 이것을 완벽하게 실현할 수는 없지만 삶을 더 풍요하게 하는 교육방법이 점점 발달하고 모든 발전적 개선이 폭력을 배제할 것이다. 아동의 해방을 위하여

39_ 앞의 책, pp. 199~200.

과학에 기댈 때 우리는 보다 공고한 기반에 놓이게 될 것이다.[40]

페레는 아동들이 지속적으로 발전하는 인간이 되기를 원한다. 그들을 둘러싸고 있는 부당한 환경을 끊임없이 파괴하고 갱신하며 스스로를 새롭게 할 수 있는 사람, 독립된 지성을 가지고 아무에게도 굴종하지 않는 사람, 새로운 사상의 승리를 갈구하는 사람, 획일적인 삶을 자신의 개성적인 삶으로 변화시키기를 바라는 사람을 원한다. 사회는 그런 사람들을 두려워한다. 그런데 그런 사람들을 배출할 교육체제가 수립되기가 쉽지 않다. 그렇다면 우리의 사명은 무엇이며, 학교개혁을 이루기 위하여 채택해야 정책은 무엇이며, 이것을 어떻게 해낼 것인가? 그것은 미래 교육의 토대가 될 자유의 정신을 최대한으로 지도할 새로운 학교를 설립함으로써 가능할 것이다. 우리는 폭력, 아동을 자연과 삶에서 떼어놓는 모든 인위적인 장치, 기성의 사고들을 주입하는 데 이용되어온 지적·도덕적 교육과 의지를 타락시키고 양화시키는 신조 등 현재 학교에서 찾아볼 수 있는 그 모든 것을 제거할 토대를 갖추어야 한다. 단기적인 손해를 두려워하지 않고, 아이들을 적절하고 자연적인 환경에 두어, 거기에서 사랑하는 모든 것들과 접촉하면서 자신을 발견하고, 생동감 넘치는 실물을 접함으로써 지루한 책읽기를 대체해야 한다.[41] 이렇게 하면 아이들을 해방시키는 데 훨씬 진전이 있을 것이다.

또한 페레는 여성이 아동양육에 주된 책임을 지고 있으므로, 여성이 자유로워지지 못하면 인간의 자유는 결코 발달하지 못할 것이라고 보았다. 그는 인간의 거의 모든 사상이 어머니와 친밀한 관계를 가지는 유년기의 감정

40_ 앞의 책, pp. 226-227·199-200.

41_ 앞의 책, pp. 200-201. 가정과 학교에서 아동을 모든 권위주의 도그마로부터 해방시키려 한 것은 아나키즘의 교육사상을 큰 곤경에 빠뜨렸다. 아동들을 가르치는 것이 모든 도그마로부터 해방되는 것이라면 정말 무엇을 가르칠 것인지 어렵게 되었다. 페레는 근대학교를 설립하기 전에 비권위적인 준거를 충족시키는 교과서를 찾아보려 했지만 완전히 실패하고 말았다. 그래서 도서관에 한 권의 책도 없는 상태에서 근대학교를 개교하였다.

에 젖어 있기 때문에 여성교육은 아주 중요하다고 강조하였다. 페레는 학교의 사명을 아이들의 타고난 자발성이 보호되고 스스로 생각하는 것을 배우게 되는 그런 자유의 분위기를 만들고 유지하는 것으로 삼았다. 무엇보다 그는 중산계층과 노동자 계층의 아이들을 융합시키고, 남녀 아이들 간의 차별을 없애고자 온갖 노력을 기울였다.[42] 남녀 아이들이 동일한 교육을 받아야 여성이 실질적인 남성의 동반자로서 사회의 갱생을 위하여 함께 일할 수 있다. 이제까지 사회 갱생의 임무는 남성에게만 주어졌으나 이제 여성의 도덕적 영향력이 이 일에 작용할 것이다. 과학은 풍부한 여성의 정서에 있는 광맥을 발견하게 해줄 것이고, 인류의 행복을 위하여 여성의 성격을 이용할 것이다. 그리하여 페레는 어린이들을 도그마와 권위의 암흑과 편협성과 미신으로부터 해방시키기 위하여 자유사상에 입각한 신교육 운동을 전개하기 시작했다. 조상들의 모든 오류로부터 아이의 마음을 구하고, 진리와 아름다움을 사랑하도록 격려하며, 현재 사회생활을 타락시키는 권위주의적인 교조, 케케묵은 궤변, 우습기 짝이 없는 관례로부터 아이들을 보호하기 위해 인간의 진보를 열망하며 과학의 원리에 충실하도록 교재 집필 방침을 정했다.[43]

1923년 페레는 『러시아에 대한 나의 환멸』에서 비판적 탐구와 사상의 자유를 압살한다는 이유로 소비에트 교육을 비판하였다. 소비에트 사회가 교육의 기회를 증가시켰던 점은 인정하지만 사상의 독점으로 인해 자유로운 탐구와 비판적 분석 정신이 철저하게 억압되었다고 할 수 있다. 그 예로서 학생들에게 비판기능을 고무하였기 때문에 대학에서 파면된 교수와, 학급 내의 활동을 통제하기 위해 공산주의자 세포를 이용하고 있는 경우를 들

42_ 당시 스페인에서는 남녀공학을 하는 학교가 없었다.

43_ Francisco Ferrer, 앞의 책, p. 216.

수 있다.[44] 나치 독일의 등장 역시 교육을 통제하는 권력에 대한 아나키스트의 두려움을 더욱 부채질하였다. 20세기에 전체주의 정권이 등장했다는 사실을 고려해볼 때, 다음 세대를 교육하는 권한을 어떤 권위자에게 의도적으로 허용하는 것에 반대하였던 19세기와 20세기 초의 아나키스트의 비판적 전통은 다시 주목할 만하다.

4) 닐: 자유인의 양성

닐(1883~1973)은 페비안 협회의 회원이었던 문필가 버나드 쇼G. B Shaw로부터 영향을 받아 자본주의 사회와 현대 문명세계에 대한 비판적 안목을 형성하였다. 노동당에 가입할 정도로 사회의식이 매우 높았다. 특히 닐의 교육사상 형성에는 그가 위대한 교육자이고 어린이의 본성에 대한 권위자라고 칭송했던 호머 레인Homer Lane으로부터 절대적인 영향을 받았다. 닐은 그로부터 서머힐의 건학이념인 '자치'에 바탕한 '작은 공화국' 모델을 배웠다. 영국의 젊은 교사였던 닐은 1920년에 모국 스코틀랜드 학교의 경직성과 잔혹함에서 벗어나 초·중·고등 학교 학생들을 위한 기숙학교인 '서머힐'을 세웠다. 레인은 당시 십대 비행 청소년들을 위해 기존의 소년원과는 전혀 다른 청소년 공동체를 미국과 영국 곳곳에서 만들었다. 닐은 민주적 자치 공동체로 운영되던 레인의 소년원을 '서머힐'의 모델로 삼았다. 서머힐에서는 교사의 채용이나 해고, 징계 같은 모든 정책적 의사결정이 학생과 교사가 모두 한 표씩 행사하는 학교총회를 통해 이루어졌다. 또한 서머힐의 모든 수업은 필수가 아닌 선택으로서, 아이들은 자기한테 편한 속도와 자기만의 취향대로

44_ Joel Spring, 『무정부주의와 교육』, p. 272.

배워나갔다. 닐은 아이가 배움과 성장에 대한 욕구를 타고난다고 믿었는데, 그런 의미에서 루소의 전통을 이어받았다.

그리고 성과 정치를 결합시킨 프로이트 좌파인 라이히W. Reich의 영향을 받았다. 그는 모든 아이들이 선천적으로 선하다고 믿었고, 아이가 자기의 욕구나 그 욕구를 충족시키는 가장 좋은 방법을 직관적으로 알아본다고 믿었다. 그는 자연스러운 배움의 과정에 대한 어른들의 간섭이 자녀의 신경증을 일으키는 주요 원인이라고 주장했다. 그는 억압적인 아동양육이 권위주의적 태도를 가진 성인들을 양성해내고 동시에 권위주의적 정부를 지지하는 기반이 되었고, 파시즘의 출현을 독일 가정의 억압적 속성에서 비롯된 것으로 이해하였다. 병든 권위주의적 사회는 너무 광범위하게 형성되어 있기 때문에 이에 대한 '개인 치료'만으로는 한계가 있고, '사회 치유'가 필요하다는 것이다.[45] 라이히의 해법은 사람이 자신의 충동을 다스리고 자신의 일상을 관리하는 능력을 뜻하는 '자율'이었다. 이러한 생각은 닐에게 그대로 이어졌다.

닐을 가장 유명하게 하는 것은 아동 중심주의 철학의 핵심을 보여준 '서머힐'이다. '서머힐'의 아이들은 타인의 권리나 감정을 침해하지 않는 범위에서만 자신이 하고 싶은 대로 자유를 누렸다. 예를 들어 닐이 가꾸는 온실을 어떤 아이가 망가뜨리면, 닐은 서슴없이 아이에게 벌을 주었다. 그러나 그 아이가 학교에 적응하는 데 힘들어하는 신입생이면 오히려 아이가 온실 부수는 것을 거들었다. 그는 항상 '자유'와 '방종'을 신중하게 구분했다.

많은 학부모들이 자유와 방종의 구분을 이해하지 못한다. 규율이 엄격한 가정의 아이들은 아무 권리도 없다. 반면 응석을 다 받아주는 가정에서는 아이가 모든 권리를 독식한다. 제대로 된 가정은 아이와 어른이 동등한 권리를

45_ 박용석, 『가장 자유로운 학교 이야기: 닐의 교육사상과 실천』, 문음사, 2002, pp. 37-38.

누리는 가정이다. 학교도 마찬가지다. 세 살배기 아기가 식탁 위에서 놀겠다고 떼를 쓰면, 안 된다고 말하면 된다. 물론 아기는 그 말에 복종해야 한다. 그러나 때로는 부모가 아이한테 복종해야 하는 경우가 있다. 나 또한 어린아이들이 자기 방에서 나가라고 하면 시키는 대로 한다.[46]

닐은 공부라면 무조건 학과목들을 외우게 하고 걸핏하면 가죽 매를 휘두르던 당시의 교육에 회의를 품고, 어린이들을 학교에 맞추는 것이 아니라, 어린이들에게 맞추는 학교를 한번 만들어보자는 생각으로 시작한 자유의 실험학교인 '서머힐'을 세웠다.[47] 닐은 "철저한 아이들의 자유에 입각한 교육이야말로 증오와 공포에 찬 오늘날의 이 병든 세계를 구하는 유일한 길이다"라고 주장했다.[48] 닐은 자유를 "생명의 안전이 지켜지고, 타인의 자유를 침해하지 않는 한에서 자기가 하고 싶은 일을 하는 것"으로 정의한다. 그것은 아동의 행동을 분명히 제한하는 것이다. 실제로 '서머힐'에서는 아동의 의사로 결정할 수 없는 것들(예컨대 안전위생에 관한 규정)은 집회토론의 대상에서 제외되며, 스스로 내린 결정사항에 대해 사실상 아동들의 자유는 제한된다.

닐은 자유를 개인적인 것과 사회적인 것으로 나누고, 전자는 완전하게 향유되어야 하지만, 후자는 타인의 자유도 존중해야 하므로 그럴 수 없다고 하였다. 예컨대 무엇을 공부하느냐는 개인적인 선택이므로 싫어하는 아이에게 어떤 과목을 강제할 권리는 누구에게도 없으나, 그 아이가 어떤 수업시간에 떠들고 논다면 그는 타인의 자유를 침해하는 것이므로 추방되어야 한다. 따라서 그는 절대적인 자유는 존재하지 않는다고 본다. 자유는 남의 자유

46_ 크리스 메르코글리아노, 앞의 책, 2005, pp. 63-64.
47_ 닐이 설립한 서머힐은 1921년 영국 레이스튼 읍 변두리에 세워진 전교생 70명의 큰 가정 같은 소규모 전원학교로서 6세부터 17세까지 받아들인 남녀공학의 국제 기숙학교이다.
48_ 닐은 자유에 행동은 물론 학습과 성의 자유도 포함시켰다.

를 침해하는 방종과 엄격하게 구별된다. 자유란 상호적인 것이며, 자기통제를 뜻한다. 자기통제란 타인을 배려하는 능력, 타인의 권리를 존중하는 능력을 뜻한다. 참다운 자유 속에서 성장한 아이는 자유의지에 따라 자신의 행동을 통제할 줄 아는 자율적인 어린이가 된다. 일체의 부자연스러운 억압이 배제되고 인간에게 자유가 주어지면 인간은 본래의 선량한 자연성을 되찾고 스스로의 의지에 따라 행동할 수 있는 자율적인 인간, 즉 자유인으로 성장할 수 있기 때문이다.

닐은 사랑할 자유, 놀고 일할 자유, 필요가 있으면 반역할 자유, 종교나 도덕의 강요를 받지 않지 않을 자유를 중시했다. 외적인 행동의 자유만이 아니라 내적인 자유를 더욱 강조했다. 외적으로 남의 자유를 방해하지 않는 한 자기가 하고 싶은 대로 하는 행동의 자유, 내적인 공포, 증오, 위선, 불관용으로부터의 감정의 자유, 공부할 자유뿐만 아니라 공부하지 않을 자유인 학습의 자유, 종래의 학교에서 터부시해오던 이성교제 등 성적 긴장으로부터의 자유를 허용한다.[49]

그러나 닐은 참다운 자유란 서로 주고받는 상호적인 것으로 '자기통제'를 의미하는데, 이것은 남의 권리를 존중하는 능력을 뜻한다고 본다. 자유 속에서 자라는 아이는 자기의 자유의지에 의해 자신의 행동을 잘 통제할 줄 아는 자율적 어린이가 된다. 그러나 방종은 남의 자유를 침해하고 폐를 끼치는 일에 전혀 아랑곳하지 않고 행동하는 것으로서 자유와는 정반대의 의미가 된다. 이처럼 닐은 자신의 삶을 주체적으로 살아가는 진정한 자유인의 양성을 목표로 삼는다. 서머힐 학교는 철저히 자유를 허용한다. 특히 자치와 학습의 자유가 강조되었다. 학습의 자유는 공부하기 싫을 자유를 인정하는 것이다. 선생이나 어른은 아이들에게 명령, 지시, 설교, 꾸중, 처벌 등을

49_ 닐은 신체와 정신의 밀접한 관련성을 믿고, 심리적 억압 특히 성적 억압이 신체의 경직이나 병을 유발한다고 여겨 어린이들에게 있어 성적 유희를 자연스럽고 건강한 행위로 본다.

하지 않는다. 간섭이나 억압은 일체 금지되고 아이들 스스로의 민주적 자치 생활을 통하여 견제받을 뿐이다. 자유로운 생활의 허용에 의해 어린이는 선량하고 자율적이며 스스로 공부한다.

닐에게 자유는 그 무엇보다도 자기 인생에 대한 아이의 결정권을 존중하는 것을 뜻했다. 톨스토이와 같은 입장을 보인 닐의 아나키스트적 기질은 서머힐의 다음 구절에서 잘 나타난다.

아이의 임무는 자기 인생을 사는 것이지, 극성스러운 부모가 자녀에게 바라는 인생이나 자기가 학생보다 우월하다고 착각하는 교육자가 의도한 인생을 사는 것이 아니다. 어른들의 이러한 간섭이나 지도는 로봇을 길러낼 뿐이다. 당신들은 아이들을 현상유지에 순응하는 사람들로 키우고 있다. 사회는 현상유지를 원한다. 지루한 사무실 책상 앞에 고분고분 앉아 있을 사람, 가게에서 줄 잘 서는 사람, 8시 30분 통근 열차에 기계처럼 정확하게 올라타는 사람이 필요한 사회라면 말이다. 그런 사회는 한마디로 공포에 떠는 소인배, 순응하지 않으면 두려워 죽을 것 같은 사람의 초라한 어깨로 지탱되는 사회다. 나는 무엇이든 권위를 내세워 강요하는 것은 잘못되었다고 생각한다. 아이는 다른 사람이 아닌 자기 스스로 어떤 일을 해야겠다는 생각이 들기 전까지는 그 일을 하면 안 된다. 인류가 받은 가장 큰 저주는 외부의 강제다. 그 외부가 교황이든, 국가든, 교사든, 부모든 간에, 외부의 강제는 완전한 파시즘이다.[50]

'서머힐'에서는 학문적 배움보다 정서적 배움과 건강을 더 중요시했다. 닐은 행복과 스스로의 동기와 감정을 이해하고 표현할 줄 아는 능력이야말로 인간 발달의 초석이라고 믿었다. 감정은 역동적이기 때문에 감정을 표현할

50_ 크리스 메르코글리아노, 앞의 책, pp. 62-63.

기회가 부족해지면 반드시 천함과 추함과 미움으로 이어진다. 머리만 교육받는 것이다. 진정한 감정의 자유가 주어지면, 지적 능력은 저절로 개발된다는 것이다.

닐의 '서머힐'에서 볼 수 있는 전형적인 자유교육 사상은 페레로부터 비롯된 것이었다. 페레와 닐의 교육 목표는 스스로 결정할 수 있는 인간, 곧 자유인, 삶을 사랑하는 인간, 행복한 인간으로 교육하는 데 있다. 그 사상의 본질은 자유이다. 자유를 느낄 때에만 인간은 행복해질 수 있다. 행복은 모든 권위와 억압이 배제되고 자유 속에서 스스로의 생활이 허용될 때 비로소 얻어진다. 진정한 자신을 찾는 것이 행복이다. 자유가 주어진다는 것은 행복이 주어진다는 말이다. 닐은 인생의 궁극적 목적과 교육의 목표는 다 같이 행복의 발견과 그 준비에 있다고 주장한다. 따라서 교육의 목표도 학업 성적을 올리는 데 있는 것이 아니라, 학생들을 행복과 자비와 용기를 갖춘 인물로 양성하기 위한 행복, 성실, 조화에 있다.

닐은 우리의 세계가 증오심으로 병들었다고 보았다. 권력을 가진 인간들이 그 권력을 유지하기 위하여 머리만을 중시하고 감정을 무시한 교육을 하였기 때문이다. 억눌려 있는 인간의 감정은 세계를 파괴했다. 그것은 두 차례의 세계대전을 불러일으켰고 다시 새로운 전쟁을 야기할 수도 있다.[51] 권력을 가진 자들은 언제나 그것을 유지하고자 한다. 그러기 위해서는 국민을 말 잘 듣는 순한 양과 같이 만들어야 한다. 그래서 그들은 가장 근본적인 것부터 손을 댄다. 곧 아이를 붙잡아 어른에게 복종하도록, 성적인 요구를 억

51_ 정치는 타협을 의미하므로 자유인은 그것에 서툴 수밖에 없다고 닐은 생각했다. 그는 젊은 시절, 노동당에 입당하기도 했고, 러시아 혁명 후 소련에서 남녀공학의 실시 등 새로운 교육이 실시된다는 소식에 열광하기도 했으나, 스탈린의 피의 숙청 이후 공산주의에 실망했다. 그리하여 공산주의를 종교와 같은 것으로 비난하고, 그 후에는 정치에 관심을 갖지 않게 되었다. 국제외교는 더러운 게임이라고 보았으나, 대의제 민주주의는 독재보다는 나은 것이라고 생각했다. 그러나 그는 현대세계가 산업에 의한 비인간화와 불합리한 인종적 증오로 인하여 더욱 불길하고 위험한 방향으로 나아가고 있다고 보았다.

압하도록, 그리고 권위를 두려워하도록 가르친다. 그 결과 거세된 소와 같이 되어 기성의 권력에 도전하거나 반역할 수 없는 어른이 된다. 학교에서 교과목을 가르치는 것은 표면적인 것에 불과하고, 진실로 노리는 것은 어린이의 개성을 틀에 집어넣어 조작하는 것에 있다. 이러한 교육의 결과가 무엇인지는 오늘의 병든 세계를 보면 잘 알 수 있다. 오늘날 젊은이들의 난폭한 행동은 기본적으로 부모와 교사의 권위에 대한 반항이다. 때리는 어머니는 그렇게 함으로써 어린이를 난폭한 행동에 대해 아무렇지도 않게 생각하는 인간이 되도록 기르고 있는 것이다.

서머힐의 교육과정에는 국가시험에 응시할 정도의 내용과 수준만 편성하고, 그보다 음악, 미술, 공작, 연극, 무용 등 정적情的 교육과 창의적 표현을 요구하는 교육 내용을 많이 포함하고 있다. 그리고 시험의 미신이 진정한 교육을 파괴한다고 생각하여 시험, 석차, 성적표를 없애고, 어린이들의 생활에 무거운 짐이 되는 숙제도 배격한다. 오히려 서머힐의 수업방식은 자발적 동기로 이루어지는 학습이라는 측면에 중심을 두는데, 일단 수업에 들어오는 아이들은 수업 내용을 스펀지처럼 빨아들인다. 한편, 닐은 일주일 분의 학과 공부보다 1회의 학교회의 참석이 더욱 유익하다고 말할 만큼 민주적 자치기구인 학교회의 활동을 중시하였다. 학교회의는 남의 자유를 침해하지 않으면서 자신의 자유를 최대한 누리고, 함께 살아갈 수 있는 방안을 찾기 위해 머리를 맞대는 시간이다. 참석이 의무는 아니지만 자신의 생활과 밀접하게 연관되어 있는 사항들이 다뤄지기 때문에 참석률이 매우 높고 열기 또한 뜨겁다. 보통 금요일에 있는 정기 회의에서는 교칙을 제정하거나 수정하고, 특별한 행사나 안건들에 대해서 토론하며, 화요일에는 학교 법정에서 교칙을 어긴 학생이나 교직원에 대한 처벌, 갈등 상황을 해결하기 위한 방안, 학교생활에 대한 문제점 지적 등이 논의된다. 서머힐 학생들은 학생과 교직원 누구나 동등한 1표씩의 권리로 참여하는 학교회의라는 민주적 자치형태를 직접 체험함으로써 공동체 안에서 함께 살아가는 방법을 배우게 된다.

서머힐이 흔히 듣는 비판 가운데 하나는 아이들을 자신들만의 파라다이스 같은 공간에서 자라게 했을 경우, 학교를 졸업하고 험한 세상으로 나갔을 때 적응하지 못하리라는 것이다. 그러나 서머힐 출신들은 학교를 다니는 동안 다른 사람의 의견을 듣고 존중하며 자신의 의견과 조율하는 법을 배웠기 때문에 오히려 사회생활에서 어려움을 덜 느낀다고 말한다. 또 다른 하나는 서머힐에는 수업에 들어갈 것인가 아닌가를 결정할 권리가 학생들에게 있기 때문에 많은 사람들이 아이들의 학습 능력에 의문점을 갖는다는 점이다. 어린아이들이나 서머힐에 온 지 얼마 되지 않은 학생들일수록, 특히 이전에 다녔던 학교를 싫어하는 정도가 클수록 수업에 들어가는 빈도는 매우 낮다고 한다. 서머힐 출신들에 의하면 처음 한동안 수업은 뒷전으로 하고 신나게 놀지만, 자신이 좋아하는 것을 함으로써 자신감이 생기고 서서히 이곳에 적응하게 됨에 따라 제 발로 교실에 들어가는데, 그 이전보다 훨씬 열중하여 더 좋은 결과를 얻게 된다는 것이다.

모던 스쿨이 페레의 죽음과 함께 없어진 뒤에 생긴 서머힐을 살펴보는 것은 페레의 현대적 계승이라는 측면에서 매우 중요하다. 중요한 것은 페레의 모던 스쿨이나 닐의 서머힐이 교육방법을 혁신한 것이 아니라, 그 내용을 혁신한 것이라는 점이다. 예컨대 '열린 교육'은 교실을 개방하여 더욱 효율적인 학습 능력을 증진시키는 것에 그 목표를 두고 있으나, 페레와 닐이 실천한 '자유교육'은 효율성은 물론이고 학습 능력의 향상 자체를 거부한다. 구체적인 경험을 통한 학습을 주장한 점에서 자유교육이나 몬테소리와 듀이 등 넷은 공통적이지만, 페레와 닐은 교육의 내용이 전통적인 가치에 근거한 것이어서는 안 된다고 주장했다는 점에서 자유교육은 다르다.[52] 『서머힐: 어린이 교육에 대한 근

52_ 박홍규·프란시스코 페레 지음, 『꽃으로도 아이를 때리지 말라』, 우물이 있는 집, 2002, pp. 130-131.

본적 접근Summerhill: A Radical Approach to Child Rearing』이 출간된 이후 세계 곳곳에서 서머힐을 표방한 학교들이 계속 생겨나기 시작했다. 오늘날 '서머힐'은 영국 정부가 끊임없이 방해 공작을 펼치고 있지만, 아직 건재하다.

5) 일리히: 학교 없는 사회의 건설

일리히(1926-2002)는 어린 시절 프로이트의 손을 잡고 산책하면서 정신분석학에 대한 이야기를 들었으며, 어린 시절부터 반反나치 저항운동에 참여하기도 했다. 그의 가족은 1941년 나치의 인종법 시행에 따른 유대인 박해를 피해 이탈리아로 건너갔다. 그는 피렌체 대학교에서 생물학을 공부하였으나 신부가 되기 위해 로마 바티칸 그레고리안 대학교에서 신학과 철학을 공부했다. 그는 폭넓은 지식과 10여 개의 언어에 능통한 능력을 인정받아 바티칸의 국제부에 들어갔으나 곧 사퇴하고 가톨릭의 관료주의와 배타적인 보신주의를 비판하기 시작했다. 이어 1951년 미국으로 건너가서 뉴욕 중심가에 있는 아일랜드 푸에르토리코 교구에서 신부로 일했다. 거기에서 이주민들이 대량으로 들어오면서 생긴 문화 변용에 주목하고 미국 문화와 히스패닉 문화의 중개자이자 교육가로 활동했다. 1960년 그는 산아제한을 지지하는 지사 후보자에게 투표하지 않도록 요구한 가톨릭 측과 대립하여 부총장직을 사임하고 걸어서 남미를 횡단하였다. 그는 미국의 남미 외교정책과 바티칸의 대對 라틴아메리카 정책을 비판했다. 그 결과 그는 1968년 바티칸으로부터 종교재판에 가까운 심문을 받았고, 결국 1969년 초 '정치적 부도덕'을 이유로 사제직을 박탈당했다. 그 후 독일과 멕시코를 왕래하면서 세계 각지에서 반핵운동과 반신자유주의 세계화운동 등 각종 사회운동에 참여했다.

일리히는 이 세상 모든 일에 대해 가장 근원적으로 생각하고 스스로 행동하고자 했으며, 현실에 대한 근본적 비판을 하면서도 결코 유머를 잃지 않는 르네상스적 인간의 전형을 보였다. 그가 비판한 현실은 '발전'이라는 종교를 섬기다가 본래의 자율성을 잃고 타율화된 인간 세상이었다. 그는 중세를 '봉건시대' 또는 '기독교시대'로, 현대를 '학교교육의 시대'로 규정하고, 신자가 교회를 떠나듯 학생들이 학교를 떠나는 것으로 탈학교화 현상을 묘사한다. 그는 가톨릭 교회, 그리고 교육과 종교를 상당히 은유적으로 표현했다. 그가 보는 오늘날의 학교교육에 대한 신념은 가톨릭 교회를 통해 형성되었던 노예제도에 대한 중세적 신념과 동일하다. 중세 말기 '신의 종으로서의 자녀'의 정체성 형성 공간이었던 교회가 근대의 발생과 함께 몰락해버린 것처럼 근대의 위기와 더불어 학교의 몰락이 가시화되고 있는 때인지도 모른다. 거대한 성당에 겨우 늙은 몇몇 신자들만이 앞자리를 채우고 있는 서양의 성당처럼 학교 자체가 텅 비어가는 조짐을 보이고 있다고 할 수 있다. 학교제도는 교회가 일찍이 직면했던 문제에 머지않아 부딪치고 말 것이다. 신자가 교회에서 이탈함으로써 비게 된 여분의 공간을 어떻게 처리하는가가 문제이듯, 마찬가지로 학교가 의미 없는 공간이 되어가면서 공동화의 위기에 직면할 것임을 예견하고 있다.

그래서 학교교육의 문제를 푸는 열쇠는 학교교육이 중세 교회가 모든 인간을 위하는 길이라고 믿었던 종교와 같은 성격을 띠는 데서 찾아야 한다고 보았던 것이다. 사회에서 하층계급에 대한 경제적 착취가 나타나고 온갖 불평등이 존속함에도 불구하고 학교도 그들에게 교육의 평등이 이루어질 것이라고 기약하고 있다. 학교교육은 단지 극소수에게만 이익을 주고 있지만 어느 누구나 학교교육에 대해 신뢰하는 거짓 믿음을 갖게 하였다. 가난한 사람들이 일단 학교교육의 신화를 받아들이게 되면 그들 스스로 자기들은 학교를 잘 다니지 못해 가난하게 되었다고 믿는다. 출세할 기회가 자신들에게 주어졌다고 생각하고 또 그렇게 믿기 때문에 이 믿음은 더욱 강화된다. 사회적 지위는 학교교육의 정도에 따라 성공한 자 또는 실패한 자로 나타난다. 학교 내에서 부유한 사람들이 사회경제적으로 유리하기 때문에 교육의 성공도 더욱 쉽게 차지할 수 있다. 반면 가난한 사람들은 사회경제적으로 불리하기 때문에 쉽사리 실패를 겪게 되고, 결국 학교는 낙오자를 만들어내게 된다. 그런데 이 낙오자들은 실제로 학교가 존재하지 않았다면 생겨나지도 않았을 것이다.

학교가 이데올로기를 통제하여 사회구조를 재생산하고 강화한다고 비판하면서 학교는 현대의 종교가 되고 있다고 통박한다. 교회는 지상에서 착취당하는 자들에게 하늘나라의 천국을 약속한다. 학교도 교육을 통한 평등을 약속한다. 교회와 학교는 실제로 극소수에게 이익을 부여하나 평등의 환상을 심어준다. 교회는 지상에서 가장 계층화되어 경제적으로 착취당하는 생활을 하는 농노들에게 하늘나라에서 평등이 이루어질 것이라고 기약했다. 탈학교론자들은 대부분 교육제도와 사회를 근본적으로 비판하면서 급진적인 대안을 구상하는 사람들이다. 그들의 주된 관심은 사회구조 속에서 교육구조를 재생산하는 학교를 폐지하고, 교육은 특정한 교육제도에서 벗어나 사회의 다양한 부문으로 확산되어야 한다고 주장한다. 이들의 시야는 학교만이 아니라, 사회의 변혁도 포함하며, 장기적이고 폭넓은 전망 위에 서 있다. 한 학년씩 올라감에 따라 교육적 진전이 있다는 환상이 작용한다. 서구나 미국에서도 빈곤한 가정이 부유한 가정보다 더 많은 교육세와 사회보장 비용을 부담한다. 곧 부유한 사람들을 위해 가난한 사람들의 돈을 착취한다. 교육은 경제적 착취를 합리화한다. 가난한 사람들은 머리가 나쁘고 능력이 부족해서 교육에서 실패했고 낙오했다고 생각한다. 그리하여 교육에 대한 맹신이 더욱 뿌리 깊게 심어진다.[53]

53_ Ivan Illich, 심성보 옮김, 『학교없는 사회』, 미토, 2004; 박홍규 옮김, 『학교없는 사회』, 생각의 나무, 2009.

일리히의 탈학교론을 잘못 해석하면 단순하게 학교를 없애버리자는 의미로 해석될 소지가 있다. 그러나 그가 결코 사회에서 모든 종류의 학교가 없어져야 한다고 생각한 것은 아니다. 그가 반대한 학교는 특정 연령층을 대상으로 취학의무가 부과되고 있는 공교육제도, 달리 말하면 의무적으로 주어지는 교육과정에 대한 전일제 출석을 요구하는 학교제도를 거부하는 것이다. 분명 지나치게 제도화된 학교를 반대한 것이지 '교육' 또는 '교육의 기능이 살아 있는 학교'를 거부한 것이 아님을 유념할 필요가 있다. 학교 그 자체를 반대한 것이 아니라 '탈학교화를 지향하는 사회'를 추구한 것이다. 사회혁명의 한 형태로서 탈학교는 가난한 사람들의 학교교육에 대한 맹신(신화)을 파기하는 것을 의미한다. 학교가 사회적으로 가장 비참한 노예들을 길러내는 이유는 학교에서 수용하는 노예들은 자신들을 저주하는 제도를 도리어 좋은 것이라고 믿기 때문이다. 학교 없는 사회론은 빈자들이 노예상태를 받아들이는 악순환의 고리를 끊어 사회혁명을 성취할 빈자들의 창조적 잠재력을 해방시키는 것이다. 학교의 개혁이 아니라 폐지를 요구한다는 점에서 사회는 어떤 형태의 의무교육도 요구해서는 안 되며, 고용주들이 학력에 기초하여 사람들을 채용하는 것을 법적으로 금지해야 한다고 주장한다. 일리히가 부르짖고 있는 것은 새롭고 더 훌륭한 학교교육이 아니라, '학교 없는 사회'이다. 다시 말하면 학교교육과 미래의 취업 간에 존재하는 밀접한 연계성을 파괴할 수 있는 혁명을 요구하는 것이다. 학교를 '개혁'하는 수준의 접근은 고속도로에 차선을 하나 더 내는 것에 지나지 않는다. 하지만 얼마 지나지 않아 또 다른 혼잡이 불가피해질 것이다. 그러나 학교교육의 신화의 함정에 빠져 있는 사람들은 주요한 사회적·경제적 문제 해결로서의 탈학교를 신성한 성전을 더럽히는 것으로 생각한다.

학교라는 기관이 어느 정도 특정한 단계에서 제도화institutionalization되면 학교는 사람들을 더 우둔하게 만든다고 본다. 좀 더 일반적으로 말해 제도화 과정에서 적정 수준을 지나 전문화가 계속 진행되면, 이 분야의 전문가들은 오히려 비생산적으로 기능하게 되어 애초에 기획했던 성과와는 반대가 되는 결과를 낳는다는 것이다. 병원이 더 많은 사람들을 병들게 만들고, 교회가 더 많은 사람들의 영혼을 죽이는 관료주의의 폐해를 일리히는 심각하게 보고 있는 것이다.

일리히는 현대산업자본주의의 물신숭배 현상을 비판하고 학교제도의 폐해를 적나라하게 드러내 보이면서 학교의 '개혁'이 아니라 진정한 학습과 교육을 회복하기 위한 제도의 근본적인 재편성을 위해 기본학교의 '폐지'를 주장한다. 학교제도의 극복을 통해 현대산업사회와 그 문화를 '근본적'으로 변혁하려 하고 있는 것이다. 일리히는 현대 산업사회의 문제를 이해하기 위한 열쇠는 그 사회에서의 소비행동의 특성과 그런 행동을 지지해주는 이데올로기에 있다고 보았다. 그에 따르면 현대의 사회생활과 대인관계 행동을 이끄는 것은 '제도화된 가치'인데 이것은 개인들이 자신들의 욕구를 인식하는 방식과 그것을 만족시키기 위한 수단을 강구하는 방식을 결정해준다. 제도화된 가치가 창출되는 개인의 모든 욕구, 즉 신체적·심리적·사회적·지적·정서적 욕구가 상품과 서비스에 대한 요구로 전환될 수 있음을 확증해준다. 제도화된 가치는 심리학적으로 볼 때 경직된 물신화의 형태를 띠게 되는데 이때의 '물신화'란 상품과 공공 서비스의 물신화이다. 학교, 병원, 사회복지기관 등 서비스와 복지관료 체제는 그것이 제공하는 서비스보다 훨씬 많은 제도에 대한 요구를 창출한다. 그리하여 사람들은 욕구 충족을 위해 점점 더 제도에 의존하게 됨으로써 독립적으로 무엇인가를 성취할 수 있는 능력을 상실하고 결국에는 심리적 무력감에 빠지게 된다. 학교는 유순하고 조작 가능한 소비자를 교화하기 위한 관료체제의 전형이다. 단계적으로 소비량을 증가시키면서 상급학교로 진급하는 의무제의 학교제도는 현대의 관리된 소비자 사회와 그 문화를 재생산하고 있다. 그리하여 수요를 재생산하는 학교제도는 대규모 산업에서 새로운 소외를 발생시키고 있다. 뿐만 아니라 학교에 의한 소외는 그것을 의식하지 못하는 사이에 인간성을 파괴한다는 점에서 경제적 소외보다 더욱 심각한 피해를 가져온다.

일리히의『학교 없는 사회』가 출판된 1970년은 근대문명에 대한 비판이 맹렬히 전개되고 있던 때이다. 1960년대 후반부터 사람들은 근대문명의 앞날에 어두운 그림자가 드리우기 시작했음을 인식하게 되었다. 아나키즘 경향을 보이는 탈학교deschooling, 곧 학교 없는 사회란 학교교육에 대한 맹신을 파기하고자 하는 하나의 사상운동이다. 그것은 모든 교육이 학교에서 이루어진다는 전제하에 학교교육을 학년별로 짜인 교육과정의 틀 안에서 가르칠 목적으로 강제적인 감호통제를 행사하는 제도적 구조로 본다. 과학기술을 사용하여 모든 환경을 제어할 수 있다는 인간 능력에 대한 무한한 신뢰는 공해문제, 자원의 고갈, 핵전쟁의 위협 등에 의해 흔들리고 있었고, 개인들은 거대한 관료체제에 매몰되어 자율성을 상실해 가고 있었다.

이러한 사회적 배경에서 현대사회의 위기를 비판·극복하려는 문제의식으로 시도된 탈학교 논의는 많은 사람들의 공감을 자아냈다. 탈학교화는 인간해방을 위한 모든 활동의 기초가 되는 것이다. 탈학교화된 사회는 우발적인 교육 또는 비형식적인 교육에의 새로운 접근이다. 탈학교는 엄밀하게 표현하면 사실 모든 학교를 폐지하거나 혹은 학습을 위한 제도가 없는 사회를 지향하는 것이 아니라, 오히려 학습이나 교육을 회복하기 위해 제도의 근본적 재편을 추구하려고 한다는 의미로 받아들여야 한다. 즉, 사회제도를 탈학교화뿐 아니라 사회문화를 탈학교화하지 않으면 안 되고, 교육뿐만 아니라 사회 전체 모두가 '탈학교화'가 되어야 한다는 메시지로 이해되어야 한다. 탈학교화는 무엇을 어떻게 배울 것인가 하는 관리권을 개인에게 돌려주기를 요구한다. 이 점은 국가의 교육권을 부정하는 아나키스트들의 관점과 상통한다. 학교제도는 기회를 평등하게 한 것이 아니라 기회의 배분을 독점하고 말았기에 탈학교화의 필요성을 확실히 인정하지 않는 정치개혁의 계획은 혁명적이지 않다고 주장한다.

일리히는 선진국이나 후진국이 똑같이 해결해야 하는 시급한 문제는 의무교육을 폐지하고 진정한 교육목적을 촉구하는 대안적인 '공생적convivial' 제도를 설립하는 일이라고 주장한다. 그는 교육의 기회 균등이 실현 가능한 것이기는 하지만 그것을 단계적으로 진급하는 의무제 학교제도를 통해 실현하는 것은 불가능한 일이라고 주장한다. 국가는 아동들이 학교에 다니도록 강요하지 말아야 하며, 또 하나 매우 중요한 것은 고용주들이 입직 조건으로 개인의 학문적 경험, 즉 학점, 시험성적, 학위 등을 고려하지 않도록 해야만 한다. 그 대신 고용주들은 특정 직업을 수행하는 데 필요한 능력에 기초해야 한다. 개개인 자신이 선택한 센터에서 수업단위를 이수하는 것을 허용하는 '교육 증표voucher'가 발급되어야 한다. 현행 학교제도를 대신할 대안적 제도의 '학습 네트워크learning network'를 구축하자고 한다. 학습 네트워크의 구축은 참여적이며, 지방분권적이며, 자유로운 학습기술에 대한 직접적 전망을 제시해주는 것으로 교육의 사회적 관계에 대한 철저한 변화의 전망을 보인다. 학습 네트워크는 오늘날 광범위하게 유포된 인터넷 망 구축을 30년 전에 이미 예견한 것으로 보인다. 오늘날 탈학교론은 학습 네트워크에 참여한 사람들의 학습 연결망, 교육기능의 상호교환을 위한 증표의 활용, 컴퓨터를 이용한 상호 연결방법 등의 이용으로 발전하고 있다. 사람들은 읽고 쓰기, 산술, 혹은 특정 직업기술을 가르치는 기능센터에 다닌다. 컴퓨터 기술공학 시설은 아이디어와 정보를 교환하고자 하는 유사한 관심을 가진 사람들을 모이게 할 수 있다. 예컨대 셰익스피어 희극에 대해 토론하기를 원하는 사람들은 동일한 관심을 가진 사람들과 접촉할 수 있다. 또한 농업기술 분야에 대한 최신 정보를 원하는 사람들은 그에 관해 가르치기를 원하는 사람들과 연결이 될 수 있다. 그러나 이 같은 공생기구에 참여하는 것이 미래의 취업이나 신분을 결정하는 조건으로 작용하는 것이 아니라 교육자격증과 직업신분 간에 존재하는 기존의 밀착관계를 깨뜨리는 것으로 작용해야 한다. 교육적 자료를 위한 조회 업무, 기능의 교환, 동료와 어울리기, 교육자를 위한 조회 업무는 요즘 유행하는 학점은행 제도와 방송통신대학이나 개방대학 제도와 매우 흡사해 보인다. 오늘날 일리히의 탈학교론은 홈스쿨링homeschooling[54] 운동으로 더욱 확산되고 있다.

6) 톨스토이: 자연성의 회복을 위한 교육

톨스토이(1828~1910)는 1857~62년 사이에 유럽을 여행하면서 이들 국가의 교육상황을 연구하고, 아나키스트들의 아버지로 여겨지는 프루동과 바

54_ 지금까지 대부분의 사람들은 교육의 의무조항과 의무적인 학교교육을 자주 혼동하고 있다. 그 결과 학교교육이 의무라고 잘못 인식하게 되었다. 하지만 이는 사실과 다르다. 의무인 것은 교육이지 학교교육이 아니다. 이와 같은 학교교육의 근본적인 가치에 의문을 던지고 최근 홈스쿨링이 확산되고 있다. 이른바 가정학교 혹은 재택학교라고 불리는 홈스쿨링의 흐름은 부모들이 스스로 교사가 되어 집에서 아이들을 가르치는 것을 말한다. 이백 년 전까지만 해도 대개의 아이들은 가정에서 교육을 받았지만 학교제도가 일반화되면서 교육과 양육이 서로 다른 영역으로 다루어져왔는데 이제 그 흐름에 다시 변화가 일어나고 있는 것이다. 물론 홈스쿨링은 많은 한계점을 가지고 있다. 먼저 교육 내용을 풍부하게 하는 데 어려움이 많고, 자녀의 학습에 시간과 정성을 쏟을 만큼 부모의 경제적인 능력이나 지적 능력이 뒷받침되어야 하는 문제도 있다. 또한 가정이라는 공간도 학교처럼 권위적이고 닫힌 세계가 될 수 있다. 그러나 이러한 한계들을 넘어서기 위해서 홈스쿨링을 하는 가정들은 다양한 방식으로 네트워크를 만들어 서로를 도우며, 가정과 학교의 울타리를 넘어서는 새로운 교육 시스템을 만들어가고 있다. 이제 홈스쿨링은 학교교육에 실망하고, 왕따를 당한 경험으로 학교를 거부하는 학생들과 부모들에게 훌륭한 대안이 될 가능성이 높다. 만일 교육의 주체적 기관이 학교밖에 없다면 더 이상 학교를 다니기 싫어하는 아이들에게 교육의 기회는 영영 사라진다. 하지만 홈스쿨링은 이러한 문제들을 일거에 해소하고 보다 편안하고 안락한 여건에서 인간으로서 성장하는 데 필요한 최소한의 교육이라도 받을 수 있는 기회를 제공한다.

쿠닌과 교류하면서 영향을 받는다. 그는 당시 독일을 비롯한 유럽 전역에 이미 정착되었고, 곧 러시아로 확산될 조짐을 보이고 있던 의무교육 제도를 신랄하게 비판했다. 톨스토이가 학교를 세운 동기가 여기에서 비롯된다. 그는 아이들이 70명이나 다닐 만큼 규모가 컸던 농촌학교를 위해 자신의 농원 저택에 딸린 건물 하나를 통째로 내놓았다. 그것이 농부의 아이들을 위한 자유학교인 '야쓰나야 빨랴나 학교'이다. 톨스토이는 '야쓰나야 빨랴나 학교'를 세우기 전 독일, 스위스, 영국의 학교들을 돌아보았는데, 학교에 팽배한 권위주의에 질렸다고 한다. 그는 학교가 아이들에게 가장 필요한, 어린 나이에 어울리는 가장 즐겁고 자유로운 활동을 박탈당하는 곳, 복종과 침묵이 가장 중요한 조건인 곳, 모든 비행이 매로 처벌되는 곳이라고 생각한다. 그는 감옥 같은 학교의 분위기뿐만 아니라 애초에 그런 학교를 만들어 낸 어리석음도 비판했다.

톨스토이는 공교육이 민중을 구제할 것이라고 선동하는 지배자들의 속셈을 꿰뚫고 있었다. 그는 1900년 당시의 국가와 교회를 '노예를 부리는 압제자'로 지칭하면서 그들에 대한 저항을 요청하였다.[55] 다만 폭력은 또 하나의 노예 행위로 귀착되기에 그 대신 비폭력적인 저항을 대안으로 제시하였다. 이것이 오늘날 전 세계적 평화운동에서 널리 쓰이는 '위대한 거부'라는 개념의 기원이 되었다. '야쓰나야 빨랴나 학교'는 당시 존재하던 학교를 거의 부정하였다. 당시의 학교교육은 대중에게는 한낱 감옥과도 같은 구조로서 거부감만을 불러일으키는 부질없는 짓에 불과한 것으로 비쳤기 때문이다. 그것은 사회의 일원, 즉 장래의 국가관리를 양성하기 위한 강제 체제일지언정 진정으로 아이들을 위한 곳은 아니라는 비판이었다. 아이들은 매일같이 6시간 동안 책상 앞에 앉아서 삶의 가장 아름다운 시절을 허비한다. 즐

55_ 송순재, 『유럽의 아름다운 학교와 교육개혁운동』, 내일을 여는 책, 2000, p. 69.

김의 주된 요소, 아이들의 강렬한 욕구와 움직일 수 있는 자유를 향한 욕구는 채워지지 못한 채 머물러 있다. 복종과 정숙만이 교실의 분위기를 결정한다. 그리하여 학생들은 교사를 마치 적처럼 대하게 된다. 그리고는 어떤 멍청한 결과에 이르게 된다. 아이들이 반 시간이면 배울 것을 하루 종일 앉아서 배우는 모순의 이유가 여기에 있다. 아이들의 내면이란 바로 학교라는 경찰정부에서 생겨난 두려움과 기억력의 긴장과 주의집중으로 혼합된 그 무엇이다. 그리하여 기존의 학교를 대신하는 자리로서 톨스토이는 삶의 자연스러운 학습상황을 집에서, 그리고 거리에서 찾아냈다. 그곳에서 사람들은 즐겁게 배우려는 존재를 만나게 된다.

톨스토이 교육활동은 요컨대 교육계에 휴머니즘을 강화하고 공립학교의 모순을 드러내는 데 큰 힘을 발휘했다. 그의 학교론은 19세기 학교비판론의 논지와 비슷한 귀결에 이르고 있으며, 한편 아나키스트적이고 평화주의적인 사회비판의 맥락에 다가가 있다.[56] 학교는 지배적인 상태가 요구하는 방식이 아니라, 새로운 혁명적인 자유로운 사회를 싹 틔우는 맹아여야 한다. 더 이상 인간이 현 상태에 봉사하는 것이 아니라, 현 상태가 인간에게 봉사해야 한다. 학교란 국가적으로 조직된 기구도 아니고, 어떤 배우는 집도 아니고, 학생에 대한 교사의 의식적인 영향이라는 것이다. 단, 이는 자유롭게 행해지고, 자유롭게 받아들여져야 하고, 어떤 강제도 없어야 한다. 학생이 이해하는 한 가르칠 수 있고, 즐거움을 느낄 수 있는 한 배울 수 있다. 학창시절에 루소를 읽은 톨스토이는 자신이 살고 있는 세계가 '자연'의 이상 상태로부터 벗어나 좋지 않은, 존중할 만한 가치가 없는 세계가 되었다고 생각했다. 그리고 그는 그러한 '악한' 세계가 된 원인 가운데 하나는 교육에 있고, 동시에 '자연'의 상태를 회복하는 수단도 교육에 있다고 생각했다. 루소

56_ 송순재, 위의 책, p. 71.

도 톨스토이도 소위 정규 교육으로부터 벗어나 있었으므로 교육에 대하여 근원적으로 새로운 발상을 할 수 있었을 것이다. 그의 근본적 교육사상은 "모든 아이들을 의자로부터 해방시킨다"는 자유주의적 진보였다. 권위주의 교육은 아동의 순수한 본성을 해치고, 아동 본위가 아닌 교사 본위라고 비판했다. 그는 당대 교육의 최대 문제를 아이들의 요구에 관계없이 독단적으로 예정된 지식을 강제로 주입하는 것이라고 보았다. 개성이 다른 학생에게 획일적이며 강제적으로 예정된 지식을 주입하는 것은 개성 그 자체의 파괴라고 본다. 그리고 교육의 본질은 학생이 삶에 대해 갖는 관심을 계발하고 삶의 문제점을 아동과 함께 해결하는 것이라고 주장한다.

톨스토이는 성인은 문명의 침해를 받는 불완전한 존재이고 그러한 침해를 받지 않은 아이들은 선하고 순수하므로, 성인의 입장에서 행하는 교육은 오류이며, 아이들의 입장에서 아이들의 선한 본성을 최대한 존중하는 교육만이 완전하고 순수하다고 주장하였다. 그는 당시의 강제적 교육방법을 통하여 대학을 비롯한 각종 학교에서 만들어내는 것은 인류가 필요로 하는 진실한 인간이 아니라 타락한 사람들이 필요로 하는 인간, 곧 관리나 어용 교수나 어용 문학가라고 통박했다. 즉 목적 없이 본래의 환경에서 떨어져 청년 시대를 헛되이 지내고 인생에 대하여 아무런 가치도 발견하지 못하는 사람들, 초조해하는 병적인 자유주의자들이었다. 톨스토이는 민중에게 그들이 바라는 것을 이야기하는 것이 가장 중요하다고 생각했다. 그는 민중이 '지식계급이 강요하는 읽고 쓰는 법'을 바라지 않는 것은 나름의 이유가 있다고 생각했다. 민중에게는 그것보다 더욱 절실하고 올바른 정신의 욕구가 있다는 것이었다. 그는 그 욕구를 이해하고 민중이 그 욕구를 채우도록 도와야 한다고 생각했다. 그러한 이론을 '야쓰나야 빨랴나 학교'에서 실천하고자 하였다.[57]

57_ 박홍규, 『아나키즘 이야기』, 이학사, 2007, pp. 269-270.

그는 학생들의 교사가 아니라 그들의 친구에 가까웠다. 톨스토이는 교사란 학생들의 자율성을 북돋아주는 사람으로, 곧 학생 스스로 자유롭게 되도록 도와주는 사람이라고 강조한다.

톨스토이에 따르면 학교교육은 '교육'이 아니라, '문화'의 과정이어야 한다고 주장한다. 그는 '교육'을 사람들에게 특정한 성격과 습관을 부여하려는 의식적인 시도라고 정의 내리는 반면, '문화'를 개인의 성격을 형성하는 모든 사회적 힘의 총체로 정의한다.[58] 즉 교육과 문화의 차이는 강제의 개입 여부와 관련된 것으로, 교육은 제약받은 상태의 문화이고, 문화는 자유로운 것을 뜻한다. 교육은 강제되는 것이고, 문화는 자주적인 것으로 구별한다. 그는 앞으로 학교가 교육의 장소가 아니라 문화의 장소가 될 것이라고 주장하였다. 그것은 교육의 본질이 학생이 삶에 대해 관심을 갖도록 하고, 여타 삶의 문제들을 다른 학생들과 함께 해결하는 데 있기 때문이다.

톨스토이는 학교를 문화를 받아들이는 사람들에게 그것을 전달하는 인위적이고 의식적인 활동으로 정의했다. 그는 학교가 간섭과 강요를 하지 않고 학생들이 스스로 배우고 싶은 것을 자유롭게 배울 수 있도록 해야 한다고 주장한다. 그러나 권위주의 교육은 아동의 순수한 본성을 해치고, 교사 본위로 이루어지며, 민중의 요구에 관계없이 독단적으로 예정된 지식을 강제로 주입한다고 비판하였다.

학교의 간섭이 배제된다는 것은 학생들 스스로가 욕구에 부응하고 자신이 원하는 가르침을 받을 수 있도록 충분한 자유를 허용하는 것이다. 톨스토이가 제시하는 강제 없는 학교란 학생들이 배우고 싶은 것을 자유롭게 선택하고 배울 수 있는 박물관 견학이나 공개 강연을 말한다. 강제 없는 학교에는 계획적인 프로그램이 없으며, 교사들은 국가에서 규정하는 내용이 아

58_ Joel Spring, 『교육과 인간해방』, 사계절, 1985, p. 64.

니라 자신이 원하는 내용을 가르칠 수 있고, 학생들의 요구에 의해 언제든지 조정될 수 있다. 그리고 이 학교는 교수 내용을 이용하는 방법이나 그것이 학생들에게 미치는 효과에 대해 크게 신경 쓰지 않았다.

톨스토이의 교육사상과 실천은 현대적으로 확산되고 있다. 톨스토이 학교는 사회주의 시절에 존재하기는 했지만, 사회주의적으로 통제된 전체주의적 학교가 지배적인 시대적 상황 속에서 그것은 이름뿐이었다. 그의 자유롭고 영적인 이상은 구소련의 붕괴 이후 개혁의 바람이 불면서 1997년 100여 개의 학교로 늘어났다. 톨스토이 학교는 다음과 같이 교육 목표를 제시하고 있다.

(1) 이성과 감성의 문화와 선한 의지를 높인다.

(2) 아동의 인격과 성격을 도덕적이며, 육체적으로 건강한 삶의 태도와 창조적 활동으로 도야한다.

(3) 민족적이고, 보편인간적인 인간성의 뿌리를 다시 회복시킨다.

(4) 향토적인 것과 외국의 사례를 망라하여 이루어진 최상의 교육적 성과를 기반으로 깊고 다면적인 발달을 촉진함으로써 세계에 대한 지식과 인식하는 영혼을 도야한다.

(5) 신앙과 지상에 존재하는 선과 사랑을 불멸하는 것으로 일깨운다.

(6) 전문 교과의 지적인 수준을 고양시킨다.

(7) 새로운 교과와 전통적인 교과를 결합시킨다.

(8) 진리와 향토에 대한 인격적 사랑을 통해 고유한 삶의 길을 찾도록 한다.[59]

59_ 송순재, 앞의 책, p. 77-78.

톨스토이 학교는 다음과 같은 수업방법을 발전시킨다.

(1) 자유로운 발달을 함양하여 자기발달의 과정을 내다볼 수 있게 한다.

(2) 선택의 폭을 다양하게 한다.

(3) 인식의 과정에 강제로 개입하지 않고 사회적 경험 과정을 구현한다.

(4) 새로운 교재를 위한 준비로서 심리적 접근을 채택한다.

(5) 인간성의 문화와 민족에 대한 개인의 기억을 도야한다.

(6) 보편적 인간성과 민족적·역사적인 것 그리고 개인적이고 일회적인 것을 통합한다.

(7) 수업과정을 인격화한다.

(8) 교재와 그 이론적·실천적 의미의 합목적성을 추구한다.

(9) 아동의 육체적 건강에 대한 사랑에 찬 관계를 형성한다.[60]

'야쓰나야 빨랴나 학교'는 크게 성공했지만, 이른바 '국가 전복 관련 증거'를 찾는다며 러시아 황제의 비밀경찰이 두 번이나 들이닥치자 결국 문을 닫고 말았다. 귀족 출신이었던 톨스토이는 비밀경찰의 만행에 대해 정부의 사과를 받아내긴 했지만, 계속 드나드는 경찰 때문에 극도의 불안을 느낀 학부모들의 신뢰를 잃었다고 판단했다. 결국 톨스토이는 학교를 폐쇄하고 문학에 전념하기로 했다. 그리고 2년 뒤『전쟁과 평화』가 세상의 빛을 보게 된다.

역사적으로 보았을 때 톨스토이의 교육 실천은 오늘날 러시아 교육개혁 운동뿐 아니라 좀 더 넓은 의미로 미국의 도처에서 실천되고 있다. 미국 대

60_ 송순재, 앞의 책, p. 78. 톨스토이 학교의 수업 과목으로는 삶(1~6학년), 자기 자신을 알 도록 함(7~8학년), 삶의 윤리(9~10학년), 범세계적 독서(1~9학년), 자연과 노동(1~6학년), 인류의 발달(5~9학년), 즐거운 자연학습(5~6학년).

도시의 게토와 슬럼가 한복판에서 교사들과 부모들의 주도 아래 이른바 아나키스트 교육학의 이론과 실천을 구현한, 데니슨George Dennison이 세운 '거리의 학교'라는 것이 생겨났다. 데니슨은 오늘날 전 세계적인 대안학교 운동의 발전과정에서 선도적인 위치를 차지하고 있다. 이 학교는 획일성, 익명성, 관료주의가 아니라, 톨스토이가 말한 자유로운 질서와 같은 인격의 관계 형성을 중요시한다. '자유로운 질서'란 개인에 대한 어떠한 폭력도 거부하고, 다만 전적인 자유만을 요청한다. 이것이 인간의 품격, 즉 인격에 걸맞은 사회의 질서를 지속적으로 형성하기 위한 기초이며, 학습을 제대로 시작할 수 있는 바탕이 되었다.

7) 프레네: 협력적 일의 공동체를 통한 교육

프레네(1896~1966)는 교육대학에 입학하여 초등학교 교사가 되었고, 아나키스트 교사연합에 가입하였으며, 소련의 학교를 방문하여 페스탈로치, 켈센슈타이너, 브론스키, 크루프스카야 등의 교육사상을 접했다. 비종교적 교육을 위한 학교협동체인 '현대학교협동체'를 설립하는 등 활발한 교육 활동을 전개하였다. 1964년에는 '프레네 학교L'Ecole Freinet'가 정부의 실험 학교로 정식으로 지정되었다.[61] 프레네의 교육사상은 20세기 초 유럽과 미국에서 급속히 보급되었던 '신교육education nouvelle'의 영향을 많이 받았다. 그는 당시 지배적이었던 교사 중심, 설명 중심의 교육방법에 비판적이었다. 그래서 프레네는 신교육 운동이 자신의 태생적 배경과 그가 가르치던 학생과 교실 배경과는 맞지 않는 부분이 많다는 생각을 하게 된다. 프레네는 신

61_ 정훈, 『자발성과 협력의 프레네 교육학』, 내일을 여는 책, 2009, pp. 23-50.

교육 운동이 내세운 아동관을 낙관주의적이라고 비판했다. 그는 교육개혁가들이 인간의 원죄를 구실 삼아 아동의 자발성에 족쇄를 채우려 했던 옛학교체제를 거부했던 것처럼, 루소적 견해를 지지하면서 이를 뒷받침하기 위한 교육적 조치를 구안하려 하였으나, 거꾸로 신교육 운동에서 종종 주장하듯이 아동을 지식과 도덕의 유일한 원천으로 보지는 않으려 했다. 교사와 아동 간의 상호작용을 불가결한 일로 보았다.

여기서 교사는 삶에 대한 풍부한 경험자로서, 또 지식인으로서 아동 한 명 한 명에게 친구이자 자문가로서 다가가 꾸준히 도움을 주지 않으면 안 된다고 생각했다. 그렇게 하여 그는 소수 사회계층에 한정되어 있는 당시의 교육현실을 개탄하고, 당시 미국, 러시아, 스위스 신교육 운동 이론가와 실천가의 영향을 많이 받으면서 프랑스식의 독특한 교육론을 개발했다. 그렇게 된 것은 마르크스, 레닌, 마카렌코를 포함하여 페레, 드크롤리, 몬테소리, 듀이의 신교육 사상의 영향 때문이기도 하고, 자신의 교육 실천에서 나온 경험의 산물이기도 하다. 그는 당시 인기가 있었던 함부르크 학교의 자유주의적인 학교 운영이 자본주의적 경제논리와 단절하지 않았다며 정치적인 접근 모델을 개발하기 시작했다. 프레네는 당시 학급 규모의 문제와 적절한 교육자료의 부족, 동의 없이 교사를 이 학교에서 저 학교로 교체하거나 근거 없이 계약을 종료하는 일, 교사들에게 시대에 뒤떨어진 지침을 지키게 강제하는 일, 그리고 열악한 노동조건과 같은 당대의 교육과 사회 문제에 대해 매우 강력하게 발언하고 참여하였다. 이는 교사의 직무조건과 관련된 문제이기도 하지만, 무엇보다 그것들이 아이들의 교육에 영향을 미칠 수 있는 요인이기도 했기 때문이다.

프레네는 교육을 정치와 불가분리한 것으로 보았다. 실제적인 변화가 오기 위해서는 정치적 참여가 불가피하다고 인식했던 것이다. 이는 그의 사회주의적 개혁사상 때문이기도 하였다. 그는 교사운동을 조직하고, 농촌소비

조합을 결성하였으며, 사회주의적인 정치활동에서도 참여했다. 하지만 그는 어떤 교조주의적 노선도 거부하려 했던 '이탈적' 사고 유형의 사람이었다. 이는 아나키스트적 성향을 보여주는 것이다. 1926년에는 프랑스 공산당KPF의 공동대표가 되기도 하였으나 얼마 지나지 않아 교조주의적 노선에 대해 문제제기를 하면서 30년 동안 몸담았던 공산당과 결별을 선언한다.[62] 그는 통속적 사회주의자에 머물지 않았다. 그는 집단보다는 아이들 하나하나의 존재와 삶에 무게를 두었기 때문이다. 사회주의 교육학이 집단을 명백히 개인 위에 놓음으로써 획일적 대중적 인간상을 생산해낼 뿐이라는 것이 프레네의 생각이었다.[63]

1932년 프레네는 프랑스 니스에서 열린 신교육협회 국제회의에 참가하면서 프레네 학급에 참가하러 온 사람들 앞에서 100명의 참여자들과 함께 가두시위를 벌이기도 하였다. 이것은 학급신문에 실린 두 편의 자유 작문에서 시장과 신부가 부정적으로 그려졌다는 것 때문이었다. 학생들이 쓴 글들이 문제의 소지가 있었음에도 불구하고 가감 없이 학습신문에 실릴 수 있었

62_ 프레네의 교육학은 시대에 뒤떨어진 농촌의 이상을 토대로 한 학교 개념을 조장하고, 교사의 역할을 중시하지 않고, 내용보다는 과정을 더 중시하며, 아이들의 자발적인 행동의 중요성을 과장한 결과 부르주아적 개인주의 원리를 강화하게 한다는 이유로 프랑스 공산당으로부터 신랄한 공격을 받았다. 이 일로 프레네와 공산당 사이에 커다란 틈새가 벌어졌다.

63_ 프레네의 독특한 사회주의 교육학은 협동체 수업에서 볼 수 있다. 협동체 수업은 '협력하는 삶의 원리'와 '개별적인 학습의 원리'에 따라 이루어진다. 전자는 일(학업)의 조직과 일(학업)의 수행, 그 성취도에 대한 평가, 그리고 학습과 학교에서 하는 공동생활의 조정과 관련하여 발생하며, 후자는 아이가 자기 리듬에 따라 적합한 탐구를 조직하고 이끌어 나갈 때 형성적인 일(학업)이 발생한다고 본다. 개별적인 학습과 관련된 일(학업) 계획이나 스스로 점검할 수 있는 학습 카드나 책자 같은 기술과 도구는 모두 협력하는 삶의 원리에 따라 짝을 이루어 실시된다. 말하자면 개별적 활동은 모두 집단에서의 의사소통, 다른 사람과의 교류와 관련된 협력적 삶의 원리 속에서 이루어진다는 것이다. 이렇게 함으로써 개별화 학습이 경쟁 교육으로 귀결되는 것을 막으려는 의도로 보이며, 개별화 학습 없는 협력의 원리가 개인의 동기 유발 없이, 타동화되는 위험성을 방지하는 방안으로 보인다.

던 것은 프레네의 교육적 소신이 학생들에게 발언권을 주는 것이었기 때문이다.[64] 이와 같은 일이 겹치면서 그는 학교를 그만두고, 스스로 1935년에 직접 '프레네 학교'를 세웠다.

프레네의 교육실험은 듀이의 입장과 상통하는데 프레네 또한 듀이의 입장을 따르고 있다. 다만 프레네는 듀이보다 사회혁명적 요소를 더욱 강조하는 노선을 견지하고 있다. 이런 운동 경향은 프레네가 프랑스 공산당운동에 주도적으로 참석한 것과 연관된 것으로 보인다. 이 운동은 경쟁보다는 협동을 중시하고, 무산자의 계급의식을 고취하는 프롤레타리아 운동의 일환으로 이루어지고 있었다. 프레네는 평화주의자 또는 국제주의자의 신념을 가지고 있었고, 나아가 '자발성의 교육학'에 기초하여 민족을 넘어서 '모든 아이들을 위한' 학교를 세웠다. 국제적 연대성을 실천하여 유대인, 스페인의 고아들을 받아들였다. 그는 독일, 스페인, 이탈리아의 파시즘에 저항하였다. 전쟁으로 치달은 파시즘 정부에 의해 가택 연금을 당하고 수용소에 갇히고, 레지스탕스 운동을 벌이기도 하였다. 1945년에는 자신의 학교를 다시 열었으며, 전후에는 최초의 교육회의를 소집한다. 제2차 세계대전 이후 그의 교육사업에서 정치적인 성격은 현격하게 줄어들고 중립적 노선을 취한다.

프레네가 중심이 되어 설립한 '현대학교협의회ICEM'는 1968년 프레네의 '현대학교'가 지향해야 할 10대 헌장을 작성하였다.

> (1) 교육은 지식의 축적이나 훈련, 조건화가 아니라 성장 및 발달이다.
> (2) 우리는 모든 교조주의에 반대한다.
> (3) 우리는 교육의 사회적·정치적 흐름 밖의 모든 교육적 환상을 배제한다.
> (4) 내일의 학교는 '일하는 학교'가 되어야 한다.

64_ 김명신, 『대안교육: 어제-오늘-내일』, 문음사, 2002, pp. 106-107.

(5) 학교는 아동 중심 교육을 실천하며 교사의 도움으로 아동은 스스로 인성(인격)을 만들어간다.

(6) 실험적 연구는 학교 현대화의 첫 조건이며, 이는 협동을 통해 이루어진다.

(7) 현대학교교사협의회의 교사들은 협동적 노력의 방향과 탐색에 있어서 유일한 책임자이다.

(8) 현대학교의 운동은 동일한 방향으로 가고 있는 여러 조직들과 협력적 관계를 유지하고자 한다.

(9) 교육부 및 기타 행정 부처와의 관계: 교사교육이나 국가 수준 또는 지방 수준의 교사 연수에서 교사운동의 협동적 활동 요구에 따라 우리의 활동을 조정할 수 있다.

(10) 프레네 교육은 본질적으로 국제적인 성격을 갖는다.[65]

농촌에서의 삶의 경험, 전쟁에서의 부상 같은 개인적인 경험, 당대의 신교육 등 새로운 교육에 대한 탐색, 당시 문명이 교육에 미친 영향력에 대한 비판적 관점과 사회정치적 참여에서 비롯된 비판의식의 형성은 프레네가 당대의 교육과 결별하고, 새로운 교육을 모색하게 한 중요한 계기로 작용하였다. 아동은 '채워야 하는 자루'가 아니라, 생명력과 실험하고 싶은 욕구, 알고 싶은 욕구, 소통하고 싶은 욕구, 표현하고 싶은 욕구, 더 높이 올라서고 싶은 욕구들로 가득 차 있는 존재다. 그리고 이 욕구들을 고립된 상태가 아니라, 자신이 봉사하고 자신을 섬기는 공동체 속에서 충족시키고 실현해야 한다. 이런 아동인식은 아동의 욕구들을 억누르는 대신 그 욕구들을 충족하게 하고, 실현시키는 방향으로 재편된 교육을 시도한다. 이런 존재적 특성을 갖는 어린이는 자신이 처한 물질적·시대적 조건을 살아간다. 이런 인식을 한 프레

65_ 황성원, 「프레네의 삶, 교육관, 수업사례」, 미발표 논문.

네는 다음과 같은 네 방향으로 자신의 교육학을 정립하고 실천했다.

(1) 개인들의 창조적 힘에 최대한 호소하는 협력적인 형태를 띤 일 공동체로
   서의 학교.
(2) 개인의 욕구에 더욱 잘 일치하고 개인의 생명적 힘의 가능성을 강화할
   수 있는 교육 실천.
(3) 삶 속에서 이루어지고 삶을 통해 이루어지는 교육.
(4) 개인이 어떤 교리나 지침의 명령을 기다리지 않고 스스로 방향을 설정
   할 수 있는 날카로운 비판의식을 소유한 자유로운 존재로 성장하게 하
   는 교육.[66]

프레네 학교는 다음과 같은 것을 지향한다.[67]

(1) 실제 삶과 주변 환경과의 소통과 접촉을 무엇보다 중시한다는 점에서
   삶과 연관된 교육
   자유표현(아침 담화, 자유 글쓰기, 신체적 표현), **예술적 표현**(수공예, 그림 그리기,
   음악, 연극, 영상자료 등), **소통**(통신자료, 학급문집, 학교/학급 간 교환 여행, 자유 연
   구 발표, 주변 환경 분석(나들이, 앙케트, 동식물 기르기, 언론비평, 경제현상 연구, 과학
   탐구 등).
(2) 협동체로서의 학교 운영
   민주적·협력적 방식의 학교/학급 조직(학업의 관리와 갈등 조정을 위한 학교협
   동체의 집회, 벽신문).
(3) 공동체와 협력의 틀 속에서 개인의 리듬과 책임에 따른 학습활동을 중

66_ 정훈, 앞의 책, pp. 50-100.
67_ 정훈, 앞의 책, pp. 228-229.

시한다는 점에서 개인의 자율성, 책임감, 사회성(협동성) 함양의 교육

자율과 책임에 토대를 둔 학습활동(학급용 학습 카드나 책자, 학습총서, 자기수정 카드, 학습활동 계획표), 협력과 소통에 토대를 둔 학습활동(자유 글쓰기, 학습인쇄출판활동, 학교 신문/문집, 학교 간 통신교류).

(4) 인간 진화에 내재된 모색하는 삶과 일 본성을 학습의 원리로 삼고 있다
는 점에서 일하기와 모색에 기초를 둔 학습

실험적 모색(사실과 의문스러운 상황에서 행하는 탐색으로 지식 습득), 합자연적 교육, 자유표현 등.

여기서 일은 이러한 네 가지 측면을 하나의 망으로 연결하는 핵심적인 요소다. 프레네 학교는 이 네 가지 지향의 실현을 가능하게 하기 위해 건축현장 같은 학교의 교육공간을 조직하고, 그 안에 갖가지 일하기 도구와 기술들을 마련해놓는다. 그리고 이 네 가지 지향을 가능하게 하는 도구와 기술은 자유로운 표현이나 자유로운 글쓰기의 사례에서 알 수 있듯 네 지향점 사이에 중첩되기도 한다. 프레네의 생산적 일 개념은 교육에 대한 그의 아이디어들의 초석을 이룬다. 그에게 일은 인간 활동의 토대이며, 인격의 발달은 생산적인 일의 결과로 일어나는 것이다. 이 네 가지 지향점이 결국 아동의 본성과 자발성을 강조하고 있다는 점에서 기본적으로 '아동 존중의 교육학'이라고 할 수 있다.[68]

프레네가 구상하였던 학교개혁의 방향은 크게 개방적이고 독자적인 사회주의적 사상 안에서 생각해볼 수 있다. 즉, 학교는 사회의 지배적인 계층에 의해 형성된 방향으로부터 벗어나 민족과 민중을 위한 학교로서 프롤레타리아의 자녀와 장애아를 위한 자리가 되어야 한다는 것이다. 그는 '자연'의

68_ 정기섭, 『아동 존중의 교육학』, 문음사, 2002.

가치를 매우 중시했는데, 그것은 유럽 여행에서 얻은 것도 있지만, 농부의 아들로 자라난 생활 경험에서 비롯된 것이기도 하다. 그가 말하는 '합자연적' 교수학습법은 생생한 삶으로부터 유리된 억지 교육을 거절하고, 대신 건강한 인간을 키우기 위한 것이었다. 따라서 중요한 것은 아이들을 경쟁과 투쟁의 자리에 내모는 기존의 방식 대신, 학교생활과 학습에서 연대성을 강조하고 공동 작업이 가능하도록 하는 것이었다. 그런데 개별적인 일과 협력적인 일의 균형을 잡고자 하는 프레네의 시도는 정통 사회주의 교육과는 약간의 거리를 두는 실험으로 보인다.

이런 맥락에서 그의 교육 실천에서 두드러지는 세 가지 주제가 특징을 이룬다. 학급(하나의 공동체이며 공동생활이 이루어지는 장소)의 인쇄작업[69]과 학급 교류(다른 학급과의 살아 있는 교류), 그리고 학급위원회가 그것이다. 자연적인 방식으로 이루어지는 자유로운 본문작업, 모둠활동, 개인과 공동 학습계획, 탐사와 프로젝트법들로 이루어진다. 학급위원회는 민주주의 연습, 즉 학급의 민주적인 공동생활 규칙을 학생들에게 연습하도록 하기 위한 것이다. 학급위원회는 영국의 '서머힐 학교'의 전형과 유사한데, 오늘날 정치교육의 훌륭한 자리인 '어린이공화국' 형식으로 지속적으로 발전되고 있다. 이런 시도를 통해서 프레네는 정치 현실을 비판적으로 볼 수 있는 어린이들의 안목을 키우려고 하였다. 프레네 학교는 변화하는 사회구조 속에서 공동생활과 정치적인 의사소통 및 결정과정을 위해 좀 더 설득력 있는 삶의 방식을 구현하기 위해 사회생활의 모든 주제를 학교의 주제로 삼고 있다.

69_ 프레네는 기성 가치체계의 각본에 따라 움직이게 하지 않고, 자유로운 비판정신을 억누르는 기존의 책을 치워버리고 스스로 생각하고 작업한 것을 내용이나 형식에 구애받지 않고 '입으로' '글로' '예술'로 자유로이 표현하도록 하는 '인쇄'를 중시하였다. 인쇄를 마친 본문은 완성본으로 교재로 쓰이기도 하고, 다른 학급과의 정기적인 교류를 위한 자료로 쓰이기도 한다. 본문은 지적 수업으로 그치는 것이 아니라, 사회적인 가치를 지니고 있어야 한다.

프레네가 생각하는 교육의 진정한 목적은 어린이를 사려 깊은 공동체 품에서 키우면서 그 인격이 최대한 폭넓게 자라나도록 하여 어른이 되어서는 조화롭고 균형 있는 사회 형성에 기여하도록 하는 데 두어야 한다고 주장한다. 교육의 목적이 목전의 이득이나 경제적 원리로 좁게 설정되어서는 안 된다. 그리고 전통적인 학교는 이미 규정되고 정돈된 지식체계를 전수하는 데 주된 목적이 있는데, 앞으로의 학교는 어린이를 공동체의 일원으로 인식하는 것을 중심으로 삼아야 한다. 지식 전수만을 위주로 하는 학교는 권위적이고 어린이를 배려하지 않는 학교로서 마땅히 비판받아야 한다. 이런 체제 속에서 어린이는 끊임없이 타자에 의해 규정될 뿐이다. 새로운 교육은 지식체계를 전수하는 틀을 벗어버리고, 그 대신 어린이를 학교라는 자리에서 어른과 관계하는 정당한 상대, 즉 공동체의 일원으로 여겨야 한다. '어린이의 필요'를 인식하는 것은 새로운 관점의 출발점이다. 어린이의 필요는 교육을 어린이의 삶의 기초적 욕구와 필요 그리고 어린이를 사회공동체의 일원으로 보는 통합적 관점을 가진 데서 출발하려는 페스탈로치의 인간이해[70]와 관련이 있다.

모든 상황에서 어린이의 인격이 자유롭게 전개되도록 돕는 것이 중요하다면, 그들의 한계를 인식하는 것도 중요하다. 그래서 프레네는 '서로 돕고 함께 책임을 지며' 사는 삶의 원리를 학교에서 구현하도록 했다. 학교에서 날마다 마주치는 일상사는 이미 진지성을 함축하고 있다. 공동체를 교란하는 행위는 밖으로부터 개입하여 적절히 교정해야만 한다. 이 역할은 교사가 맡는다. 또 공동체를 형성하기 위해 긴요한 것은 '비판 능력'이다. 다만 이것

70_ 페스탈로치에 있어 어린이에게 필요한 욕구는 억눌려야 할 것이 아니라, 흡족하게 채워져야 할 무엇이다. 여기서 감정과 정신이 건강하게 자라날 기초가 쌓이기 때문이다. 그리고 어린이를 사회공동체의 일원으로 보는 것은 어린이 중심 교육으로 경도되는 것을 넘어 어린이의 사회적 연관성을 부각하는 것이다.

은 단순한 비판이 아니라, 어떤 경험과 사실에 입각한 것이지 않으면 안 된다. 그래서 한편으로 타자의 의견을 경청하도록 하고, 다른 한편에서는 자유롭게 의견을 개진할 수 있는 권리를 준다. 프레네는 이를 위해 현실을 비판적으로 관찰하고 분석하도록 하였다. 자유롭게 실험하고, 가설을 설정해 놓고, 오류에 빠져보기도 하되 그것 때문에 책망을 받는다든지 하는 일은 없게 된다.

프레네 학교가 실천한 민주주의를 위한 시민교육은 민주주의, 협력, 소통, 공적인 가치를 존중하면서 공립학교 학교공간을 하나의 협동체처럼 운영하는 것을 목표로 하고 있다. 학교구성원(교사와 학생, 학생과 학생 사이 등)의 상호 신뢰, 책임감, 협력 등을 기반으로 공동의 문제를 토론하고, 의사결정을 위해 정기적으로 만나는 회의를 통해 자치의 형식으로 풀어가면서 규칙을 정립해나가는 민주주의 학교를 이상으로 하고 있다. 벽신문, 집회, 학급 나들이 등 함께 작업하는 동반자로서 교사와 학생 관계를 맺어가는 것, 모든 학교구성원이 참여해 학교생활을 공동으로 조정하고 운영하는 것, 협력적인 일을 매개로 규율을 형성하는 것, 타 문화와의 자발적인 교제를 촉진하는 것 등은 민주적 공동체로서의 학교를 건설하는 중요한 원리이다.

프레네가 강조하는 학교협동체의 협력과 민주적 가치 속에서 개별화된 교육은 시장주의적 공교육 개혁운동에 대한 문제제기로서 민주적 공동체로서의 또 다른 학교 재구축 방안을 제시하고 있다. 시장주의적 공교육 개혁운동은 소비자의 관점에서 수월성에 지나치게 초점을 맞추고 있다고 비판하고, 공공재로서의 공교육을 근본적으로 허무는 위험한 실험이라고 질타하며, 그 대안으로 민주주의를 위한 시민교육 기관이라는 학교의 새로운 상을 설정하고 있다. 현실사회주의의 붕괴 이후 효율과 경쟁을 강조하는 사회와 학교의 기준이 압박을 가하는 현실임에도 불구하고, 공교육에 대한 프레네의 비판은 여전히 영향력을 미치고 있다. 어떤 학교는 한 학년이나 몇 개

학년을 프레네 식으로 바꾼 경우가 있는가 하면, 기존의 학교 자체를 아예 통째로 그렇게 만든 경우도 있다. 프랑스에는 약 100여 개의 공립학교에 프레네 교사로 이루어진 학교운영위원회가 있고, 약 500군데의 학교에 프레네의 교육사상이 영향력을 미치고 있다.[71] 이들 모두 '작은 학교' 내지 '마을 학교'이다.

프레네는 학교교육을 획일적 지식 습득에 국한하지 않고, 학생이 자발적으로 학교문화를 수용하도록 교육환경이나 교과과정에서 학생 중심의 학교문화를 주창하였다. 학교문화의 주체는 학생이며, 기존의 학교문화가 상류계층 중심이었다면, 이제는 시골 농민을 위한 문화여야 한다고 주장하였다. 그는 농촌 마을의 노동자, 농민, 가내 수공업자, 상인들의 문화를 학교에 반영해야 한다고 하였다. 그래서 교육 내용이나 방법에서 추상적인 지식보다는 실용적이며 구체적이고 수작업이 주된 학교문화를 구성하고자 하였다. 뒤르켐이 주장했던 학교교육을 통한 사회의 보존 기능이 학교가 수행하는 기능의 전부가 아니며, 더 나아가 학교를 개혁하는 기능을 해야 한다고 프레네는 보았다. 그는 노동자와 농민을 위한 사회를 건설하기 위해 '학교로부터의 혁명'을 주창했다. 미래의 이런 사회를 위해 현재의 학교는 변화되어야 하며, 이로써 학교는 모든 사회 변동의 출발점이 되어야 한다고 보았다. 이런 관점에서 프레네는 '민중학교'를 건설해야 한다는 교육사상을 견지하고 있다.

프레네는 공교육을 벗어난 대안학교가 아니라, 공교육제도 '안에서' 부분적으로 혹은 전적으로 이루어지는 대안교육 모델을 이상으로 제시하고 있다. 공교육제도 안에서 학급 운영을 새롭게 하기 위해 수없이 많은 사례를 발전시키거나, 개방된 형식의 학급 운영을 모색하기 위하여 상당수의 응용

71_ 송순재, 앞의 책, p. 99.

된 형식을 개발할 수도 있을 것이다. 특정한 대안학교를 설립하기보다는 기존 학교를 개혁하거나 학급 상황을 개선하는 데 초점을 맞추고, 특히 공동 학습활동을 강조하였다. 프레네 학교는 교실에서 전통적 방식을 되풀이하는 대신 각 아동이 자기 리듬에 따라 배우고, 모둠을 통해 자기 힘으로 지식을 발견하는 생기 있고 세상과 통해 있는 교실 환경을 원한다. 그리고 아이들이 배움의 틀 속에서 다른 아이들뿐 아니라 교사와의 관계 속에서 존재하도록 학급의 생활을 변화시키기 원한다. 또 경쟁에서 패배한 이들, 다시 말해 약자, 결손가정의 아이들, 노동자와 실업자의 아이들, 이민과 망명자의 아이들을 받아들이는 프레네 학교는 교사와 학생의 공동적 유대를 통해 해결하고자 하였다. 빈민 아동들에 대한 사랑과 절망적이었던 공교육체제 안에 뿌리박고 도도히 세파를 헤쳐나가려 했던 프레네의 의지와 삶의 자세는 오늘날 우리에게 감동을 안겨준다.

8) 프레이리: 비판의식의 함양

저개발과 반민주로 얼룩진 브라질에서 태어나 문맹 퇴치 교육운동을 펼치며 억압받는 민중의 사회적·정치적 각성을 위해 싸운 민중교육자이고, 교육철학자이며, 사회운동가인 파울로 프레이리(1921~1997)는 1970년대 후반 이래 한국의 많은 학생들과 노동자들에게는 결코 잊혀질 수 없는 사람이다. 사회 정의와 변혁을 위한 민중의 의식화에 커다란 영향력을 미쳤던 지하서적이 바로 『억눌린 자의 교육학』(Pedagogy of the Oppressed, 이하 『페다고지』)이다. 1964년 4월 브라질에 쿠데타가 일어나자 해외로 추방된 프레이리는 16여 년의 기나 긴 망명생활을 시작했다. 망명 기간 동안 그는 성인들을 위한 문맹 퇴치 교육활동을 계속했고, 그 결실로 그를 세계적으로 유명하게 만든 민중의 성인교육을 위한 『페다고지』를 출판했다.

민주화 이후 고국으로 돌아온 프레이리는 상파울로 가톨릭 대학과 캄피나스 주립대학에 교육학 교수로 복직하면서 연구와 사회활동을 겸하게 된다. 1989년 1월, 민주진보 세력과 노동자당Worker' Party을 건설했고, 노동자당의 승리로 상파울로 시의 교육감이 되었다. 이제 자신의 전문적 식견을 교육행정으로 투영하여 실험하고 실천에 옮길 수 있는 기회를 맞은 것이다. 그가 가장 관심을 기울인 교육정책은 학교의 얼굴을 바꾸는 것이었다. 교육감으로 취임한 프레이리는 하루 600여 건에 달하는 결재 서류에 서명하는 관행을 관료주의 전형이라고 비판하며 이것부터 시정했다. 동시에 기존의 제도교육을 탈형식화하고 탈관료화하고자 했다. 교육환경 개선에도 심혈을 기울였다. 당시 공립학교 중 390여 학교가 빗물이 새거나 지붕이 붕괴될 위험마저 있는 헛간이나 다름없었는데, 이런 환경에서는 교육이 제대로 될 수 없다고 보았기 때문이다. 취학 적령기인데도 학교교육을 받지 못하는 아이들과 학교 탈락자들을 위한 복지 대책을 마련했고, 특히 가난한 사람들을 위한 성인교육을 서둘렀다. 프레이리는 학교를 재건설함으로써 그 학교를 지역사회로 돌려주어야 하며 비혁명적 상황에서도 여전히 '혁명적 교육학'이 필요함을 역설했다.

프레이리가 교육감이 된 시기는 브라질에서 민주정부가 출현하고 독일에서 베를린 장벽이 무너지고 동구 사회주의가 붕괴될 무렵이었다. 그는 참여적이고 급진적인 민주주의에 특별한 관심을 보였고 자신의 사상을 학교제도에 접목시키려고 했다. 자본주의 학교보다는 민중적 민주학교를 새로운 학교의 모델로 창안하여 교육현장에 구현하려고 했다. 정보의 양에 의해 사람의 질을 평가하는 자본주의 학교가 아니라 계층연대를 통해 사람의 질을 평가하는 '민중학교popular school'의 설립을 대안으로 제시했다. 민중학교를 통해 국가가 지원하고 통제하는 학교교육 속에서 억눌린 자에게 권력을 넘겨주기 위한 시도를 했다. 이를 위해 프레이리는 학교 구성원이 직접선거를 통해 학교장을 선출함으로써 학교에 대한 책무를 지는 참여민주주의 원리에 입각한 학교 민주화 사업을 구상했다. 학교장 직선제는 언제든지 학교현장의 기초단위에서 대표자를 교체할 수 있는 가능성을 열어주고, 교육과정의 결정과 학교행정 등을 공유할 수 있도록 하는 민주주의 모형이다. 이런 민주적 역할과 책임을 구성원들이 직접 공유하는 평등적이고 참여적인 관계모델을 학교 구성원들이 모두 가질 때 '직접적 책무성'이 발휘된다고 보았다. 그러나 프레이리의 구상은 1991년 노동당과 결별하고 사임하면서 중단된다.

1990년 대학에서 정년퇴임한 프레이리는 1993년에는 노벨평화상 후보에 오르기도 했다. 1992년에는 『희망의 교육학』을 출판하는데 『페다고지』와는 자못 다른 관점을 보인다. 『페다고지』에서는 억압된 현실을 자각하는 것을 매우 강조했는데, 『희망의 교육학』은 민주화 이후에 군사정권 하에서 내면화된 독을 해독하는 심리치료가 더 필요하다는 것을 강조하고 있다. 남미의 민주화 과정을 통해 선출된 브라질의 콜로르 대통령이 부패에 연루되고 폭력의 조짐이 있었으면서도 군부가 재등장하지 않은 것은 권력에 대한 논의가 공공연하게 이루어지고 있기 때문이라는 것이다. 그는 권력 구조의 굴곡과 언론재벌의 위력 등 억압의 질곡 속에서도 계몽의 교육, 이성의 교육에 대한 희망을 기대하고 소비문화가 팽배한 현대사회 속에서도 문화적 해방에 대한 희망을 포기하지 않았다.

프레이리는 동구사회주의 몰락(1989년) 이후 혁명적 마르크스주의와 사회주의가 라틴아메리카 사회의 대안이 될 수 없다고 보고, 1980년대와 1990년대의 새롭게 변화한 상황에 직면하여 '혁명'보다 '민주주의'에 대한 관심, 특히 보비오Norberto Bobbio 등의 '사회민주주의'에 특별한 관심을 보였다. 그는 새롭게 관심을 보인 사회민주주의와 참여민주주의를 이론적으로 뿐만 아니라 실천적으로 착근시키려고 노력하면서 혁명적 담론을 민주적 담론으로 전환한 '신사회 운동'에 더욱 관심을 보였다. 핵심적 이념으로서 대중적 권력을 향한 급진적인 민주적 개혁을 위해 노동자계급 지향적 정치구성체에 기반을 두면서 관료주의와 권위주의를 극복하려 하였으며, 그 대안을 '급진적 민주주의'에서 찾은 것이다.

프레이리는 말년에 이르러 엘리트적이고 권위주의적인 정부가 학교의 자율성을 침해하는 것에 대해 '포스트모던한 자유주의'와 '포스트모던한 진보주의' 사상을 수용한다. 역사에 민감하고 역사 그리고 그것과 더불어 살아가는 유권자들이 꿈꾸는 역사를 고대하는 포스트모던한 자유주의와 진보주의를 적극 옹호한다. 사회계급, 꿈, 유토피아 등을 사라지게 하는 이데올로기 종언을 선포하고, 공공행정을 정치성과 이데올로기를 제거한 순전히 기술적인 문제로 만드는 반동적인 포스트모더니티를 거부하였다. 생산성과 효율성, 투명성 등을 중심으로 이윤추구를 목적으로 하는 '민영화' 논의에 대해서도 매우 비판적이었다. 그는 기술적이고 경쟁력 있는 담론만을 요구하는 '신자유주의'에 대해 강한 거부감을 보인다. 유능한 사람들은 세상을 조직하는 반면, 무능한 사람들은 목숨만 유지하게 할 뿐인 신자유주의 담론은 인구의 3분의 1한테만 이익이 돌아가게 한다고 보았다. 많은 신자유주의자들이 교육을 보수적으로 길들이기 위해 프레이리의 자유와 대화의 교육을 이데올로기적 함의(해방교육의 의미)는 제거한 채 방법론적으로 사용하는 것(구성주의 교육방법 등)에 대해 강하게 비판한다. 지나친 확신이 강한 절대주의적 경향을 갖는 급진 좌파주의에 대해서는 분파주의와 권위주의적이고 심하게는 종교적 색채까지 띠기에 위험하다는 생각을 한다. 어제의 진보주의자가 오늘날 반동주의자로 돌아서는 사태를 유감스럽게 보았다.

프레이리 교육사상의 흐름을 유추해보면 전기 사상에서 억압에 대결하는 네거티브한 비판을 주로 한 전투적 의식화론이 중심을 이룬다면, 후기 사상에 이르러서는 오랜 폭력이 개인의 의식에까지 내면화한 억압성을 치유하는 것과 평화론이 중심을 이루는 시대의식의 변화를 보인다. 또 권위주의적 담론을 넘어서기 위해서는 다원적 목소리를 들을 수 있는 대화적 태도 훈련이 필요하며, 학습자에게 설득적인 목소리를 낼 수 있는 내면적 변화를 시도해야 한다고 본다. 이러한 변화는 프레이리가 처한 존재조건의 변화에 따른 결과이며, 시대상황의 변화에서 비롯된 결과일 것이다.

프레이리는 공부를 잘하려면 잘 관찰하고, 잘 비교하고, 잘 추론하고, 잘 상상하고, 학생들의 감성을 자유롭게 해야 하며, 관찰하고 추론한 것을 수정하고 검증하기 위해 대화를 나누어야 하며, 이를 위해 타인을 신뢰하는 마음이라는 기본적 태도를 갖추어야 한다고 주장한다. 인식론적 호기심, 대상과 '적절한 거리 두기'를 통해 그 대상의 베일을 벗기려는 의도가 있어야 한다. 동시에 즐거운 마음으로 대상에 '접근하는 것'만이 텍스트를 제대로 이해하는 시작이다. 앎의 과정인 공부는 특정 대상에 대한 인식론적 호기심, 감동, 정서, 기억, 감정 등 총체적인 의식적 자아를 확장하는 과정이다. 이렇게 공부를 하면서 비판적인 마음뿐만 아니라 동시에 감정, 직관, 정서를 필요로 한다. 이 일을 위해 배움의 주체인 학생에게 위험을 감수하고 도전할 것을 요구한다. 도전하고 위험을 무릅쓰지 않으면 창조나 재창조를 할 수 없다. 그러기에 공부하는 일은 외부의 강제를 벗어나는 최소한의 자유를 보장하고 확대하여야 한다. 외적 강제로부터의 자유가 없다면 비판적인 공부를 할 수 없다. 동시에 비판적 공부는 내부적으로 엄격한 규율을 요구한다. 이 규율은 우리 내부에 형성해야 한다. 때문에 공부하는 일은 많은 노력을 필요로 하는 고된 일이다. 공부하는 과정에서 우리는 고통, 즐거움, 승리감, 패배의식, 회의, 행복감 등을 느낄 것이다.

교육은 대화를 통해 세계를 건설하고, 재창조하고, 인간화하는 역사의 과정이다. 그런데 기존의 대화 방식은 공허하고, 안이하고, 다만 느낌이 좋은 것으로 전락하여 단지 개개인의 생생한 경험 정도로 격하되었다. 그래서 공부해야 하는 지식의 대상을 올바로 보지 못하게 하고 있다. 경험은 심리학적 용어가 아니라 반성적 사고와 정치적 실천으로 구성된다. 경험을 공유하는 과정인 대화법이 개인심리학에 초점을 둔 집단치료법으로 전락해서는 안 된다. 경험의 공유란 억압구조와 억압기제를 해체하기 위한 정치 프로젝트와 관련되어 있다.

프레이리는 교육자란 강요할 수 있는 권리를 갖지 못하며, 강요는 명령이고, 명령은 조종이고, 조종은 결국 아동의 물질화·비인간화를 의미한다고 비판한다. 이어서 그는 제3세계에서 억압당하고 착취당하는 민중의 해방을 추구하면서 민중 스스로 주체화되는 교육방법을 제시한다. 프레이리는 미리 만들어진 답안을 외우기만 하고 축적만 하는 은행저축식 교육과 대비되는 학습 양식으로서 '문제제기식 교육(problem-posing education)'을 제안한다. 문제제기식 교육은 문제의식을 매개로 하여 교육자가 피교육자와 협동하여 현실 세계를 함께 인식해가는 교육을 말한다. 그것은 일방적인 주입을 거부하고 교류를 만들기 위한 것으로서 대화를 통해 학생인 동시에 교사인 '학생', 그리고 교사인 동시에 학생인 '교사'를 등장시킨다. 그리고 그들은 모두가 성장하고 있는 과정에서 공동으로 책임을 지게 된다.

따라서 '침투extention'가 아니라, '대화communication'가 중요하다. 침투를 위한 지시는 전달, 건네줌, 수여, 교도, 기계적인 이동, 구호, 조작, 독단, 문화적 침략 등과 관련되어 있다. 이런 관련어는 자신의 세계를 타인이 닮게 하고 순응시키는 길들이기 행위이며 학생을 백지 상태라고 보고 선전하는 행위이다. 이런 방식은 소통하는 행위가 아니다. 대화는 무조건 강제로 공부하도록 하거나 교과서에 복종하도록 하는 과정이 아니다. 대화는 단순히 관점을 교환하는 것이 아니라, 서로 소통하는 행위이다. 대화는 자발성과 권위가 극단으로 나뉘어 있지 않고 적절하게 결합된 상태이다. 대화는 현실의 한

계상황을 분명하게 인식하고 연대를 확보하는 것이다. 대화는 억압적 조건과 지식이 결합된 교육 내용을 비판적으로 인식하는 중요한 매개자이다. 대화는 인간의 존재론적 표현이면서 동시에 정치적 질서의 역사적 물음으로부터 시작된다. 대화 없이는 인간적일 수 없고, 역사를 담지할 수 없다. 대화는 인간과 세계의 관계적 변화이며, 세계 내에 존재하면서 세계를 변혁해나가는 인간을 발견하는 의미를 지니고 있다.

프레이리가 가장 핵심적 개념으로 사용한 '억압oppression'은 폭력을 유발하는 부당한 질서의 내면화된 의식의 결과이다. 억누른 자와 억눌린 자들 양자에게 똑같이 영향을 미치는 비인간화의 총체이며 '길들이기'이다. 이런 비인간화의 길들이기에 순응하지 않고 의식의 눈을 떠 자신을 찾는 것이 '의식화'이다. 사람이 억압의 힘에 더 이상 먹이가 되지 않으려면 거기에서 탈출해서 그 힘에 항거해야 한다. 그것의 처음은 '왜'라는 질문에서부터 시작하고, 근본적으로 이러한 과정은 '사랑'의 행위이며, '용기' 있는 행위가 된다.

『페다고지』의 하나의 핵심 개념은 '의식 각성conscientization'이다. 의식 각성은 의식을 발달시키는 과정이면서 동시에 현실을 변혁하는 의식적 힘이다. 의식 각성은 단순히 현실을 반영하는 복사물이 아니고, 그것을 재성찰하는 의식이다. 의식 각성은 억압적 현실에 길들여진 순종 의식에 눈을 뜨고 각성을 하게 되는 의식이다. 인간이 되는 것을 방해하는 비인간화는 책임 있는 인격체로서 자아실현이 방해되는 상황이다. 비인간화는 소외와 지배로 얼룩진 현상유지의 구체적 표현이다. 지배집단의 의식을 길들이는 교육이다. 인간의 최고 목표는 소외와 지배를 벗어나는 해방의 과정을 위한 인간화이다. 인간은 동물이 아니고 사람이기 때문에 사람이 되기 위해 인간화는 존재론적 차원과 사회정치적 차원 모두를 중시한다. 상실한 인간성을 회복하고 불의가 제거되는 이중의 과정을 요구한다.

교육은 사회모순 관계를 감지하는 것으로서 정치적·경제적·이데올로기적 맥락을 깨닫도록 해야 한다. 의식 각성은 현실을 변혁하는 '앎의 행위'이면서 동시에 '행위의 수단'이다. 의식 각성은 인간이 단순한 수용체 또는 객체가 아니라, 인식의 주체로서 그들의 삶을 형성하는 사회문화적 현실과 그현실을 변혁하는 능력에 대한 이해를 심화시켜나가는 '각성'의 과정이다. 억압적 이성을 벗겨내고, 복종의 세계를 초극하기에 이것은 교육의 정치학인동시에 해방의 교육이다. 의식 각성은 분개할 수 있는 능력을 키우는 교육인동시에 자유를 경험케 하는 교육이다. 분노와 희망을 함께 갖게 하는 교육이다. 진정한 도덕성은 사회 정의를 깨닫는 의식화 교육에서 시작되며, 이것을 풀어가는 방식은 희망을 바탕으로 한 유토피아 교육이어야 한다.

프레이리는 사회적 변혁보다 문화적 변혁, 즉 의식의 변혁을 통한 의식화교육을 중시한다. 사회적 변혁은 분명 억압적 사회현실의 변혁이며, 이것은사회에 대한 의식의 급진적 변혁을 통해 가능하다. 급진적인 의식 변혁은 교육을 통해 가능하다. 물론 변혁은 '역사적 사회적 과정'으로 파악할 때 근본적인 사회적 변혁이 가능하다. 이러하기에 의식 각성을 위한 교육은 '교육이중립적이지 않다'는 명확한 인식을 함으로써 시작된다. 교육은 중립이 될 수없는 명백한 정치적 과정이다. 중립성은 정말 해방을 가로막는 민중을 길들이는 이데올로기적 기제이다. 교육은 중립적이어야 한다는 거짓 신화를 유포하는 침묵 문화는 민중이 세계의 형성자이자 주체자의 역할을 자각하는것을 가로막는다. 따라서 교육은 사회변혁을 향한 명확한 목표와 방향을제시해야 한다.

억압자들은 사회의 급진적 변혁을 가능하게 하는 의식의 태동을 가로막고, 변혁적 의식을 태동시키는 교육체제를 허용하지 않는다. 그러면 어떻게사회의 급진적 변혁을 가능하게 할 것인가? 일반적으로 억압자들은 권력을유지하는 억압의 중심지에 '은행저축식 교육' 방식을 취한다. 비판적 의식 함양을 위한 교육은 그런 방식을 거부한다. 은행저축식 교육은 교사는 교육과정의 주체로 학생은 객체로 본다. 교사는 학생을 마치 정보로 가득 채워야 할 백지로 보고 가르칠 내용을 일방적으로 예탁하는 것이다. 가르치는 자 중심의 교육을 극복하기 위해 프레이리는 자신의 독특한 교육방법인 대화식 교육을 제창한다. 대화식 교육은 흔히 교수학습 방법론에서 보는 기술적 교육방법론이 아니라 변혁을 지향하는 '해방적 교육'이다. 서로의 경험을 단순히 교환하는 대화는 변혁적 대화가 아니다. 변혁적 대화는 억압의 현실을 변혁하는 대화여야 한다. 공부하는 일은 교사의 입장에서는 가르치는 일을 포함하지만, 가르치기 전에 그리고 가르치면서 배우는 것도 포함한다. 공부하는 일은 또한 장차 가르칠 준비를 하거나 현재 좀 더 가르치기 위해서 자신들의 지식을 재창조하는 학생들, 혹은 학교교육을 처음 시작하는 아동에게도 일어나는 것이다.

배움, 즉 공부를 위한 개인적인 준비가 비판적이고 창조적이며 재창조하는 활동보다 앞서 일어나야 한다. 참다운 공부(배움)는 단순히 지식을 축적하는 은행저축식 교육이 아니라, 소통을 위한 문제제기식 교육(배움)이다. 프레이리는 교육의 궁극적 목적이 인간해방임을 알리고 이를 실천한 교육사상가이다. 그의 교육사상은 가난하고 억눌린 사람들의 입장에 서 있었다. 경제적으로 무력하고 정치적으로 소외된 사람들의 상태를 '침묵의 문화'라고 규정한 그는 그러한 문화를 영속화하는 역할을 하는 교육제도를 대화의 교육과 인간화 교육으로 대체하는 싸움을 계속했다. 기존의 교육을 사회의 질서에 순응하게 하는 지식 축적 교육이라고 비난하고 대신 억압적 현실에 대해 비판적 의식을 갖는 문제제기식 교육을 주장했다. 비인간화된 사회에서 교육이 인간화 운동을 맡아야 한다고 믿은 프레이리의 인간해방 교육사상은 대화와 토론을 통해 가난한 민중들이 자신의 눈으로 현실세계를 바라보게 하는 해방의 교육학에 기반하고 있다.

(1) 교사는 가르치고, 학생들은 가르침을 받는다.

(2) 교사는 모든 것을 알고, 학생들은 아무것도 모른다.

(3) 교사는 생각하고, 학생들은 생각의 대상이 된다.

(4) 교사는 말하고, 학생들은 얌전하게 듣는다.

(5) 교사는 훈련시키고, 학생들은 훈련받는다.

(6) 교사는 자신의 선택을 강요하고, 학생들은 그것에 동의한다.

(7) 교사는 행동하고, 학생들은 교사의 행동을 통해서 행동한다는 환상을
    갖는다.

(8) 교사는 지식의 권위를 자신의 직업상의 권위와 혼돈하여 그 권위로써
    학생들의 자유를 억압한다.

(9) 교사는 학습과정의 주체이고, 학생들은 단순히 객체일 뿐이다.[72]

함께하는 대화는 세계 속에서 자기 존재를 인식하는 소크라테스적 대화
이다. 소크라테스는 대화를 오랫동안 잊혀진 사상을 되찾는 초보적 도구
로 사용하고 있다. 대화를 통한 인간해방을 지향하는 민주적 교사는 학생
들로 하여금 "나는 생각한다, 고로 나는 존재한다"는 데카르트의 이성적 어
법으로부터 "우리는 생각한다, 고로 우리는 존재한다"로, 인간이 사회적·정
치적 동물이라는 아리스토텔레스의 인식 전환을 시도한다. 혼자서는 생각
할 수 없고, 잘 알 수도 없기에 둘 이상이 대화를 통해 우리를 형성한다. 따
라서 "나는 안다, 고로 나는 존재한다"는 피아제의 인지발달심리학 어법은
"우리는 안다, 고로 우리는 존재한다"는 비고츠키의 사회적 구성주의 어법
으로 발전한다. 의사소통 행위가 성공적이기 위해서는 상호 소통하는 주체
들 사이에 조화의 과정이 있어야 한다. 결국 교육은 의사소통이고 대화이

72_ P. Freire, 남경태 옮김, 『페다고지』, 그린비, 2002. pp. 91-92.

다. 교육은 단순히 지식이 이동하는 것이 아니라, 아는 것과 생각하는 것의 대상의 의의를 탐구하는 대화 속에서 주체들 간의 만남 속에서 이루어지는 과정이다. 의사소통을 하는 주체들에 의해 '대상 속으로 들어가는' 것이다. 교사가 단순히 학생들에게 성명서를 읽듯 하는 선전의 과정이 아니라, 알아가는 주체들 사이에 앎의 행위를 재구성하는 과정이기에 문제제기적이지 않을 수 없다.

프레이리는 실천이 이론 없는 행위로 협소화하는 것을 막고, 성찰과 이론이 부재한 행위action와 차별화하기 위해 '이론적 실천'의 의미를 갖는 '프락시스'를 매우 중시한다. 이론은 실천을 숙고하게 한다. 실천을 숙고함으로써 더 잘 생각하고 더 잘 실천하는 방법을 배운다. 프락시스는 실천을 비판적으로 반성하는 것을 내포하며, 이론과 실천의 변증법에 기초를 두고 있다. 프레이리의 비판적 교육학은 말과 실천이 일치되는 사고와 행동의 총합인 프락시스를 지향한다. 사고의 포기는 반성이 배제된 채 무조건 따르는 행동주의activism 경향을 보이고, 행동의 포기는 말만 하는 언어주의 경향을 보인다. 화이트헤드가 지적하듯 '말로만주의verbalism'는 '나는 의심한다'가 아니라, 단순히 '나는 한다'는 무기력한 이념일 뿐이고, 살아서 꿈틀거리는 교육이 되지 못한다. 전통적 교육과정은 소리만 높은 어귀에 대한 순진무구한 의존, 기계적 암기 치중, 추상적 경향은 대화와 탐구, 조사 등 민주적 경험을 결핍하게 만든다.

이런 연장선이라면 사회적 모순과 대결하며 역사를 전망하며 교직생활을 하는 진보적 교사나 교수, 그리고 모순된 사회현실과 대결하며 소외를 극복하는 노동자는 '이론적 실천가'로 명명할 수 있다. 또 관념적 유희만을 일삼는 교실의 말장난에 머물지 않고, '실천적 앎', 즉 '지혜wisdom'를 체득한 교사라면 '실천적 이론가'로 부를 수 있을 것이다. 이론적 실천과 실천적 지혜라는 말은 사실 아리스토텔레스에게서 빌려온 것이며, 역사적 현실과 투쟁하는 마르크스와 접목시켜 '역사적 프락시스'로 발전한다. 프레이리는 인간과 세계를 분리 고립시키는 것이 아니라, 인간과 세계를 결합시키는 문제 인식을 갖고 이론적 실천을 하도록 하는 교육을 지향한다. 지식과 권력의 유착을 차단하면서 역사적 현실 속에서 지식과 교육이 결합하는 유토피아를 고대한다. 프락시스적 교육은 이론과 실천의 모순을 직접적으로 실험하고, 성찰을 통한 '앎knowing'과 행위를 통한 '있음being'이 극단화되지 않는, 즉 인식론과 존재론을 변증적으로 통합하는 학습을 지향한다. 이러한 변증법에 터한 학습방식(학생들의 교실 학습이나 교원연수 방식 등에서)은 자신의 실천을 해명하고, 오해와 오류가 발견되는 것을 반성하고 숙고하는 것에서부터 출발한다. 이론의 렌즈를 통해 실천의 지평을 새로이 해석하고 숙고하는 과정은 실천의 지평을 새롭게 확대할 수 있는 기회를 갖게 된다.

열린 사회의 건설을 위해 민주적 학교를 건설해야 한다. 시민사회는 좀 더 평등하고 공정한 민주주의 사회를 원한다. 민주주의는 시민사회를 건설하는 것이므로 학생의 입을 막는 교육은 민주주의가 아니다. 민주주의 교육은 토론을 즐긴다. 또한 사회와 경제에 참여하는 것을 중시하며, 사회적 모순에 대해 싸울 줄 아는 능력을 기른다. 학교는 민주적 성향을 쌓고 만들어내는 공간이어야 한다. 민주적 성향이란 호의가 아니라, 의무로서 타인의 이야기에 귀 기울이고 그들을 존중하는 성향, 다수의 결정을 따르되 소수의 다른 의견을 표현할 권리를 인정하는 성향, 우리들 사이에서는 사적인 일로 다루어지지만 실제로는 공적인 그 문제를 존중하는 성향이다. 민주적 학교는 민주주의의 부정, 자유의 부정, 타인의 권리 부정 등이 가득 찬 권위주의적 학교의 성질과는 정반대편에 있다. 민주적 학교는 구체적인 맥락과 학교의 관계를 학습할 수 있는 구조를 갖추어야 한다. 학교는 이론적 맥락과 실천적 맥락이 동시에 이루어지는 프락시스의 장이기에 가정이나 사회에서 일어나는 구체적 일에 대해 적어도 민주적인 학교라면 학교 자체를 알기 위해

겸손해야 하며, 때로는 전혀 학교를 다니지 못한 사람들한테서도 배워야 한다. 우리가 진정 필요로 하는 민주적 학교는 교사는 가르치기만 하고, 학생들은 배우기만 하며, 교장이 전권을 행사하는 그런 학교가 아니다.

교사들은 반동적 교사와 진보적 교사로 나뉜다. 진보적 교사는 민주적 교사로서 대화를 사랑하는 교육을 한다. 온갖 사회현상에 대해 민감하고 반응하는 교사가 대화적 교사다. 민주적 학교를 만들어가는 진보적 교사는 학생들을 더 잘 이해하고, 그 학교의 교수활동을 더 잘하기 위해 학생들이 처해 있는 맥락의 현실에 항상 주의를 기울여야 한다. 학습자들의 조건을 존중하기 위해서는 학생들이 살고 있는 세계의 구체적 조건을 알아야 한다. 학생들의 구체적 조건(현실)을 안다는 것은 교육 실천을 하는 교사들에게 당연히 부과되는 과제이다. 이런 노력 없이는 학생들의 사고방식을 알 도리가 없고, 학생들이 무엇을 어떻게 알고 있는지를 밝히는 데도 상당히 어려움을 겪는다. 민주적 교사는 학습자들에게 귀 기울이고 그들과 더불어 이야기하는 것을 배움으로써 학습자들이 교사에게도 귀 기울이도록 가르친다. 교육자와 학습자가 말하고 목소리를 내고 비판적 대화를 할 권리가 방해받고 있다면, 발언의 권리를 지키기 위한 싸움에 다양한 방식으로 참가하지 않는다면 어느 누구도 민주적으로 발전하도록 이끌 수 없다. 교실에서 학습자의 자유가 무질서로 빠져들지 않도록 할 한계가 필요하듯이 교사와 학습자의 발언권이 터무니없는 쪽으로 흘러가지 않도록 하는 윤리적 한계가 필요하다.

진보적이고 민주적이며 행복하고 능력 있는 민주적 학교를 건설하기 위해서는 의식적인 몸과 세계 간의 모든 관계가 종합되어야 한다. 민주적 학교는 자유와 권위를 잘 조화하는 입장을 취한다. 권위의 움직임이 너무나 강력하면 '아니오'라고 할 수 있는 자유의 운동을 왜곡하거나 그 역동성을 완전히 상실하게끔 하고 만다. 또한 자유의 움직임이 너무나 강력하면 자유를 행사할 수 있는 근거가 되는 권위의 울타리 자체를 부정하고 만다. 따라서 자유와 권위를 조화시키는 민주주의는 해야 할 것과 하지 말아야 할 것, 권위와 자유, 규율이 없는 것과 강제적인 규율 부과 사이의 변증법을 요구한다. 해야 할 것과 하지 말아야 할 것 사이의 기준을 설정하고, 책임과 의무, 권위주의와 방임 어느 쪽으로도 흐르지 않고 권위와 자유의 긴장을 지키도록 하는 것이 규율이며, 학생들이 이런 규율을 주체적으로 형성하도록 해야 한다. 민주적 학교는 절제하고, 행위할 때 규율을 세우고, 공부에 적합한 규율을 세우고, 몸을 돌보는 일 등을 소홀히 해서는 안 된다. 자유는 결국 권위를 내면화하여 권위를 갖춘 자유가 된다. 자유와 권위 간의 모순적 운동과정에서 이루어지는 규율 형성과정 속에서 우리의 정치적·사회적·교육적·윤리적·심미적·과학적 책임성이 명백해진다. 이런 민주적 규율은 인간과 사회의 성장발달을 위한 집단연수나 실천을 통해 비판적 반성으로 형성하게 되는 총체적 규율이다.

민주적 학교를 건설하려는 진보적 교사는 가르치기만 하는 전문가 교사여서는 안 된다. 교사는 수학이나 지리, 역사 등 지식 전달에서 그치지 않는다. 교과를 유능하고 진지하게 가르치는 일과 동시에 사회의 불공평함에 뛰어들어서 헌신하는 일도 모두 진보적 교사의 몫이다. 즉 가르치는 일이 지식 전수로 전락하지 않으려면, 특정한 내용이나 인지 대상을 비판적으로 학습하여 자신이 배운 지식을 가지고 새로운 지식과 문화를 창조할 수 있는 새로운 생산자가 되어야 한다. 학습자들이 사고하는 주체가 되고, 그들도 교사들만큼이나 많은 생각을 하는 존재임을 스스로 인식할 때 비로소 학습자들은 대상에 대한 지식이나 의미를 만들어내는 '생산적 주체'가 될 수 있다.

그렇다면 프레이리의 교육사상은 지금 우리에게 무엇을 시사하는가? 동구 사회주의권의 붕괴 이후 참여민주주의에 대한 관심을 보인 프레이리의 교육사상을 받아들인다면 우리 학교에도 참여민주주의의 꽃이 피게 해야 한다. 프레이리의 생각으로 돌아가보면 대화, 의사소통, 비판적 사고의 실천이 중시되는 민주주의를 학교에 구현해야 한다. 민주주의는 시민사회를 건설하는 것이므로 학생의 입을 막는 교육은 민주주의가 아니다. 민주주의 교육은 토론을 즐긴다. 또한 사회와 경제에 참여하는 것을 중시하며, 사회적 모순을 용납하지 않는 능력을 길러야 한다.

그렇다면 대화는 결국 민주화가 진행되고 있거나 평화적 관계가 어느 정도 진행되고 있을 때 가능한 방법론이며, 억압된 현실에 대해 억눌린 자들의 합의를 도출하기 위한 교육적 전략으로서 대화적 방법을 이용하는 것이 적절할 것이다. 그렇다면 대화는 행동할 수 있는 변혁 가능성을 내포하고, 혁명적 행동을 할 수 있는 기반을 마련해줄 수 있으며, 의식화는 한 발 더 나아가 그러한 기반을 조성할 수 있는 물적 토대를 구축한다.

프레이리가 사용하는 억압자와 억압이라는 개념이 모호하고 주관적이며 그것을 객관적으로 판별할 수 있는 지표가 없다는 지적을 받는다. 그것은 곧 억압적 현실을 그토록 거론하면서도 '불평등' 문제를 언급하지 않는 것이 의문이라는 지적과 맞물려 있다. 프레이리는 자신의 생각을 특정한 이데올로기의 틀에 넣어 규정하기를 탐탁하게 여기지 않았지만, 스스로 다음과 같은 생각을 피력한다. "마르크스가 내 눈을 밝게 하고 교육에 대해 보다 진보적인 이해를 할 수 있도록 해준 것은 사실이지만, 자유에 대한 신념을 포기한 적은 한 번도 없었다"고 술회한다(『중앙일보』 1990년 6월 5일자 9면).

지식에 대한 권력, 미래를 형성할 수 있는 권력을 공유해야 한다는 것이며, 지식인은 민주주의적 전망을 실천으로 옮겨야 한다. 이러한 입장의 전환은 혁명적 마르크스주의와 사회주의에 대한 레닌주의적 전망이 실패한 데 따른 것이다. 프레이리는 마르크스주의가 억눌린 자와 함께하는 구체적인 학습 경험에 뿌리내린 실천이론을 발전시키지 못했으며, 혁신적인 사회변혁 과정에 참여하는 억눌린 자의 일상생활 및 문제들을 변증법적으로 반성할 필요조차 무시하는 오류를 범했다고 보았다. 모든 인간은 지식인이라는 그람시의 유기적 지식인론을 받아들이면서 혁명적(극좌적) 마르크스주의와는 일정한 거리를 두었다. 프레이리는 후기에 들어서면서는 더욱 포스트모던 마르크스주의 노선을 추구하였다. 그는 그 진보성을 취하면서도 포스트모던의 회귀성이나 반동성을 거부하였고, 인종주의, 남성우월주의와 같은 권위주의적 경향을 거부하는 민주적 학교를 건설하려는 입장을 취한다.

프레이리의 생애 후년에 희망에 대한 지나친 강조가 테러리즘의 극단적 거부, 사회주의에 대한 포기로 오해받기도 했지만, 사회주의의 경제적 계급환원주의에 대한 경계가 자본주의의 옹호로 나타난 것은 아니었다. 그의 자본주의에 대한 시각은 체제 대립이라는 자기 정당화의 명분이 사라지면서 그 본질적 정통성의 커다란 기둥 하나를 상실하였기에 5년 내지 7년 안에 자본주의가 또 다른 위기에 빠져들 위험을 예고하고 있다. '투쟁'과 같은 개념으로 제3세계 해방투쟁의 결속감을 표했던 프레이리는 현실사회주의 나라들이 붕괴하고 몇몇 해방투쟁이 도착 증세를 보이는 오늘날에도 여전히 자신의 용어가 현실성을 갖는다고 말한다. 독일 일간신문과의 인터뷰(『한겨레신문』1993년 9월 1일자)에서 사회주의 국가가 붕괴된 것은 억압적 구조에서 비롯된 것이기에 도착적 증세를 보이는 이념의 해방은 여전히 우리의 과제로 남아 있다고 한다. 그는 구체적 발전 양상에 대하여 예언자는 결코 아니라고 말하면서 20년 전보다 더 다급한 현안이 아닐지 모르지만 '해방', '주체성', '양심'과 같은 주제들의 회복이 절실하다고 말한다. 소비에트 공산주의의 문제는 마르크스에 대한 특정 경제적 해석에 기초하여 건설한 결과로 인해 경제적 토대의 기대에 부응하는 인간의 주체성, 그 창조적 잠재력, 또 인간의 영성을 현실적으로 촉진시키지도, 이용하지도 못했기 때문에 위기에 봉착하였다고 본다. 따라서 경제가 인민의 기대에 못 미치자 그 체제를 유지하는 철학적 덮개나 정신적 통합을 피상적으로 이해한 것이 경제적 붕괴가 도래하면서 인민 스스로 곧바로 실상을 분명하게 자각하는 계기가 되었다는 판단을 내리고 있다.

프레이리 교육사상 이후 교육운동의 이념, 철학, 방법론은 전교조의 참교육론, 노동교육에서의 참여형, 토론형 학습과정, 비문해자나 이주민들을 위한 문해교육 방법론 정도에서 명맥을 이어오고 있다. 그러나 1990년대 중반 교육운동은 그 이론적 기반이 확장되거나 깊어지지 못하고 있다. 오히려 1980년대 진보적 교육론을 대표했던 프레이리 교육사상, 그리고 이의 한국적 표현이었던 '의식화 교육'은 1990년대 중반 정부 주도의 5·31 교육개혁안, 포스트모더니즘, 신자유주의 앞에서 '다양성'을 무시하는 '낡고 일방적이며 획일적인' 교육론 정도로 간주되어버렸다. 야학과 같은 비제도권 교육운동이 축소된 상태에서 교육운동론은 제도권 교육에 대한 것으로 제한되었고, 기존의 학벌주의와 관료주의, 이에 더해 신자유주의적 교육 재편이 진행되었다. 이에 따라 진보적 교육론은 사라지고, 분절적이며 무비판적인 입시경쟁만 진행되고 있다.

이러한 교육이념의 혼란과 대립 양상은 한국 교육운동계에도 그대로 나타났다. 이전의 비판교육론의 주요 개념들을 포괄한 정부 주도의 교육개혁론이 제안되면서 교육운동계에서는 일대 이념적 좌표 혼란이 발생하게 된다. 1995년 문민정부의 '5·31 교육개혁안'은 학습자 중심 교육, 다양성, 열린 교육, 자율성, 창의성 등의 교육 슬로건을 강조하면서 그 이후 지속된 신자유주의적 교육 재편의 이론적 바탕을 형성했다. 이런 슬로건은 이전에는 관료적·획일적·보수적 교육에 대한 대항 담론을 이루는 개념이었지만, '5·31 교육개혁안' 이후에는 교육의 시장적 재편을 위한 이론적 바탕 역할을 하게 된 것이다. 그리하여 1990년대 후반 교육운동계는 심각한 이론적 혼란기를 겪고, '5·31 교육개혁안' 이후 신자유주의적 교육정책들이 구체화되면서 비로소 이 교육개혁안에 대한 비판적 입장을 정리하게 된다.

이렇게 1990년대 프레이리를 중심으로 한 비판교육론이 급격하게 사회적 영향력을 상실하고, 오히려 보수적 교육론에 급격하게 해체되고 흡수된 이유는 무엇일까? 그것은 1980년의 비판교육론이 그 원래 지향과는 달리 '선전·선동'을 중심으로 학습자를 대상화하고 수동적 존재로 한정지은 '좌파 엘리트주의적' 한계를 가졌기 때문이었다. 한국 민중교육운동은 프레이리 교육사상의 핵심이라고 할 수 있는 피억압자들의 주체적 실천을 통한 인식의 확장으로서의 교육을 제대로 구현하지 못했다. 이는-많은 사람들이 여러 사회적 조건의 영향도 있었지만-'의식화(의식 각성) 교육'을 '좌파 이념을 주입하는 것'으로 실제 이해하고 있는 것으로 확인된다. 의식화 교육이 '일방적 정치 교육' 정도로 치부되면서 이 개념 요소들이 신자유주의적 교육론에 의해서 포섭되었다고 할 수 있다.[73] 프레이리는 자신의 대화식 교육에 대해 해방적 요소를 제거하고 방법론으로만 이용하는 사이비 교육을 매우 비판적으로 보았다. 이런 생각에서 보면 우리나라의 '열린 교육'에서 보여주는 '내용 비판 없는 방법의 열림'이나 정치적 관계를 배제한 구성주의 학습이나 수행평가는 모두 경계해야 할 것들이다. 개인주의와 상대주의 가치관의 팽배, 인간의 상품화를 부추기는 신자유주의 공세에 대해 프레이리의 교육사상은 매우 의미 있는 메시지를 보내고 있는 것이다.

사실 억압자가 억압을 계속하면서 대화를 선호하지 않을 뿐 아니라, 피억압자 측에서도 투쟁을 하면서 대화를 시도하는 것은 어용 또는 개량주의의 낙인이 찍힐 것이다. 이런 점을 염려해서인지 프레이리는 투쟁과 대화가 어떻게 병행될 수 있는지에 대해 명쾌하게 답변한다. "대화라는 것은 동등한 권리가 부여된 파트너들 사이에선 비교적 쉽게 이루어지지만, 그것은 직접적 투쟁 상황에 처한 인간들 사이에선 거의 불가능하다. 그것이 얼마나 어려운지

73_ 홍은광, 『파울로 프레이리, 한국교육을 만나다』, 학이시습, 2010, p. 258.

는 재벌과 노동자의 사회적 제 관계를 보면 쉽게 볼 수 있지 않느냐?"라고 반문한다(『한겨레신문』 1999년 9월 1일자).

그러나 학습자 중심, 다양성, 자율성 등의 개념들은 본래 신자유주의적인 것이 아니다. 오히려 비판교육론은 학습자의 주체성을 강조하고 획일적 교육을 넘어서 다양한 가능성을 존중한다. 1990년 후반 이후 진보적 교육론은 혼란기를 넘어서 새로운 자기정립을 하지 못하고 있다. 이제 '일방적 정치교육'을 극복하고 '신자유주의적 교육론'에 포섭되지 않고자 했던 프레이리의 교육사상을 통해 다시금 비판교육론을 새롭게 재구성할 필요가 있다. 2000년대 들어 프레이리에 대한 관심이 다시 커지는 이유는 바로 이 때문이라고 할 수 있을 것이다.

4_
아나키즘과
진보교육의 전망

　스페인 시민전쟁, 1968년 학생운동 및 최근의 미셸 푸코나 해체주의에 이르는 사상운동, 20세기 대부분의 전위예술 그리고 19세기 이래 진보적 교육운동의 기본은 아나키즘의 한 유파에 포함될 수 있을 것이다. 진보적 교육운동을 촉발시킨 68운동은 아나키스트적이었으며, 초현실주의적 전통에 매우 충실했다.[74] 특히 68운동에 참여한 청년들은 교조주의적 좌파와 우파 모두의 극단적 이념으로부터 벗어나 활동하였다. 아나키스트와 같은 진보교육자들은 중앙집권적 조직을 거부했고 사회 전역에 퍼진 권위주의에 대한 비판의 목소리를 높였다. 구좌파의 권위를 포함해 학교에서의 교수와 교사의 권위주의, 가정에서의 아버지의 권위주의, 국제사회에서의 강대국의 권위주의, 여성에 대한 남성의 권위주의, 자연에 대한 인류문명의 권위주의, 소수자에 대한 다수자의 권위주의 등이 모두 비판의 대상이 되었다. 특히 기성의 모든 이데올로기적 권위주의도 동시에 비판하였으며, 그 비판의 과정 속에서

74_ 이성재, 『68운동』, 책세상, 2009, pp. 72-80.

새로운 패러다임을 요청하였고, 그 결과 운동은 새로운 자율과 새로운 자유의 창조를 위해 몸부림쳤다. 특히 아나키즘 운동은 보수적 색채가 가장 강렬한 교육에 발상의 전환을 촉구하는 근본적인 변화를 가져왔다.[75] 권위와 권력이 지배하는 사회를 변화시키기 위해서 그 무엇보다 교육이 가장 중요한 지렛대 역할을 하였다.

아나키스트들은 교육의 중요성을 강조하지만, 근대 이후 교육의 주체가 되었던 국가에서 운영하는 공교육이라는 제도에 많은 회의를 품었다. 아나키스트들의 모든 문제의식은 권위주의 교육, 관료주의 교육, 국가 주도 공교육 등을 비판 대상으로 삼는다. 국가주의적 학교는 인간의 사상과 자율성을 억압하는 제도라고 비판하고, 앞으로 교육은 아나키스트의 이상인 자율성을 고취하고, 공생적 자치 공동체를 체험하는 장이 되어야 한다고 주장하였다. 그리고 아나키스트들은 기존의 사회체제에 대한 문제점으로 종교와 학교의 강제적인 주입이 많은 사람들을 우매하게 만든다고 생각했다. 근본적으로 사회개혁은 자발적이고 주체적인 개인과 이러한 자율적인 개인들이 자치적으로 만든 공동체를 통해서 가능하다고 인식하였다. 그래서 아나키스트들은 강권을 사용하지 않고도 변화를 쉽게 얻을 수 있는 교육에 관심을 기울였다. 그들은 올바른 사회로 나아가는 가장 확실한 길은 올바른 원칙에 따라 아이들을 키우는 것이라고 믿었다. 그들은 기존의 억압적인 학교 체제에 반대하고, 학교를 보다 자치적인 공동체로 만들고자 노력하였다. 아나키즘은 자율·자주·자치·자연의 철학에 바탕하여 새로운 세상을 건설하고자 하는 근대학교, 자유학교, 탈학교, 대안학교 등과 밀접한 관련을 맺었으며, 그것의 철학적인 바탕이 되었다.

세계교육사를 통해 봤을 때 19세기 러시아의 개혁을 위하여 농민교육을

75_ 이성재, 위의 책, pp. 108-111.

제창한 톨스토이, 제1차 세계대전 후 글쓰기 교육을 강조한 프랑스의 프레네, 1970년대 민중의 비판적 의식화 교육을 강조한 프레이리 등은 모두 아나키즘이 지향하는 자율·자주·자치·자연의 가치에 뿌리를 두고 있다. 그 뿌리의 깊은 곳에는 평화주의와 국제주의, 무엇보다도 자유와 평등을 신봉하는 민주주의 사상(제도로서의 대의민주주의가 아닌)이 자리하고 있다. 자유로운 개인이 분권적 지역 자치 안에서 자연과 조화를 이루며 사는 삶의 지향에 근거하고, 거대주의에 대항해 소박주의를 주장하고 중앙집권주의에 대항해 지방분권주의를 옹호한다. 이런 사상적 전통은 루소로부터 비롯된다고 할 수 있으나 가장 직접적인 것은 아나키즘에서 비롯된다고 할 수 있다.[76]

아나키즘의 교육사상은 크게 네 가지 지향성을 보인다. 첫째, 아나키즘 교육사상은 '권위에 대한 지항'을 중시한다. 그것은 아나키스트 교육운동가들로 하여금 개인의 자율성을 침해하고, 획일적으로 개개인을 어리석고 순종적인 인간으로 만들어가는 국가 주도의 공교육을 강력히 비판하고 거부하는 사상적 에너지였다. 우리 사회에서 보이는 일제고사, 교과서 통제, 교사의 노동조합 활동 침해 등 국가주의 교육은 민주시민사회의 기본 요소 자체를 침식하는 것으로 교육의 자유로운 활동과 창의성 등을 심대하게 약화시킬 것이다. 이러한 현실에 대해 미국의 현존 아나키스트인 촘스키는 프레네나 프레이리와 같이 단순한 지식을 전달하기보다 비판적 정신을 창조

76_ 아나키스트들은 기존의 학교교육에서 탈피하여 새로운 교육운동을 전개하였는데 그 교육운동은 학교를 개혁하는 데 있어 크게 두 가지 선택의 길이 있다. 그 하나는 공교육 안의 학교개혁으로서 아동을 연구하고 과학적으로 현재의 교육 프로그램의 결함을 입증하고 그것을 수정하여 학교를 혁신하는 방식이다. 예를 들어 학교라는 제도를 유지하고, 아나키즘의 이상적인 인간형을 육성할 수 있는 교육 프로그램을 추구하였던 '근대학교', '자유학교', '프레네 학교', '서머힐' 운동방식이다. 또 하나는 기존학교를 넘어 새로운 학교를 세우는 것으로서 현대사회의 저변에 파고든 인습, 사기, 그리고 거짓을 거부하는 모든 사람들이 이상을 실현하기 위해 새로운 원칙을 바탕으로 새로운 학교를 설립하는 방식이다. 예를 들어 학교라는 제도 자체를 부인하는 '탈학교', '홈스쿨링' 운동의 전개이다.

하도록 가르쳐야 한다고 주장한다.[77] 그렇게 해야 학생들은 '교양 있는 시민'으로 자랄 수 있을 것이다. 민주주의는 시민사회를 건설하는 것이므로 학생의 입을 막는 교육은 민주주의가 아니다. 민주주의 교육은 토론을 즐기기에 사회적 불의를 용납하지 않는 '비판적 능력'을 기르는 교육을 해야 한다.

이러한 비판적 능력을 기르는 교육사상은 기존 학교교육에 대한 반발로서 페레와 골드만이 설립했던 '근대학교Modern School'와 전통적인 교육체계를 무시해버린 20세기 후반의 아나키스트들이 주도한 '자유학교Free School'[78]를 통해 표출되었다. 뿐만 아니라 학교 자체를 폐지하자는 '탈학교' 운동이 발생하여 교육은 결코 학교에서만 가능한 것이 아니라는 급진적인 시각을 보여주었다. 아나키스트의 운동과는 별개로 나타났지만 근대사회의 해체라는 흐름 속에서 나타나는 '대안학교Alternative School'의 다양한 실험과 운동들은 아나키즘이 추구하는 것과 다르지 않다는 측면에서 이해될 수 있다. 즉, 산업화와 대량생산 체제로 인하여 발생한 인간의 소외와 획일적 교육의 문제점으로 인하여 기존의 공교육체제와 대규모 학교, 그리고 견고한 입시체제의 교육 분위기에서 탈피하여, 새로운 대안을 모색하고자 하는 탈학교로서의 '홈스쿨링' 역시 기존의 제도가 갖는 권위에 도전하고 있는 것이다.

둘째, 아나키즘 교육사상은 대부분의 아나키스트들이 공통적으로 추구하는 '자주인의 양성'을 중시한다. 슈티르너, 톨스토이, 페레, 닐 등은 도덕적 교조와 명령으로부터 자유롭게 선택하고 결정할 것을 촉구하였고, 아동들이 자유롭게 배우고 싶은 문화를 통해서만 개인과 사회의 발전을 약속할

77_ 노암 촘스키, 지정아 옮김, 『촘스키의 아나키즘』, 2007, 해토, p. 36.
78_ 개인주의적 경향을 보이는 '자유학교'는 그것을 향유하는 주체가 한정된 수의 특권층에 제한되고 있다는 이유로 비판을 받기도 한다.

수 있다고 주장하였다. 즉 전체와 집단에 묻힌 개인의 소중함과 가치들이 존중되면서 모두가 자신의 삶을 결정하고 선택할 수 있는 자주인이 될 것을 촉구하였다. 아나키즘은 개인의 자아실현과 자기발달 능력을 최대로 함양하는 데 목표를 두고 있다. 국가의 통제권을 쥔 사람들의 조작된 통제와 폭력은 개인의 능력 함양을 방해하고 있다. 교사의 독재, 사회의 독재, 정치의 독재가 개인의 자유를 억압하고, 비판적 탐구활동을 고갈시키며, 아동의 순수한 본성과 자발적 동기를 심각하게 저해한다고 보는 아나키즘의 관점은 우리 교육에 주는 의미가 크다. 자유와 평등의 가치를 배제한 애국심 앙양만을 고취하고, 집권자의 권력의지를 공교육에 주입하고 세뇌하고 길들이는 복종만을 요구하는 이데올로기적 재생산 기능을 하는 '국가주의적 교육'은 민주주의를 후퇴시키는 국가의 횡포로서 교육활동의 자율성과 지성적 활동을 극도로 약화시킬 것이다.

아나키즘 교육은 교사의 역할을 언제나 주도권을 행사하는 존재 대신 환경 조성자나 협력자 또는 안내자로서 설정한다. 아나키즘 교육학에서 주창하는 조력자로서의 교사는 교사의 개입이나 역할을 축소하지 않는다는 점에서 중요한 의미가 있다. 학생들은 교사의 도움을 받아 자신의 인격을 스스로 구축할 수 있는 존재일 뿐 아니라, 교사들 역시 학생들을 위한 중요한 지식의 원천이 될 수 있기 때문이다. 그렇게 하여 교사와 부모의 의견과 뜻에 따라 피동적으로 살아온 학생들을 이제는 자신의 삶과 생활을 스스로 결정하고 책임질 수 있는 자주인으로 성장할 수 있도록 해야 한다. 강압적 권위를 철폐하고 어린이의 진정한 내적 자아를 훼손하지 않고 꽃피워야 한다. '서머힐'에서 학습의 선택권을 개인의 자율에 맡긴 결과 개인이 학습에 대한 필요성을 느낄 때 오히려 효율적인 학습활동이 이루어지고 성취도에서도 더 좋은 결과를 낳았다고 보고되고 있다.

셋째, 아나키즘 교육사상은 자율적인 개인들이 모여서 함께 어우러져 살아갈 수 있는 '공동체'를 중시한다. 크로포트킨이 강조하듯 인간은 사회를 형성하면서 서로 경쟁하기보다는 상호부조를 하는 과정에서 역사적인 발전이 이루어져왔음을 주목해야 해야 한다. 아나키즘 교육은 경쟁 대신 '협력'을 개인 발달을 이끄는 힘으로 보면서 협력의 교육을 무엇보다 중요한 원리로 삼아 실천한다. 교사와 학생 간의 '지배-종속' 관계 대신, 협력과 우애의 새로운 관계 정립이 가능하다고 본다. 아나키즘 교육은 교실을 상호연결, 상호의존, 상호작용하는 세계로 보면서 배움의 장소를 교실 밖으로 확장한다. 나와 다른 생활 경험을 지닌 사람들과 소통하고 교류할 수 있게 하며, 학교 밖 주변 환경과 접촉하고 교류하며 지역사회 성원들을 학교 일을 돕는 교사로 활용하는 것은 교실을 고립된 공간이 아니라, 세상을 향해 열린 진 소통의 공간으로 만드는 중요한 의미가 있다.

아나키즘 교육은 학교 구성원들을 시장의 효율성이나 경쟁이라는 잣대로 인식하는 것이 아니라, 학교의 세계를 창조하고 규정하며, 스스로 협력적 공동체를 건설해가는 주체로 구성원들을 인식한다. 교육시장화 정책과 맞물려 아이들을 무한 경쟁으로 몰아넣는 것이 당연시되는 분위기 속에서 아나키즘 교육학은 협력에 토대를 둔 교육의 가능성과 정당성을 우리에게 제시한다는 점에서 의미가 있다. OECD가 주관하는 국제학업성취도평가PISA에서 종합 1위를 차지한 핀란드 교육에서 협력적 교육방식이 매우 중요한 실천적 함의를 갖는다고 보고되고 있다. 다양한 능력이나 관심이 있는 아이들이 서로의 차이를 통해 배우는 '협동학습'을 실현한다는 점에서도 중요한 의미를 갖는다. 기존의 학교가 경쟁만을 일삼고, 많은 아이들이 교사에게 인식도 되지 않는 상태에서 교육이 이루어지는 것에 문제를 느낀 아나키스트들은 작은 학교 공동체가 구성원 간의 친밀감과 인간적인 상호작용이 원활히 이루어져 인성 형성에 긍정적인 영향을 미친다는 사실에 주목했다. 사실 우리의 교육은 너무나 경쟁적이어서 아동의 발달적 과업이 박탈되고 있는 현실에서 상호부조와 협동을 강조하는 아나키즘이 지닌 사상적 힘은 매우 심대하다. 스스로 자신의 삶을 결정하는 자주적 인간으로 성장하게 하지 못할 뿐 아니라, 행복조차 제대로 향유할 수 없으며 타인과 더불어 살아가는 협력적 삶을 누리지 못하게 한다. '서머힐'이나 '프레네' 학교에서도 학생과 교사가 동등한 구성원이 되어 공동체의 문제들을 민주적·합리적으로 해결하는 모습을 보여주었다. 요즘처럼 인간 소외가 심각해지고 있는 사회에서 공동체 형성은 학교에서 비롯하여 지역사회까지 확대되어 중요한 사회운동으로 부각되고 있다.

넷째, 아나키즘 교육사상은 '자연주의적' 세계관을 중시한다. 자유로운 개인이 분권적 지역자치 안에서 자연과 조화를 이루며 사는 삶을 일관성 있게 지향한다. 근대 자본주의의 대량생산과 대량소비, 인간 중심적 개발로 인한 환경파괴 때문에 생태계 유지에 심각한 문제가 초래되었기에 이제는 자연과 인간과의 조화 내지는 합일이 필요하다. 이 같은 상황에서 아나키즘 교육사상은 노작교육을 실시하고, 공동체 내의 자급자족을 통하여 자원을 절약하고 보존하기 위한 친자연적 교육에 진력한다.[79]

지금까지 언급한 권위에 대한 저항, 자주적 개인의 출현, 상호부조의 자치 공동체 건설, 인간과 자연의 친교 등의 가치를 중시하는 아나키즘은 우리의 미래 교육에 주는 의미가 매우 크다. 그것은 구체적으로 자발성을 통한 교육, 자아소유를 위한 교육, 교조적 가르침으로부터의 해방, 자유인의 양성, 학교 없는 사회의 건설, 친자연적 교육, 협력을 통한 교육, 비판의식의 함양으로 구현될 수 있을 것이다. 더 자세하게 표현하면 아나키즘 교육학은 자발성, 자주성, 주체성의 원리, 개성과 개인차, 자기실현과 자아발견, 자주관리, 자기책임, 자주규율, 공동생활의 참가, 집단생활에서의 상호교류, 사회적

79_ 한국의 '풀무학교'와 '간디학교'도 자율·자주·자치·자연 공동체 이념을 지향하고 있다.

학습, 교육과 생활의 통일 등으로 구현될 수 있다.

위에서 언급된 가치를 지향하는 아나키즘 교육사상은 교육 실천의 현장에서 구체적으로 다음과 같이 구현될 수 있을 것이다.[80]

(1) 교육목적의 혁신

권위 복종형의 인간상이 아니라, 기존 권위를 비판하고 자립하여 살아갈 수 있는 태도와 능력을 갖춘 인간상의 교육, 자기결정의 존중.

(2) 교육내용의 확대

종교나 고전 대신 현대어, 과학, 창작 및 표현활동을 중시.

(3) 교육방법의 혁신

학생의 자발성 중시, 개별학습·생활학습·실험학습의 도입, 담임제 철폐와 팀 티칭 도입, 학급 및 학년제의 해체 등.

(4) 교육환경의 혁신

교사의 고압적 권위 배제와 공동생활의 존중, 교육 공간의 완전 개방, 체벌의 금지, 집회의 중시, 교사와 학생의 공동 결정, 교사 채용 시의 학생 참여 인정, 아동의 자발적인 행동과 판단을 철저히 인정, 등교와 수업 선택의 자유 인정, 소규모이기에 전담 교사가 없는 경우도 있음, 소위 문제아동·빈민 아동의 중시, 과거의 전원이 아닌 대도시 빈민 지역에 위치함, 인권·반전반핵·빈민해방·여성해방에 대한 관심, 지역사회와 긴밀한 관계, 지역에서 배우고 지역 주민과 협조, 보호자가 학교 운영에 적극적 참여 등의 정책 목표로 나타날 것이다.

이러한 이념적 실천적 지향을 갖는 아나키즘 교육학의 현대교육적 의미에

80_ 박홍규, 『아나키즘 이야기』, 2007, p. 287.

대해서는 한국의 진보교육운동이 반드시 풀어야 할 다음 문제(과제)에 대한 세심한 검토를 할 필요가 있다.

1) 모든 아동을 위한 공교육체제의 구축 문제

아나키스트들은 학교가 권력의 시녀가 되지 않고 개인의 자아실현을 도와주는 공교육의 이념을 지지한다. 그들은 계급화된 학교체제를 거부하고 가난한 사람들이 소외되지 않고 학교나 사회로부터 낙오되지 않는 평등한 공교육을 지지한다. 이렇게 볼 때 우리나라는 부실하게 운영되고 있는 의무교육을 내실화해야 할 것이며, 최소한 고등학교까지 무상 의무교육을 실시해야 할 것이다. 상호부조와 협동을 중시하는 아나키스트들은 우리나라의 부유층만을 위한 특수목적고나 자립형사립학교는 모든 사람을 위한 공적제도가 아니라고 볼 것이다. 아나키스트들은 노예근성을 기르는 이데올로기 강요로부터의 해방뿐만 아니라 자아계발을 위한 자유까지 향유되는 교육을 원하고 있기에 특정한 이데올로기를 강요하는 국정교과서 체제를 근본적으로 철폐하라고 요구할 것이며, 교육과정의 다양화를 모색하도록 요구할 것이다. 그리고 아나키스트들은 개인의 옳고 그름을 평가하는 것은 부모나 교사가 아니라 오직 자신밖에 없음을 요구하고, 개개인의 필요와 욕망만이 각자의 자아실현을 위한 유일한 행동기준임을 중시하고, 아동 스스로 자신들을 소중한 존재로 여기도록 하여 자아를 스스로 소유할 수 있는 주인이 되는 교육을 중시하기에 우리나라의 많은 학부모들이 보여주는 탐욕에 가득 찬 사교육 열풍에 대한 깊은 우려를 보일 것이다.

2) 정의로운 애국심의 요청 문제

아나키스트들은 국가에 대해 헌신이나 자기희생을 강조하는 보수 진영의 가치에 의문을 품을 것이다. 아나키스트들은 '옳든 그르든 나의 조국'을 외치는 국가를 위한 시민을 훈련시키는 맹목적·폐쇄적·교조적 애국심 함양을 경계하면서 보편적 진리와 인간의 복지에 부응하는 애국심을 존중하기 때문이다. 아나키스트들은 헌법이 정의와 불의를 분별하는 진리(이성)의 공정한 추론과 일치하는 경우에만 숭배하도록 하는 정의로운 애국심을 지지한다. 국가의 권위에 복종하도록 하는 것이 실제 권력을 잡은 사람의 지위를 더욱 강화하는 정권 안보를 위한 것이거나 치안유지를 위해 이용되는 애국심을 위험스럽게 본다. 국가가 시민의 성격과 의지를 원하는 대로 방향 잡고 짜 맞추는 데 이용하는 무서운 무기로 변질되는 학교교육을 경계한다. 이렇게 본다면 우리는 자민족주의적 경향을 넘어 민주적 애국심을 형성할 필요가 있다. 무조건적 맹목적 애국심을 강조하는 우리나라의 교육이념은 애국의 의미를 재조명하고 재구성할 필요가 있다.

3) 관료주의 교육체제와 자치의 문제

교육의 자주적 관리와 자치 능력의 부재는 관료화 등 학교의 파시즘화를 불러오기 쉽다. 국가의 권력화를 제어하는 것은 상호부조와 자발적 협동을 가능하게 하는 자치 능력에 좌우될 수밖에 없다. 그것만이 국가의 타락을 방지할 수 있다. 불안정한 민주화의 과정을 겪으면서 관료주의가 여전하고 정책결정 과정이 중앙집권적이고 단위학교의 교육자치 능력이 취약한 한국교육의 현실에 비추어 보면 우리의 경우 '관료주의의 해체'가 시급하다. 교사의 존재는 여전히 상명하달의 말단공무원으로 대우받고 있고, 교과서의 내용이 권력의 힘에 의해 수정되고, 학생의 위치도 타율적 존재에 머물러 시민으로 성장하지 못해 기계 또는 노예 신세에 지나지 않게 하는 것도 관료주의의 막강한 힘 때문이다. 그렇다면 중앙집권적 교육개혁 방식이 이미 한계에 부딪히고 있기에 이를 극복하기 위해 중앙집권적 명령의 가장 큰 피해자라고 할 수 있는 교사와 학생 그리고 학부모를 주체로 세워 학교정책과 운영의 공치 또는 협치governance 구조를 구축해야 한다. 위로부터 교육개혁의 조치들이 하달될 때 초래되는 하향식 명령의 위험을 제어하면서 아래로부터 올라가는 자발적 활동을 고무해야 한다. 자발성과 자주성을 강조하는 아나키즘의 가치에 비추어 볼 때 우리의 교육개혁 방식에 대한 근본적 반성을 갖게 한다.

또한 아나키즘 교육은 현대교육의 양상이 대형화·거대화하고 있는 것에 대해 심각한 우려를 표명한다. 그러기에 아나키스트들은 '작은 학교'를 지향한다고 할 수 있다. 큰 학교는 중앙집권을 낳기에 아나키즘의 지방분권 정신에 따라 큰 학교를 작은 학교로 만들어야 한다. 이미 만들어진 큰 학교는 학년을 절반으로 줄여서 작은 학년 체제로 만들어야 할 것이다. 그렇게 해야 '교사의 자율적 행위'가 최대로 고양될 것이다. 물론 각종 행정 지시는 대폭 줄어야 할 것이다.

수직적 피라미드 조직이 아니라, 수평적 조직을 기본으로 하는 '네트워크형' 조직의 구성을 존중하는 아나키즘의 정치노선은 풀뿌리민주주의와 참여민주주의를 지향하기에 학년 모임, 교과 모임, 학습공동체 모임, 여교사회, 문화취미 모임, 조합원활동, 학생자치활동지원 모임 등 다양한 자발적 협의체를 활성화하여 교육의 풀뿌리 조직이 살아나도록 해야 한다. 이런 작은 자발적 모임을 통해 아나키즘이 지향하는 자율·자주·자치·자연 교육이 구체적으로 구현되어야 한다. 말단의 풀뿌리 단위는 교육의 자치 능력을 갖추어 교육 문제 등을 중심으로 실질적 목소리를 내야 한다. 동시에 단순히 목소리를 내는 데 머물지 않고, 가치의 변화가 수반되어야 한다.

4) 전통적 교육과 신교육의 조화 문제

우리의 진보교육은 아동중심적(발달, 성장, 자율, 개인의 완성 등) 교육과 공동체적(협동, 연대, 비판의식, 사회갱생 등) 교육을 두루 포괄해야 할 것이다. 아동중심적 진보교육은 어린이로부터 출발하여 현실 사회로 나아가는 방향이고, 공동체적 진보교육은 사회로부터 출발하여 어린이에게로 향하는 방식이다. 양자가 분리되지 않고 통섭적으로 공존해야 할 것이다. 지나치게 전자에 경도될 경우 무분별한 방임주의로 변질되고, 후자로 경도될 경우 억압적 전체주의로 변질될 가능성도 있다. 가치관의 충돌에서 발생하는 생활지도의 경우 과거의 전통과 관행으로부터 극단적으로 절연하는 식보다는 맥락과 상황에 맞는 적절한 지도가 요구된다. 그렇게 할 때 굳건한 뿌리를 내려 잘 양육되고 힘차고 견고하게 자라날 수 있다. 그러한 교육이야말로 우리의 어린이들이 쉽게 무너지는 모래성이 아니라, 더욱 나은 행복한 미래를 담지하는 아동으로 자라게 할 수 있을 것이다.

'신교육'은 아동기가 그 자체로서 가치, 즉 적극적인 가치를 지닌다는 입장을 취한다. 아동기를 다루는 교사는 성인기를 향해 아동을 안내하거나 재촉하는 준비기 역할이 아니라, '소극적인' 역할을 해야 한다고 주창한다. 오늘날 '신교육'은 "아동을 아동으로부터 발견한다"를 주요한 슬로건으로 삼고 있다.[81]

81_ '신교육'을 독일에서는 '개혁교육학'으로, 영미에서는 '진보주의 교육'으로 달리 부른다. 루소가 제시한 신교육은 전통적인(구) 교육의 기본 원칙을 거부하였고, 모든 아이들이 천

그런데 프레네는 신교육 운동에 자신의 태생적 배경과 그가 가르치던 학생과 교실 배경과는 맞지 않는 부분이 많다는 새로운 생각을 하게 된다. 프레네는 신교육 운동이 내세운 아동관을 낙관주의적인 것이라고 비판했다. 그는 교육개혁가들이 인간의 원죄를 구실삼아 아동의 자발성에 족쇄를 채우려 했던 옛 학교체제를 거부했던 것처럼, 루소적 견해를 지지하면서 이를 뒷받침하기 위한 교육적 조치를 구안하려 하였으나, 거꾸로 신교육 운동에서 종종 주장하듯이 아동을 지식과 도덕의 유일한 원천으로 보지는 않으려 했다. 루소의 교육사상이 중세 이래의 교사 중심 교육관을 학생 중심으로 바꾼 혁신적인 것이라는 종래의 믿음을 제고할 필요가 있을 것이다. 말하자면 교사와 아동 간의 상호작용이 불가결할 것이다. 여기서 교사는 삶에 대한 풍부한 경험자로서, 또 지식인으로서 아동 한 명 한 명에게 친구이자 자문가로서 다가가 꾸준히 도움을 주지 않으면 안 된다. 고드윈도 이와 비슷한 의견을 표명하였다. 알맹이가 없는 조잡한 교육방법을 사용하는 교사는 결과적으로 곤란에 처하게 될 것이고, 체계적인 기만을 통해 편파적이고 불투명하고 그릇된 진리를 줄곧 배워온 학생이라도 나중에는 교사가 의도했던 것과는 다른 모습으로 자라날 가능성이 얼마든지 있기에 아동의 자발성(자율성)과 교사의 지도(개입)의 변증적 과정이 요구될 것이다.

성적으로 선량하다는 주장을 한다. 인간의 마음에 원초적 사악함이란 존재하지 않는다며, 사악한 것은 아이들이 아니라 사회이며, 따라서 아이들을 사회의 악영향에서 보호해야 한다고 주장한다. 그리고 사회적 기관, 특히 학교가 모든 아이들을 일그러뜨려 맞든 안 맞든 학교가 정한 똑같은 틀에 억지로 끼워 맞추는 것이 문제라고 비판했다. 아이의 성장은 어른이 사사건건 관리하고 규제해야 하는 기계적 공정이 아니라 자연스럽게 펼쳐지는 과정이라는 것이 루소의 지론이었다. 반면 구교육은 아이들이 천성적으로 게으르고 믿을 수 없는 존재이기 때문에 사회는 아이들에게 사회적으로 용납되는 정신과 인격을 형성시키는 역할을 수행해야 한다는 입장이다. 구교육은 아동이 행위할 수 있는 권리가 있는데도 아동기를 단지 성인기를 준비하는 시기로 보고, 교사를 아동에게 성인기를 준비하게 하고 재촉하는 완전한 권력이 있는 존재로 본다.

5) 교사의 권위와 아동의 자율성 문제

자주적 인간의 형성을 강조하는 아나키즘의 관점에서 볼 때 우리나라 학생의 존재는 중앙집권적인 권위주의적 권력으로 인해 신민 신세를 면치 못하고 있다. 교육법이나 교육과정상에서는 민주시민의 형성을 중요하게 여기면서도 학생들의 실제 삶은 주체이기보다는 객체이고 대상으로 다루어지고 있다. 이러한 지위 하락은 한국의 민주주의를 지체시키는 근본요인이 되고 있다. 이런 권력구조 속에서는 비판적 시민이 양성될 수 없다. 스스로 자신의 삶의 주체인 자주적·자율적 인간을 형성하고자 하는 아나키즘 교육사상은 우리나라의 기본적 교육 목표인 민주시민의 자질을 함양하는 데 사상적 자양분을 제공할 것이다. 아나키즘 교육은 학교에서의 권위주의적 통치가 결코 민주적인 시민을 양성할 수 없기에 학생들의 자율 능력은 학교에서의 자치 체험에서 나온다고 본다. 학교에서의 자치 체험은 내일의 민주주의를 준비하는 것이다. 민주적 시민 양성은 단순히 민주주의 제도에 대한 지식의 습득에 머물지 않고 생활 방식으로서 민주주의에 대한 실질적인 이해에 바탕을 두고 실천되기에 박제된 민주주의 교육이 이루어지는 우리에게 주는 의미는 중차대하다. 아나키즘 교육은 학교규율을 외적인 강제나 조작적 조건화의 방법에 의해서가 아니라, 협력적 일하기에서 나오는 우애와 자연스러운 질서에 기초를 두고 형성하도록 한다.

미래의 학교는 흔히 어린이의 자유라는 명목 아래 혼돈스러운 자리가 되어서는 안 된다. 교사의 권위가 무조건적으로 요청되는 공간이어서는 안 된다. 내일의 학교가 가져야 할 규율은 학생들의 능동성과 학교공동체 생활이 기능적으로 잘 조직되어 나타나는 자연스러운 지침이며 지도여야 한다. 교사의 권위 있는 지도는 학생의 자율성과 인권을 존중하면서 신중하고 세심하게 이루어져야 한다. 잘못된 권위는 삼가야 하지만 정당한 권위는 행사되어야 한다. 그렇다면 페레가 강조한 어린이의 '자발성'을 위한 새로운 교육학을 방만하고 무질서한 교육으로 착각해서는 안 된다. 교육에는 교사와 어른의 주의 깊게 준비된 손길을 필요로 하는 부분이 있기 때문이다.

이 명제는 오늘날 '열린 교육'을 무분별하게 도입하는 것에 대해 경고하는 뜻도 가지는 것이다. 성찰되지 않은 어린이 중심적 '열린 교육'은 자칫 교실 안에서 무분별한 혼란을 야기하고, 급기야는 교육을 이전보다 못한 상태로 떨어뜨릴 수 있다. 새로운 교육은 그런 점에서 교사의 권위가 사려 깊은 방식으로 잘 살아 있도록 하여 가능한 일종의 균형을 모색한다. 우리나라의 '열린 교육'에서 나타난 방법론적 극단화는 비판적·해방적 요소를 제거한 수업방법론의 극단적 모습을 보여주었다. '내용의 열림 없는 방법의 열림'이나 정치적 관계를 배제한 구성주의 학습이나 수행평가는 모두 '닫힌 열림'이다. 신자유주의 교육이 강조하는 학교의 효과성이나 효율성 강조는 개량주의 방법에 지나지 않는다.[82] 그것은 미시적 범위의 교실과 학교에서의 변화와 거시적 사회에 대한 비전을 공유함으로써 사회제도적 변화를 수반하도록 해야 한다. 보다 평등하고 자유로운 학교가 정의롭고 인간적인 사회를 건설하는 주요한 촉매제가 되어야 한다. 교육계 내부의 갇힌 운동으로서 배타적으로 전개되는 것이 아니라, 지역사회는 물론이고 사회의 다른 부문과 연대하는 교육개혁운동으로 발전할 수 있는 사회혁신의 전망을 구현하는 것이어야 한다. 상호부조와 협력을 강조하는 아나키즘 교육은 교육을 상품화하고 시장화하려는 신자유주의 교육정책에 대한 강력한 비판적 대안으로서 프레네와 프레이리가 중시하는 비판적 대화, 의사소통 등의 문제제기식 교육을 학교에 구현해야 한다. 비판

82_ 프레이리는 신자유주의자들이 대화식 교육을 해방적 요소를 제거하고 방법론으로만 이용하는 사이비 교육을 매우 비판적으로 보았다.

적 각성은 학교의 민주적 시민사회를 건설하는 것이므로 학생의 입을 막는 교육이어서는 안 된다.

6) 학생 참여를 통한 참여적·구성적 집단 규범 형성 문제

우리나라의 교사들은 지금 학생들이 학교에서 너무도 규칙을 지키지 않아 생활지도가 어렵다고 호소한다.

"매점에서 사먹은 빵의 봉지는 뜯는 순간 바로 복도에 버려진다. 다 마시고 난 음료수 깡통은 창틀에 얹어놓는다. 선생님들에게 들켜 지도를 받으면 치우지만 그것도 순간이다. 복도 정돈을 맡아하시는 아주머니가 계속적으로 돌아다니시면서 치우지 않으면 학교는 쓰레기투성이가 될 것이다. 점심시간에는 먹는 순서를 정해놓았지만 새치기를 하거나 다른 친구들 몫의 음료수나 과일을 슬쩍 더 가져가는 행위도 어렵지 않게 목격된다. 쓰레기통을 비우러 가기 싫어 2층 복도 창문에서 처마 위로 부어버리고 있는 학생을 보고 충격을 받은 적이 있다. 그러나 이 아이들은 평소 문제를 많이 일으키는 아이들이 아니라 보통의 아이들이다. 교실이나 복도에서 침을 뱉거나 수업을 방해하는 행위를 하는 학생들도 다른 급우들에게 부끄러움을 느끼지 않는다. 그저 선생님들에게 걸려 혼나지만 않으면 그만일 뿐이다. 이런 행위들을 싫어하는 학생들은 선생님들이 강력하게 지도해주길 바란다."[83]

학생들에게는 교칙이 외부적으로 주어진 것이었고 그것에 문제제기를 하기보다는 수동적으로 따르기만을 요구받아왔다. 학교 규칙은 학생이 스스로 정당성을 부여하지 못함으로써 규범의 권위를 갖지 못했다. 그러기에 도

83_ 장경주, 「대안 없는 체벌금지령, 권위주의와 아노미를 넘어라」, 『프레시안』, 2010년 7월 28일

덕을 포함한 규범에 대한 학생들의 문제제기는 권위를 부정하는 것이 아니라 스스로 권위를 형성하고 받아들이기 위해서도 필요한 과정이다. 규칙을 지키지 않는 친구들에 대해서 강력한 외부의 권위에 의존하여 해결하고자 하는 것도 어쩌면 이런 분위기속에서 당연한 것이다. 이제 교사들에게 남은 실오라기 같은 권위로는 이 모든 것을 혼자서 감당할 수 없는 상태가 왔다.

이러한 현실에서 학교의 교칙을 학생들에게 준수하도록 일방적으로 명령하는 체제를 벗어나 규칙을 만들어가는 과정을 학생들과 함께 공동으로 책임지는 참여적·구성적 규칙 만들기 체제를 구축할 필요가 있다.[84] 학교 규칙을 만드는 과정에는 토론과 합의 과정을 통한 민주적 노력이 필요하다. 모두가 빨리 먹고 싶어 하는 급식을 먹을 때 어떻게 순서를 정하는 것이 공정한 것일까를 학급 단위로 논의해볼 수 있다. 함께 정한 규칙을 어긴 친구들에 대해 학생들 스스로 학급자치위원회를 통해 벌을 내릴 수도 있다. 이렇게 되면 교사 권위에만 의존하던 규칙이 또래의 집단 규범이라는 권위 아래 힘을 받을 것이다. 아이들의 욕구를 반영하여 모두 받아들일 수 있는 방식으로 규칙과 벌칙을 정하는 과정은 아이들을 자율적인 존재로 키우는 과정이 될 수 있다. 함께 토론과 합의를 통해 만든 교실 규칙은 이를 위반하는 학생들에게 압력을 행사하게 된다. 공동체 내부의 갈등을 폭력 없이 평화적인 방식으로 해결하고 이를 통해 자율적인 질서를 수립하는 법을 배우는 것은 학교교육의 가장 중요한 존재 이유 가운데 하나다. 대화와 설득이 아니라 오로지 강제와 폭력으로 학생들을 통제하는 교사들을 보고 자란 학생들이 어른이 되면, 그들도 배운 것이 그것뿐이기에 다시 힘으로 자기 의견을 관철시키려 할 것이다. 규범의 내면화는 단순히 '착하게 살자'는 덕목을 되풀이해 암기하는 것으로 이뤄지지 않는다. 그러기에 학교 단위의 규

84　심성보, 『민주와 이후의 공동체 교육』, 살림터, 2008.

칙을 정할 때도 교사만이 아니라 학생과 학부모가 함께 모여 만든다면, 교사 권위에만 의존한 규범이 아니라 공동체의 집단규범으로서 자치적으로 구성하여 집행해야 보다 큰 힘을 발휘하게 될 것이다. 교육청은 교칙의 방향과 절차를 담은 가이드라인을 정하고, 각 학교는 학생과 교사, 그리고 학부모가 모여 모두가 받아들일 수 있는 학교 규범을 만든다면 교사 혹은 행정당국이 일방적으로 정하는 규칙보다 집단규범으로서 실천적 힘을 가지게 될 것이다.

7) 공교육 안의 새로운 학교 만들기와 '혁신학교'의 문제

최근 진보 교육감의 등장으로 관심을 끌고 있는 '혁신학교' 모형은 공교육 안의 새로운 학교 만들기의 전형이라고 할 수 있다. 제도교육 밖의 대안교육을 제도교육 내의 대안교육화로 진입시키는 실험이 우리 앞에 놓여 있다. 최근 프레네의 '공교육 안의 새로운 학교 만들기'도 이런 맥락과 상통한다. '탈학교론deschooling'에서 '재학교론reschooling', 즉 '새로운 학교 만들기'로 발전하고 있다. 종종 공교육의 부정적 측면을 지나치게 강조하다 보면 학교교육에 종사하고 있는 사람의 존재가 무의미해 보이지만 공교육 안에 문제 해결의 틈새가 전혀 없는 것이 아니기에 부정의 모습을 긍정의 모습으로 돌려놓는 대안적 교육 실천이 요구된다. 대안교육이 학교 밖의 대안학교에서만 이루어지는 것이 아니라, 학교 안에서도 이루어질 수 있다는 학교교육의 가능성을 탐색하는 것으로 발전해야 한다.

경기도 교육감으로부터 촉발된 '혁신학교'의 새로운 발전을 위해 지금 시급한 것은 구체적이고 실제적인 '혁신학교'의 매뉴얼을 개발하는 일이다. 혁신학교의 성패는 혁신적 교육철학의 공유와 과제의 인지, 전략의 습득에 달려 있기에 이를 평가할 수 있는 준거와 도구를 개발해야 한다. 혁신학교가 설정한 실천 영역은 교육과정의 편성 및 운영의 자율권 부여, 수업방법의 개선, 교과 외 특별활동, 학생 인권 및 자치활동 강화 등이다. 또 기존의 전통적·획일적 교육방식을 지양하고, 아나키스트들이 중시하는 자율적·창의적·협동적 교육활동을 신장하기 위한 과제와 전략을 마련해야 한다. 혁신학교는 시범학교로서의 모델에 머무는 것이 아니라 학교 전체의 혁신 과제와 함께 풀어갈 때 성공할 수 있을 것이다. 그리고 혁신적 '공립 대안학교'를 설립해야 한다. 인구집중 지역에서 우선 시범적으로 공립 대안학교를 만들고 혁신적 교육과정을 운영할 필요가 있다. 학부모들 중에는 기존의 공립학교에서 진학 경쟁 대신, 창의적이고 자신감 넘치는 자녀로 교육하고 싶어 하는 부류가 상당수 있다. 이러한 변화를 갈망하는 학부모의 염원에 부응할 자발적 교사의 의지가 결합한다면 새로운 시대를 여는 혁신학교의 맹아가 탄생할 것이다.